우리 속에 있는
지혜의 여신들

심리여성학 Archetypes in Women over Fifty

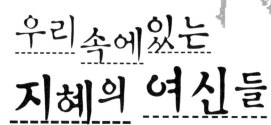

우리 속에 있는
지혜의 여신들

진 시노다 볼린 지음
이경미 옮김

도서출판 **또 하나의 문화**

Goddesses in Older Women

by

Jean Shinoda Bolen, M.D.

국립중앙도서관 출판시도서목록(CIP)

우리 속에 있는 지혜의 여신들 / 진 시노다 볼린 지음 ; 이경미 옮김. --
서울 : 또 하나의 문화, 2003
  p. ; cm

원서명: Goddesses in older women
원저자명: Bolen, Jean Shinoda
ISBN 89-85635-57-3 03330 : ₩12000

183.6-KDC4
155.67-DDC21   CIP2003000807

글로리아 스타이넘에게 이 책을 바칩니다.

원형을 보여 주는 큰언니, 비전을 제시하고 지원을 아끼지 않는 운동가,
상처받기 쉬운 여자, 다른 여자들의 의식을 일깨운 사람,
내게 영감을 불어넣어 주는 본보기이자 친구인
당신이 여자들에게 해준 모든 일에 대해

감사합니다.

차례

여자가 멋지게 늙는 법

내가 아는 여자들은 대부분 나이 쉰이 되자 자기 나이를 부인하기보다는 자축하는 편이었다. 오십은 어머니로서 고개 하나를 넘었다는 증거이므로 샴페인을 터트릴 만도 하다. 오십이 된다 함은 그만큼의 세월을 함께 겪어온 여자 친구들끼리 다시 뭉쳐 영감을 주고받는다는 것이다. 어떤 이들에게는 잔치를 벌일 시간이고 또 다른 이들에게는 제례나 은둔이 어울리는 때다. 오십이 된 여자들 대부분은 여전히 젊어 보이려니와 젊은 기분을 유지할 수 있어서 기뻐한다. 물론 나이가 들면서 오는 불편함이 있다. 쉰이 다 된 여자들이 앞날을 그릴 때 참고할 만한 정보는 그다지 많지 않으며 폐경 뒤에 숨은 잠재력에 대해서는 무지한 편이다. 그러고 보면 어느 때보다 더 자기 자신이 될 수도 있을 새로운 단계가 인생에서 펼쳐지는데도 이를 이해하지 못하는 경우가 많은 것은 당연한 듯하다.

　내가 『우리 속에 있는 지혜의 여신들』을 쓴 목적은 여자들이 내면에 소용돌이치고 있는 것을 알아차려서 그것에 이름 붙일 수 있게 하기 위함이다. 속 깊은 곳에서 뭔가가 샘솟듯 올라오는 바로 그것이 우리

9

속에 있는 여신의 원형이자, 우리 영혼에 깃들어 있는 기운과 패턴이다. 여자들이 자기 속에 있는 여신의 원형이 무엇인지를 알면 그것을 모를 때와는 비교도 안 되게 자신의 잠재력을 잘 알게 된다. 일단 물꼬가 터지기만 하면 그 잠재력은 영성, 지혜, 자비, 실천의 샘이 된다. 그 원형을 되살릴 때 우리는 힘을 얻고 의미와 확신을 거머쥔다.

쉰을 넘긴 여성이나 폐경을 경험한 여성은 누구든 인생의 제3단계에 접어든 것인데 이제부터는 지도에도 없는 영역으로 들어서는 셈이다. 젊은이 중심의 가부장제 사회에서 늙은 여자가 된다는 것은 눈에 보이지 않게, 즉 존재하지 않게 된다는 뜻이다. 그러나 이제 내가 설명할 원형에 따르면 이 세 번째 시기는 총체적이면서도 통합적인 시기가 될 수 있다. 당신이 무엇을 하든 그것은 그대로 당신의 깊은 존재 자체를 드러낸다. 오십 이후 적극적으로 활동하면 어느 때보다 더 가시적인 존재로 부상할 수 있다. 혹은 내면 세계를 발전시키면서 창의적인 관심을 추구할 수도 있다. 가족의 구심점이 되어 영향력을 행사할 수도 있다. 인생의 세 번째 단계는 눈에 띄지 않는 존재가 되는 때가 아니라, 어느 때보다 풍부하면서도 자기 입장이 선명한 인간이 될 가능성이 커지는 때다. 아메리카 원주민의 전통에서는 여자 나이 쉰 둘이 되어야 완전히 성숙해진다고 한다.[1]

여성 운동이 한창이던 1960년대 후반에서 1970년대 즈음 성년이 된 여성들은 성별 고정 관념을 거부하고 새로운 가능성을 탐색하며 케케묵은 한계에 도전하면서, 10년마다 자기 자신을 새로 정의해야 한다고 주장하였다. 베이비 붐 세대 여성들이 세 번째 단계에 접어들 즈음에는 '할머니'라는 말의 의미가 달라질 것이다. 나는 할머니라는 말, 인생의 세 번째 단계, 여자들의 명예를 회복하는 일에 거름이 되고 싶고, 원형이란 바로 지금 우리의 기운과 인생의 방향이 담겨 있는 것임을 여자들이 깨닫도록 돕고 싶은 마음에서 『우리 속에 있는 지혜의 여신들』을 썼다.

폐경

쉰이 되는 것과 달리 폐경은 개인마다 다른 형태로 다가오는 사건이다. 대부분 여성들은 폐경을 50세 혹은 45세에서 55세 사이에 겪는다. 폐경기에 들어간 여성들은 일 년쯤 후 월경이 확실히 멈추면 인생이 새로운 단계에 접어들리라고 생각하기 쉽다. 그런데 대부분은 월경이 들쭉날쭉해서 정확한 경계를 긋기가 힘들다. 규칙적이던 월경이 멈췄다 다시 하기를 반복한다. 그것도 어느 정도 뜸해지면서 완전히 월경이 사라지는 시기가 온다. 한편, 호르몬 보충 요법으로 월경을 다시 하기도 하지만 자궁 절제나 화학 요법 등으로 월경을 인위적으로 끝내는 경우도 있다. 폐경이 가까운 여성들 중에는 가임기의 종말을 슬퍼하는 사람들도 있고 안도의 한숨을 내쉬는 사람도 있다. 임신이 인생을 바꾸어 놓을 수도 있기에 이를 걱정하는 사람도 있고, 그런 상황이 오기를 바라는 사람도 있다. 신체적으로나 심리적으로 불안해지기도 한다. 특히 남성들의 반응 때문에 여성들은 대부분 폐경을 달갑지 않은 몸의 변화로 받아들이곤 한다.

그런데 알고 보면 꼭 그런 것만도 아니다. 나이든 여성이나 지혜로운 여성을 존경하는 문화가 예전에 존재했으며 지금도 일부 남아 있다. 그런 문화에서 폐경은 새롭고 명예로운 지위로 상승한다는 신호였다. 이는 여성은 자연을, 자연은 여성을 서로 긍정적으로 반영한다는 인식이 전제될 때 가능하다. 아메리카 원주민 부족의 다양한 전통에서는, 여성—달—신성한 여성성이 연결되는 경이로운 고리 ― 피의 신비 ― 에서 초경과 폐경은 주요 전환점이었다.

상현 때나 보름 때나 우리는 달의 한쪽 면만 바라본다. 고대인들 역시, 궁극적으로는 일체^{一體}인 한 여신 안에 처녀―어머니―할머니라는 세 단계가 있어서 서로 순환하는데 그 순환 주기가 달, 계절, 땅의 생식력, 여성의 몸에도 있다고 보았다. 이들은 양면의 성질을 공유하는 것이다.

고대에는, 그리고 토착 문화에서는 소녀가 월경을 시작하면 처녀 단계로 들어간다고 보았다. 이는 초승달에 비견할 만하다. 초경을 맞은 여자아이는 의례를 통해 새로운 지위를 얻었다. 이후 그녀의 월경 주기는 월경하는 다른 여자들의 월경 주기와 비슷해졌으며(같은 기숙사에 살거나 같은 집단에 소속된 여성들에게 흔히 일어나는 일이다), 달의 주기와도 비슷해졌다. 임신이 되기 전까지 한 달에 한 번 월경을 하므로 '달거리'라고도 했다. 첫 임신은 인생의 두 번째 단계로 입문하는 것으로서 보름달에 비유되었으며 삼위일체 여신^{triple goddess}의 두 번째 측면이다. 임신을 하면 아기를 만들려고 몸에 피를 담는다고 사람들은 생각했다. 출산 이후 수유를 멈추고 나야 월경이 다시 시작된다. 그 다음 임신 때까지 혹은 폐경에 이를 때까지 월경은 계속된다. 월경의 정지는 또 다른 신비로운 변화를 의미했다. 이때도 사람들은 여성이 몸 안에 피를 간직한다고 생각했는데 이번에는 아기가 아니라 지혜를 만들기 위함이었다. 폐경은, 기우는 달에 비유할 수 있는 세 번째 단계를 향한 전환점이다. 이제 지혜로운 여성으로, 여자 인생의 세 번째 단계로 들어가는 것이다.

아메리카 원주민 부족의 전통 문화에서는 여자가 월경을 그치고 나야 씨족의 어머니 또는 할머니 반열에 오를 수 있었다. 폐경기 여성이 가진 지혜는 씨족의 자산이었다. 폐경기 여성은 자기 자식에 대한 애정을 뛰어

넘어 부족 전체의 행복에 관심을 갖게 되기 때문이다. 그런 사회에는 분명 폐경 이후의 여성들을 위한 명예로운 역할과 전당이 따로 마련되었을 것이다.

여자 인생의 세 단계

출산을 했건 하지 않았건 여자의 인생은 삼위일체 여신, 즉 처녀–어머니 (아내)–할머니의 세 단계로 구성된다. 여자들은 대부분 어디에도 매이지 않고 인생을 만끽하는 처녀 단계를 거치는 동안 직업과 학업의 목표를 변경하고 관계를 탐색한다. 이들의 원형은 푸엘라 에테르나, *puella eterna* 즉 영원한 소녀다. 요즘 젊은 여성들 대부분은 출산을 조절하고 자율적인 생활을 누리면서 처녀 단계를 전 세대보다 몇 년 더 연장한다. 아이를 낳았어도 어머니로서 책임을 전담하지 않거나 충분히 성숙하지 않았다면 여전히 처녀 단계에 머물러 있다고 볼 수 있다.

때로 나는 '처녀–어머니–할머니' 단계를 '젊은 여성–성숙한 여성–지혜로운 여성'으로 부르기도 한다. 제2단계를 가장 적절하게 비유한 것이 '어머니'이기는 하지만 아이를 낳아 본 경험이 반드시 필요한 것은 아님을 강조하기 위해서다. 제2단계의 여성들은 뭔가에 헌신하고 자양분을 공급하면서 스스로 성숙한다. 그 '뭔가'는 사람, 직업, 대의명분, 재능 등 개인적으로 의미를 부여하는 것 모두를 뜻한다. 자녀들 — 그러니까 무엇이든 의미 있는 일 — 은 예상보다 훨씬 더 많은 노력과 헌신을 요구하면서도, 기쁨과 고통의 원천이고 성장과 창의성을 품은 씨앗이다. 그러니까 두 번째 단계는 깊은 관여와 적극적인 노력을 의미한다.

대부분 여성은 두 번째 단계를 지탱하던 외부로 향한 관심을 내면으로 돌리고 나서야 지혜로운 여성 혹은 할머니라는 제3단계로 들어설 수 있다. 제3단계로 돌입하는 현실을 몸으로 받아들이게 하는 징후는 호르몬 변화와 폐경이다. 물론 폐경이 온다고 곧장 지혜로운 여성이 되어 인생의 세 번째 단계로 들어간다는 것은 아니지만 말이다. 처녀—어머니—할머니의 심리적 단계는 나이와 그다지 연관 있는 것 같지는 않다. 느지감치 아이를 가졌거나 늦게 아이를 입양한 여성은 여전히 두 번째 단계에 속하므로 계속 (아이에게) 헌신해야 한다. 아이가 초등학교에 입학하거나 사춘기에 접어들 즈음 이들은 자신의 내면으로 들어가고 싶어 하는 폐경기가 되지만 아직도 뭔가를 끊임없이 해야 할 입장이다. 중년이 되면서 대학에 복학하고 졸업하는 등 거듭 성과를 올리면서 폐경과 동시에 새로운 경력의 바다에 뛰어드는 여성도 있기는 하다. 그러나 대개 폐경은 막내가 집을 떠나고 이른 은퇴를 코앞에 둔, 다소 느슨해진 상황과 딱 맞아떨어진다. 어느 조건에 있건 폐경이 시작되면 몸뿐만 아니라 정신의 표면 아래로 일련의 지각 변동이 일어난다.

할머니 여신의 원형은 여성의 삶이 세 번째 단계에 접어들 즈음 스스럼없이 자신의 존재를 알린다. 인생의 새로운 단계에서 원형이 활성화되면 여성 안에서 원기가 넘쳐난다. 그러므로 세 번째 단계에 들어간 자기 자신이 어떤 존재인지를 알면 알수록 그 원형이 활성화되는 시기는 분명 앞당겨진다. 당신이 그 원형에 관심을 더 많이 쏟으면 쏟을수록 당신의 독립적 사고와 목표가 운신할 폭은 넓어질 것이며 그 원형의 존재도 당신 안에서 점점 더 확대된다. 그들의 이름, 이미지, 특징, 이야기 — 내가 앞으로 하게 될 — 를 아는 것은 중요하다. 이런 지식을 통해 상상력이 되살아나고 이미 경험한 것에 이름을 부여할 수도 있기 때문이다.

갑자기 얼굴이 붉어지는 현상을 '힘이 솟구친다'고 표현하는 여자들의 말을 들으면서 나는 이러한 유머가 폐경에 대해 막연하게 이해하는 것보다 한발 더 앞선 것이라는 생각이 들었다. 얼굴에 홍조가 일어날 때마다 정말로 힘이 솟구치는 듯 느껴진다면 어떻게 될까? 자기 속의 지혜와 내면의 권능이 힘을 얻어 움직이기 시작하는 듯 느껴진다면?

싱그럽고 기운찬 할머니 되는 법

'싱그럽고 기운찬 할머니'라는 말에는 정말 대단한 뭔가가 있다. 싱그럽다^{green}와 기운차다^{juicy}는 형용사를 할머니^{crone}와 함께 쓴다는 말을 들으면, 그 의미에 고개가 끄덕여지기 전까지는 펄쩍 뛸 것이다. 수년 전 어느 지혜로운 여성의 원형2)에 대해 이야기하다가 이런 말이 나왔는데 거기 참석한 여성 청중 모두 한순간에 이를 이해했다. 나는 이 말이 할머니 단계에 들어간 여성을 적절하게 묘사하는 말이라고 생각한다. 할머니는 처녀와 어머니 때의 원형과 과업을 통합하여 그것을 그녀 특성의 일부로 받아들인다. 그녀의 태도와 영혼은 싱그러운 봄의 초록을 닮았다. 그녀는 자기 내면과 다른 사람의 내면에 있는 가능성과 새로운 성장을 두 팔 벌려 환영한다. 땅을 부드럽게 만들고 씨 뿌려 경작하고 가지를 잘라내면서 결실을 맺는 것과 같은 삶을 살아왔다 함은 강직한 뭔가가 있다는 말이다. 그녀는 자신이나 다른 사람 안에 잠든 가능성의 싹이 현실로 꽃 피려면 헌신과 사랑이 필요하다는 것을 경험으로 안다. 삶에 대한 그녀의 열정은 한여름 잘 익은 과일의 풍성함을 닮았다. 폐경기에 접어든 그녀는 새로운 단계로 들어가는 만큼 새로운 가능성으로 활기에 넘친다.

싱그럽고 기운찬 할머니가 된다는 것은, 개인적으로 의미 있는 삶에 전심전력할 만큼 오래도록 살고 나서야 가능한 일이다. 다른 사람들 눈에 그녀의 삶이 여성주의에 입각하여 독특한 것으로 비춰지든 전통을 답습한 것으로 읽히든 상관없다. 오히려 그것은 우리 내면이 어떤지를 아는 것과 관련 있다. 또한 우리가 하는 일은 진정한 자아를 제대로 반영하거나 표현한 것이라고 믿는 것과 상관 있다. 마거릿 미드가 폐경 후 열정이라 부른 상태를 남은 생애 동안 누리는 것이다.

'싱그럽고 기운차다'는 말은 800년 전의 탁월한 여성, 빙엔의 힐데가르트의 녹색 생명^{viriditas} 신학에서 영감을 얻은 것이다. 힐데가르트는 르네상스가 있기 전 이미 르네상스 정신을 소유한 여성이었으며 페미니즘이 있기 전 페미니스트였다. 신학자 매튜 폭스는 『빙엔의 힐데가르트를 조명하기』에서 그녀를 소개했다. 힐데가르트(1098-1179)는 상당한 영향력을 행사한 여성이요, 베네딕트 수녀원 원장, 신비가, 의사, 신학자, 음악가, 식물학자, 화가였다. 글을 쓸 수 있는 여성이 거의 없을 만큼 여성들의 정규 교육 기회를 제한하던 시대에, 그녀는 황제와 교황, 주교, 귀족과 수도승들과 편지를 주고받을 정도로 학식이 높았다. 그녀는 여행을 다니고 많은 사람들에게 설교를 했으며 수녀원을 설립하기도 했다. 정치적인 입장을 취해야 할 때는 솔직하면서도 빈틈이 없었다. 인생의 큰 위기에 봉착했을 때에는 교회 상급자들의 권위에 도전하여 이를 이겨냈다.

힐데가르트의 권위와 창의성은 나이가 들면서 점점 더 커졌다. 그녀는 당시 평균 수명에 비하면 예외적으로 오래 살았다고 하겠으나(81세), 앞으로는 그 나이에 이르러서야 할머니 단계로 들어가는 일이 결코 드물지 않을 것이다. 힐데가르트는 자기가 하는 일을 통해 진정한 자아를 실현하려고 했기에 지성과 재능을 계발해야 했다. 이것은 그녀가 여자 수도자들로 구성된 종교 공동체에서 살았기에 가능했다. 공동체 생활만이 그녀가 자신의 관심을 충분히 추구할 수 있는 외적 조건을 갖추고 있었다. 그녀는 자신과 진지하게 만났으며 명상과 기도를 통해 영적으로 거듭 힘을 받으면서 외부 사건에 반응하였다. 싱그럽고 기운찬 할머니의 모범인 힐데가르트는 내가 곧이어 말하려는 '길을 선택하는 사람'이었다.

길을 선택하는 사람

제3단계에서 길을 선택하는 사람이 된다는 것은, 당신이 하겠다고 선택한 것 혹은 되겠다고 선택한 것이 영혼에 진실한 공명을 낳는 그 무엇과 일치하게 한다는 뜻이다. 당신이 일생에 걸쳐서 하는 일이 그제야 의미를 갖는다. 그것은 당신의 뼈가, 깊은 속살이, 또 당신의 영혼이 알고 있는 그 무엇이다. 다른 사람이 당신의 진실을 알거나 그것을 판단하는 것은 불가능하다. 이는, 동일한 역할과 주변 조건이 주어진다 하더라도 어떤 여성에게는 그것이 삶을 충만하게 하도록 작용하고 또 다른 여성에게는 억압적인 것으로 다가서기 때문에 특히 더 그러하다. 이것이 왜 그런지는, 스위스 심리학자 칼 융이 정신 세계의 선천적 가능성이라고 본 집단 무의식의 원형을 통해 좀더 잘 이해할 수 있다. 우리가 선택한 역할이 외부의 기대보다는 우리 안에서 활성화된 원형으로부터 출발한 것이라면 그 선택에는 깊이가 있다. 우리가 의미를 추구할 때 원형이 관여하기 시작하는데, 이 원형을 융은 자기^{Self}라 불렀다. 나는 자기^{Self}를 우리가 경험하는 신성하고 영적인 것을 총칭하는 용어로 이해한다. 그것은 개인의 가치나 고결함, 특히 우리 각자 진심으로 올바른 것이라고 인식하는 것과 상관 있다. 누구의 삶에든 중요한 선택을 내려야 할 때가 있기 마련이다. 이 시점에서 내린 우리의 선택은 우리가 어떤 사람이 될지의 문제와 직결된다. 그러므로 이 순간은 진실에 맞닿아 있다. 이제 우리는 갈림목에 서서 어느 쪽으로 가야 할지 선택해야 한다. 그 선택에는 항상 대가가 따른다. 그 대가는 우리가 가지 못한 길, 즉 우리가 포기한 길이다.

싱그럽고 기운찬 할머니는 영혼을 흡족하게 하는 삶을 산다. 어쩌면 특별한 영靈의 도움과 보살핌으로 그러한 삶에 들어설 수도 있을 것이다. 그러나 요즘 할머니 나이의 여성이 영혼을 흡족하게 하는 삶을 살려면 대개 위험을 감수해야 하는 것은 물론 중대한 결단을 내려야만 한다. 많은 이들이 여태까지 시간과 기운을 쏟으면서 의무를 이행하고 타인의 요구를 들어줬지만 그 의무나 요구라는 것은 우리 인생을 통째로 요구할 만큼 자꾸 확대된다. 우리는 이것을 하기로 선택해 놓고서도 예의 성실함 때문에, 저것을 하지 못하게 하는 어쩔 수 없는 조건에 마음이 쓰여 머리 한구석이 개운치 않다. 가령 자기네 기대를 충족시켜 주지 않는다고 우리에게 화가 잔뜩 난 사람들의 반응을 보면 마음이 뒤숭숭해지기 십상이다.

당신이 선택한 대로 혹은 당신이 맡은 역할에 따라 소설이나 영화가 만들어지는데 당신이 주인공이라고 생각해 보라. 당신이 여기에 전념할 것인지 아닌지도 이 소설(혹은 영화)이 전개될 방향을 결정하는 중요한 변수다. 부모가 당신에게 거는 적극적인 열망이나 부정적인 기대, 그들이 보여준 본보기는 이미 작성된 대본이지 당신의 것은 아니었다. 그렇게 미리 정해진 길은 당신의 긍정적인 성장에 도움이 되었을 것이다. 그러나 당신에게 거는 기대가 실제 당신의 잠재력이나 욕구와 일치하지 않았다면 그 길이 당신에게는 큰 해로 작용했을 가능성도 배제할 수 없다. 당신 삶에 들어온 다른 것들, 특히 당신이 권위를 부여했거나 사랑한 것들은 더 심오한 방식으로 당신에게 영향을 미쳤다. 그 결과 당신은 자기 이야기인데도 주인공이 아니라 희생자 혹은 조력자 역할에 영구히 머물 수도 있다. 소설가들도 자주 이야기하다시피 소설의 기본 구도나 전형적인 등장 인물, 원형이 되는 인물 수는 얼마 되지 않는다. 인생에서도 이는 맞는 말이다.

과거는 당신 삶의 가장 진실한 시기가 열리는 것을 알리는 서막에 불과할 수도 있다. 다른 사람의 기대에 부응하면서 살았더라도 지금부터 당신은 자기 자신이 되는 길을 선택할 수 있다. 제니 조셉은 「경고」에서 첫 대사를 이렇게 시작한다. "나이가 들면 난 자줏빛 옷을 입을 거야." 이 말은, 기분이 좋아지는 옷을 입고 자신에게 기쁜 것을 행하여 마침내 진실한 자기 자신이 되겠다는 뜻이다.

여성들은, 나이가 들어가기 때문도 있지만 주변 조건이 바뀌기에 폐경 이후 자기 자신에게 더 진실해질 수 있다. 아이들은 성장하여 집을 떠난다. 결혼 관계는 나이가 들면서 동반자 관계로 성숙한다. 부모가 돌아가시면 죄의식이나 보살핌에서 자유로워지기도 하고 재산을 상속받기도 한다. 과부가 될 수도 있다. 배우자나 당신이 상대를 떠나기도 할 것이다. 이런 것들로 주변이 변한다. 사랑에 빠질 수도 있고 인생이나 삶의 양식을 변화시킬 수도 있다. 직장에서는 내리막길이 기다리고 있을 수 있다. 명상과 영성 훈련을 시작할 수 있고 도가 트인 누군가를 발견할 수도 있다. 심리 치료로 자기 삶을 재평가할 수도 있다. 혹은 내가 『뼛속까지』에서 썼듯이, 치명적인 질병이 찾아올 경우 이를 계기로 당신에게 의미 있는 것, 혹은 영혼을 살찌우는 뭔가를 발견하게 되면서 오히려 자유로워지기도 한다.

길을 선택하는 사람이 되어 자기 자신을 바라볼 때 비로소 자기 인생의 주인공이 될 수 있다. 하겠다고 선택하는 것 혹은 하지 않겠다고 선택하는 것이 인^{因}이며 여기에 과^{果}가 따른다는 사실을 당신은 잘 안다. 불가피한 상황 혹은 아무리 무시무시한 상황이더라도 내적으로 어떻게 반응할지 선택하는 것은 당신 자신이다. 그 선택에 따라 모든 것이 달라질 수 있음을 당신은 깨닫게 된다.

당신의 선택에 따라 삶이 구성되고 그 삶에 의미가 부여된다. 그러한 선택은, 당신이 할 수 있는 일을 그려볼 만한 힘이 있는지 혹은 영혼을 뒤흔드는 것의 이름이나 이미지를 가질 가능성이 있는지에 달렸다. 여기가 소설과 역할 모델이 서로 같지 않은 지점이다. 지금 당신은 변하려고 하는데 남들이 이를 마땅찮게 여긴다면 영적 자원이 특별히 더 필요해진다. 할머니 단계는 지혜로운 여성의 원형과 맞닿아 있다. 앞으로 보게되겠지만 그 원형은 여러 문화에서 신화와 종교의 형태로 표현되고 있다.

남근 선망에서 우리 속에 있는 여신들로

내 관점은 융 정신 분석가이면서 페미니스트, 관찰자이자 활동가인 내 정체감에서 나온다. 나는 여성 운동의 파도가 일기 시작하던 1960년대 중반 무렵 정신과 수련의 과정을 밟고 있었다. 베티 프리단은 『여성의 신비』에서 여자의 삶을 '이름 붙여지지 않은 문제'라고 진단하여 우리의 심금을 울렸다. 여자들은 아내, 어머니가 되어야 본분을 다하는 것으로 되어 있었기에 그렇게 살지 않을 때는 스스로를 책망했던 것이다. 시사 잡지 『라이프』와 다른 출판물들이 관심을 보이기 시작했다. "여자들에게 무슨 문제가 있다는 거지?" 한동안 나는 불안증과 우울증에 빠진 여성들을 치료했다. 그들은 비아냥거리는 투가 역력한 비공식적인 병명, 즉 '교외 사는 가정 주부 증후군'에 시달린다는 진단을 받았다. 그들의 불행은 염두에 둘 만한 사안이 아니라는 뜻이었다. 나는 모든 여성들이 남근이 없기 때문에 선천적으로 열등하다고 믿는 남성 프로이트 학파 정신 분석가들에게서 여성 심리를 배웠다. 남근 선망은 아들을 임신하여 낳음으로써 다소 해소될 수 있다는 것이다. 남성 학자들은 이 이론에 의문을 품지 않았으며, 여성 학자들도 이의를 제기하지 않았다. 프로이트 심리학으로 보자면 (무엇에든) 항거하는 여성은 남성성 열등감에 시달리는 것이 되었기에 반기를 들 경우 그 여성이 곤경에 처할 것이 뻔했기 때문이다.

같은 해인 1963년, 존 F. 케네디 정권의 여성 지위 위원회는 「미국 여성」을 발표했다. 이 보고서는, 남성과 동일한 노동을 해도 여성의 임금이 더 적으며 승진의 통로가 막혀 있는 것은 물론 아예 진입조차 허용되지 않는 직업이나 영역이 많음을 밝혔다. 여기에 낱낱이 기록된 여성에 대한 차별, 여성에게 부여된 전형적인 역할을 분석한 프리단의 『여성의 신비』 (프로이트 학파의 이론을 강력하게 비판하기도 했다)가 분기점이 되어 수많은 정보가 쏟아지고 여성들의 모임과 성 차별 반대 운동이 활발해지면서 마침내 여성 운동으로 이어졌다.

1960년대 중반부터는 의식화 집단이 결성되었다. 여성들은 소집단으로 모여 개별적으로 경험한 성 차별을 털어놓았다. 모임에서 힘을 받은 여성들이 글을 썼으며 이러한 글들이 모여 이후 책으로 편집되었다. 또 여성 차별에 초점을 맞춘 법정 소송이 시작되었다. 전미 여성 조직^{NOW}이 만들어졌고 차별 철폐 조처가 여성에게까지 확대되었다. 이러한 일련의 사건과 그 효과는 1970년대를 여성 운동의 십 년으로 만들었다. 그 동안 나는 결혼을 하고 수련의 과정을 끝낸 후 개인 병원을 시작했으며 샌프란시스코 융 연구소에서 정신 분석 훈련에 들어갔다.

1970년대 나는 두 아이를 키우고 병원 일을 하느라 바빴으며, 여성 내담자들을 통해 여성 운동으로 촉발된 문제들과 생생하게 만나고 있었다. 1980년대 초기 미국 정신 의학회가 남녀 동등권 수정안을 지지하지 않고 동등권을 인준하지 않은 주에서 회의를 열 즈음 나는 여성 운동가가 되어 조직을 공동 설립하였고 글로리아 스타이넘의 도움을 받으면서 정신 의학회 회의를 보이콧했다. 그 후 여성을 위한 미즈 재단의 이사로 합류한 덕분에 여성들이 얼마나 강하며 얼마나 억압받을 수 있는지에 대한 내 인식의 폭이 더욱 확장되었다.

『우리 속에 있는 여신들』은 1984년에 발간되었다. 그 책에서 나는 여성이 어떤 식으로 두 개의 강력한 힘의 영향을 받는지 설명했다. 첫째는 집단 무의식의 원형이며, 둘째는 그 문화의 틀에 박힌 관례다. 이러한 융 학파 페미니스트 관점은 여성 심리를 '두 눈'으로 볼 수 있게 해 주었다. 우리 눈이 같은 사물을 다른 각도에서 보고 두 개의 시각 영역을 병합하여 깊이 있는 관점을 낳듯, 원형을 확인하고 문화가 무엇을 보상하거나 벌하는지를 인식하게 되니까 초기에는 가지지 못했던 깊이 있는 통찰이 생겼다. 다른 사람들도 이와 같은 결론에 이르렀다.

『우리 속에 있는 여신들』은 원형적 패턴 속에서 자신을 발견한 독자에게 강력한 영향을 미쳤다. 나는 그리스 여신들에 근거하여 이야기를 전개해 나갔다. 여신들은 오늘날 여성들도 수긍할 만한 방식으로 사람들과 관계 맺고 적응하고 지배받으면서 가부장이 지배하는 올림포스에서 살았다. 아내의 원형인 헤라, 어머니 데메테르, 처녀 페르세포네, 연인 아프로디테처럼 여성의 전통적인 역할에 어울리는 특성을 가진 여신도 있다. 남자들하고만 어울려 지내거나 남성적 특성의 심리를 가진 여신도 있다.

사냥꾼 아르테미스는 폭력을 휘두르는 남자들로부터 다른 여자들을 구해주며 자신의 목표를 추구하고, 아테나는 올림포스에 사는 그 누구보다도 명민한 정신을 소유하면서 권력을 누렸다. 그 책은 융의 여성 심리학을 확장하여 그의 이론에 틈새를 생기게 한 관점이기는 하지만* 그가 열정적으로 설명한 프시케의 원형 구조에서 도움을 받았음은 부인할 수 없다.

원형은 인간의 정신 세계에 있는 선천적 패턴이나 형질이다. 원형의 패턴과 활성화된 원형의 차이를 융은 아직 형체가 없는 수정이 결정되는 것에 빗대어 설명했다. 원형은 수정이 어떤 모양과 구조로 만들어질 것인지를 결정하는 보이지 않는 패턴과 같다. 즉, 그럴 만한 장소에서 그럴 만한 조건이 있을 때만 일어나는 그 무엇이다. 일단 수정이 결정結晶되면 눈으로 확인할 수 있다. 원형은 씨앗 안에 있는 '청사진'이라 할 수 있다. 씨앗에서 싹이 트거나 트지 않는 것은 토양, 기후, 특정 영양분이 있고 없음, 정원사의 손길이나 무관심, 이 씨앗을 담는 용기의 크기와 깊이, 그 품종이 나쁜 조건에서 얼마나 잘 견디느냐에 따라 달라진다. 최적의 조건에서는 씨앗이 품은 잠재력이 충분히 실현된다. 정신 세계는 이보다 훨씬 더 복잡하기는 하지만 여성 내부에 잠재한 원형은 다양한 요소들

* 융은 모든 사람에게 이성적 원형이 있다고 주장했다. 여성에게는 아니무스가, 남성에게는 아니마가 있다는 것이다. 이 이론에 따르면 여성의 사고력, 공격성, 영성은 그녀의 아니무스가 가진 속성인데, 이는 여성적 자아 ego보다는 정신 세계 psyche의 인식 부분이어서 전체적으로 덜 중요하다. 그의 정의에 따르면 아니무스 사고력은 선천적으로 열등하다. 이런 구조로는 아테나 혹은 사고 능력이 월등한 여성을 설명하지 못한다. 융의 아니마—아니무스 이론에 따르면 남성에게 감정이나 인간 관계는 인식 부분을 덜 차지하는 아니마에 의한 것이라고 설명한다. 이런 경우 감정에 특히 민감한 남성들 역시 예외적인 존재로밖에 설명할 수 없다는 한계에 부딪친다.

— 세습된 형질, 가족과 문화, 호르몬, 주변 환경, 삶의 단계 등 — 이 상호 작용하면서 활성화된다.

『우리 속에 있는 여신들』은 여성들간에 존재하는 다양성과 그들 안에 있는 복합성을 설명한 여성 심리학이다. 기존 심리학이 정상적인 여성이라는 단일하고 제한된 모델을 제시하는 반면, 그 책은 여성의 경험에 더 진실하게 접근하고 있다. 특히 그 책은 인생에서 제1단계와 제2단계에 속한 여성들에게 도움이 되었다. 그 책에서 나는 여신이 나이가 들면 어떻게 발현될지 간략하게 설명했지만 그것이 그 책의 초점은 아니었다. 나이가 들면서 우리 안에서 이러한 원형이 계속 움직이고 있음을 감지할 때가 종종 있다. 이 책 3부에서는 이 원형들의 긍정적인 특징과 문제를 설명하고 이 원형들이 어떻게 할머니 시기를 계속 만들어 가는지, 인생의 세 번째 단계에서 이들이 어떻게 '늦게 깨어나는' 원형으로 등장하는지 설명할 것이다.

우리 속에 있는 여신들에서
우리 속에 있는 지혜의 여신들로

『우리 속에 있는 여신들』은 큰 반향을 일으켰는데 전혀 예상하지 못한 방향으로 영향을 미치기도 했다. 심리학 관련서로 쓴 그 책이 여성들의 영성 운동의 여러 토대 가운데 하나로 자리 잡은 것이다. 무엇보다 그 책은 할리우드의 아름다운 여배우를 칭찬하는 말 정도로만 사용되던 '여신'이라는 말에 본래 의미를 되돌려 주었다. '여신'은 이제 여성적 고결성을 의미하는 말로 사용되기 시작하면서 비로소 자기 자리를 찾았다. 1980년대에는, '여신'이라는 말에 그 말을 감히 쓰지 못하게 만드는 독특한 기운이 서려 있었으나 — 물론 지금도 그러한 기운이 통하는 사람들이 있다 — 융 심리학 용어 '여신 원형'은 용인되었다. 많은 여성들이 이유도 모른 채 '여신'이라는 말을 불편해 했다. 아주 어린아이들도 큰소리로 말해 놓고 어른들의 반응을 살펴보지만 이미 이 말마디가 비밀스럽고 금기시 된다는 것을 아는 것 같았다.

여신 원형에 대한 관심이 생기면서 여자들은 새로운 예술 행위와 의례를 만들었고 명상을 하면서 여신 이미지에 마음을 집중했다. 집에서는 개인적인 상징물로 장식하던 자리를 제단으로 바꾸었으며, 신성한 여성성에 대해 오랫동안 품어 오던 열망을 환기하는 의례를 집행했다. 혹은 거꾸로 그 책을 읽고 나서 특정 여신과 자기 자신을 연결한 후 가슴에 담았던 목표, 꿈속 이미지, 벽에 걸린 작품 등이 자기에게 가장 중요한 여신 원형의 상징임을 깨닫고는 놀라워하는 여성도 있었다. 어떤 상징이나 이미지를 여성 원형과 연결하면 심오한 감동과 의미가 뒤따라왔다. 특정한 역할이 그들 내면에서 활발히 움직이는 원형과 일치할 때 여자들은 자신이 하는 일에 신성한 차원이 있음을 감지했다. 일단 여신 원형이 가진 심리적 의미와 영적 의미의 상호 연관성을 감지하자, 여자들은 여신 중심 혹은 여신 중심의 영성 — 일신교에서는 감히 생각할 수 없는 — 이 있을 수 있다는 것을 각성하기 시작했다.

『우리 속에 있는 여신들』을 쓸 당시만 해도 나는 여신의 영성에 대해 그리 많이 알지는 못 했는데, 『아발론으로 건너가며』(1994)에서 썼듯이 1980년대 중반 유럽 성지를 순례하면서 내면에 변화가 왔다. 고대 여신을 모시던 자리에 세워진 샤르트르 성당에 갔을 때 나는 가슴 한복판, 심장 차크라에서 뜨거우면서 묵직한 그 무엇이 올라오는 것을 느꼈다. 나는 이것을 신성한 기운이 있는 신성한 장소로 나를 인도하는 몸의 감응, 즉 '소리굽쇠' 반응이라고 생각했다. 신성함의 차원으로 입문하는 것은 대지와 몸으로 입문하는 것이었다. 임신하여 첫 태동을 느끼던 때의 그 경이로운 경험과도 같다. 내 인생에서 일어난 신비로우면서 시간을 초월한 다른 사건들이 기억났다. 그 당시 그것을 신성하다고 생각하지 못한 것은 몸, 특히 여성의 몸은 성스러운 것과는 거리가 멀다고 여기는 일신교의 세례를 받고 있었기 때문이다. 그제야 나는 그런 것들이 여신 원형을 경험한 사건임을 알게 되었다. 그 사건에서 여성적 원형은 그 순간을 무한한 깊이와 의미로 승화시킨 것이다. 실은 사람들은 항상 그러한 성스러운 순간을 경험하기 때문에 내가 겪은 그 경험이 유별나게 독특한 것도 아니다. 그러나 유대 그리스도교에서는 그렇게 말하는 것 자체를 이단시했다.

『우리 속에 있는 여신들』을 출간하고 난 후 나는 여성을 위한 워크숍을 진행하며, 때로 여성 영성 회의에서 발표도 한다. 거기에서 나는 데메테르와 페르세포네 이야기를 꺼내는데, 대개 나이든 여자들은 "헤카테는 어떻습니까?"라고 묻는다. 헤카테는 이 책에서 세 번째로 나오는 여신인데 거의 알려진 것이 없는 신비로운 여신이다. 새벽녘 기로에 서 있는 여신인 헤카테는; 납치된 딸 페르세포네를 찾지만 허탕치고 깊은 시름에 잠긴 데메테르에게 힘을 주는 나이든 여성이다. 헤카테는 데메테르에게 진실을 찾아야 한다고 제안하면서 무슨 일이 왜 일어났는지 알아보려고 그녀와 동행한다. 이야기의 끝 부분에서 페르세포네가 지하 세계에서 집으로 돌아오는 순간, 그 전부터 죽 따라다니던 헤카테가 보이지 않는다. 가부장제 이전의 고전적 삼위일체 여신은 이 신화에서 세 명의 왜소해진 여신으로 분화된다. 처녀 페르세포네, 어머니 데메테르, 할머니 헤카테.

『우리 속에 있는 여신들』을 쓸 때만 해도 나는 나이를 많이 먹지 않았던 탓에 헤카테를 포함하지 않았다. 헤카테를 알기 위해서 나는 좀더 오래 살아서 폐경이 되고 성숙할 필요가 있었던 것이다. 마치 붉은 포도주가 세월의 흐름에 몸을 맡겨 충분히 숙성되어 빛깔도 선명해지고 맛도 순해지듯 말이다. 헤카테가 내 안에 있는 원형임을 알아채고서야, 인생의 세 번째 단계를 다시 설계할 수 있는 나이든 여성들의 세대에 속하고 나서야, 나는 헤카테를 제대로 평가할 수 있었다. 이런 변화를 맞이했기에 『우리 속에 있는 지혜의 여신들』이 세상에 나올 수 있었다.

위원회

『우리 속에 있는 여신들』에서 설명했듯 원형을 이해하면 인생의 어느 단계에서나 특정 방향으로 당신이 얼마나 깊숙이 쏠리는지 이해할 수 있다. 남들이 어떻게 평가하든 스스로 옳다고 여기는 길을 어렵사리 계속 간다는 것은, 이 방향으로 가게 하는 원형(들)이 당신의 정신 세계 안에 있음을 뜻한다. 그 과정에서 당신은 각성의 환희, 진정한 자기가 되는 느낌, '자기 자신으로 가는 길'에 들어선 심오한 감정을 경험한다.

대부분 우리는 '내면의 아이'라는 개념에 익숙하기 때문에 내면의 원형들 혹은 잠재적 인격체 집단에까지 생각의 지평을 넓히는 것도 그리 어렵지는 않다. 융 심리학에서 보자면, 일단 원형이 활성화되면 그 패턴은 태도와 행동으로 표현되거나 다른 사람들에게도 투사된다. 남자든 여자든, 젊었든 늙었든 우리는 이미 이 원형을 타고났다.

원형은 단순한 이미지가 아니라 포괄적인 표현 양식이다. 잠재된 원형에 따라 자기만의 고유한 방식으로 사는 여성은 하나의 일관된 주제를 유지하면서도 다양하고 독특하게 변형되는 변주곡을 연주하는 것 같다. 그러나 훨씬 더 다양한 복합성을 지닌 여성 대부분의 내면에서는 한 가지 이상의 원형들이 밖으로 나오려고 서로 경쟁하면서 각축을 벌인다. 원형에 충실하면서 자기 노선을 잘 지켜왔다 해도 나이가 들면서 변동이 생긴다. 어느 단계에서 우리에게 의미와 활기를 주던 원형이 더 심오하고 확장된 방식으로 자신을 표현하면서 우리의 성장이 거듭될 수 있도록 도와준다면 그 원형은 우리와 더불어 평생을 가는 중요한 도반이다. 그러나 때로는 특정 시기에 우세한 영향력과 추진력을 발휘하여 작용하다가 그 시기가 끝나면 더 이상 중요하지 않게 되면서 정신적인 기력이 감퇴하는 원형도 있다. 한때 살아 숨쉬던 역할이 쇠잔해지는 것이다.

『우리 속에 있는 여신들』에서 나는 여신의 원형을 위원회에 참석한 위원들로 상상해볼 것을 제안한 바 있다. 이들은 제각각 자신의 고유한 가치를 이야기할 권리가 있다.[3] 이상적으로라면 당신은 위원회 의장 자리에 제 역할을 톡톡히 해내는 에고를 앉혀서 질서가 유지되고 모든 관점을 경청하게끔 관리한다. 당신 안에서 어느 원형이 활성화되었는지를 안다면, 이 시점의 삶에서 당신에게 중요한 것이 무엇인지를 아는 것이다. 주변 조건이 변화함에 따라 내면에서 원형들간의 동맹과 갈등이 발생하는데 이는 내면의 복합성을 인식하는 방식에 따라 이해될 수 있다. 원형들이 모두 여성만은 아니다. 대부분 여성들 속에 강한 남성 원형 한 가지 정도는 있다. 『우리 속에 있는 남신들』에서 이러한 원형을 설명하려고 그리스 신들을 인용하면서 나는, 여성들이 자신 안에 있는 이러한 측면이 의미의 진원지임을 알아보도록 부추겼다.

위원회를 속기사에 비유해도 좋을 듯하다. '위원회'를 소집한다는 것은 당신 내면으로 향하여 그 안에 활성화된 특정한 원형들의 목소리에 '귀 기울이라'는 뜻이다. 행동하기 전에 우선 그 당시 어느 원형이 가장 우세한 지, 그리하여 내면의 갈등과 충실함을 푸는 데 무엇이 가장 유력한지에 따라 결정을 내리거나 해결책을 찾는다. 세심하게 주목하고 명료해질 때까지 기다리면 올바른 선택이 떠오를 것이다. 그때 비로소 당신의 행동 과 당신의 모습이 일치한다.

폐경, 전환점

폐경이 되면 왕성하던 정신 세계의 기운이 감퇴한다. 한때 1순위이던 원형이 새롭게 부상하는 다른 원형을 위해 자리를 양보한다. 이처럼 원형의 주요 순위가 바뀐다는 것은 당신의 우선순위 또한 바뀐다는 의미다. 예술가나 작가, 사회 운동가나 오지 탐험가가 될 수 있는 기운, 혹은 여태까지 날개를 접은 채 기다리고 있던 또 다른 측면을 위한 기운이 이제 모일 수도 있다. 아직 그게 뭔지 명확하게 손에 잡히는 것은 아니지만 새로운 원형이 거기 있음을 느낄 수 있다. 또는 젊은 시절에 께름칙하게 여기던 뭔가에 새삼 이끌리는 일이 일어나기보다는 차라리 다른 뭔가를 '잉태'한 것 같다. 혼자 명상도 하고 주변을 어슬렁거리고 자기 안에 무엇이 일어나는지 알아보고 싶은 마음이 강렬해질 수 있다. 관심이 내면 으로 향할 때는 — 이는 할머니 원형에 이끌려야 가능하다 — (다른 사람을 위해서 혹은 직장에서도) '아무것도 하지 않는다'는 생각이 아주 매혹적으로 비칠 수 있다.

폐경에 접어드는 것과 사춘기는 서로 닮은 점이 있다. 호르몬 변화로 기분이 급격하게 바뀌고 몸의 변화로 자의식까지 변화하며, 매력적이 되고 싶은 마음과 인생의 다음 단계에 대한 염려가 표면에 떠오르기 시작한다는 점에서 그렇다. 불면에 시달리기도 하는데 일단 잠을 자면 무척이나 생생한 꿈을 꾼다는 것도 비슷하다. 사춘기 이후 처음으로 여성들은 달을 쳐다보고 싶은 마음이 생기고 시심詩心이 생긴다. 그들은 불면증으로 깨어 있는 시간이 늘어나서, 혹은 새벽에 잠이 깨기 때문에 그렇게 된다고 말한다. 불안하고 과민해지는 것, 홍조 또한 불편한 증세다.

일상적으로 활동을 하다가도 불안해지는 것은, 여태까지 당신의 마음과 시간을 점령하던 것에 더는 관심이 가지 않거나 그만큼 그것이 중요하지 않게 되었다는 신호일 수 있다. 과민해졌다는 것은, 당신이 하는 일과 당신이 조화를 이루지 못한다는 뜻이다. 혹은 당신을 괴롭히는 것에 대하여 더 이상 눈감고 있을 수 없다는 뜻이다. 당신 안에 있는 참을성 없음이 드디어 모습을 드러낸 것일 수도 있다. 혹은 단지 당신이 무시해 온 소망, 가령 혼자만의 시간을 가지고 싶다는 욕구 같은 것의 표현일 수도 있다.

폐경의 증세는 전환기의 변화가 몸으로 나타나는 은유라 할 만하다. 몇 가지 있음직한 일들을 보자. 불안 증세는 할머니 여신들의 여러 원형 가운데 무엇인가가 움직인다는 말과 통한다. 과민해지는 것이나 홍조는 앞으로 보게 되겠지만 변화를 가능케 하는 분노의 여신들이 있음을 알려 주는 것이다. 이러한 흐름을 감지하기라도 한 것처럼 남자들은 폐경기 여성을 두려워하는 경향이 있다. 남자들은 당신이 인생을 곤혹스럽게 만들까봐, 멋대로 내버려 둘까봐, 비이성적이 되거나 퇴행이라도 할까봐 걱정한다. 그들의 모호한 걱정 뒤에는 폐경기 여성이 강력한 마녀나 할머니 여신으로 변신할 것을 두려워하는 마음이 있는 것 같다. 어쩌면 그들은 심판의 날이 올지도 모른다는 두려움을 막연하게 느끼고 있는 것일지도 모른다.

많은 여성들이 폐경을 평온하게 겪지만 어떤 이들에게 폐경은 폭풍우 치는 바다를 항해하는 것과 같다. 그러한 증세를 호르몬 탓으로만 돌리면 자기 자신이나 삶의 심연에 다가서서 이를 깨달을 수 있는 귀한 기회를 놓치고 만다. 몸이 불편해지는 증세를 피하려고 호르몬 보충 요법을 처방받기도 하지만 그런 식으로 폐경의 증세, 폐경기 여성들을 관리함으로써 누구나 마음을 놓아 버린다는 사실을 지적하지 않을 수 없다.

사춘기와 폐경은 한 단계에서 다음 단계로 전환하는 지점이다. 막 떠나온 단계에 머물 수도 없고 다음 단계에 아직 정착하지도 않았다. 그러나 대부분의 사춘기 소녀들과는 달리, 폐경기를 맞이한 여성들은 다음 단계를 기대하지 않는다. 지금까지 살아오면서 다음 단계란 것이 늘 불확실하고 불투명했기 때문이다.

폐경기 여신들

그리스 신화의 판테온 신전을 아무리 뒤져보아도 할머니 나이의 여신들이 어떤 이미지를 띠고 있는지 명확한 정보를 얻을 수가 없다. 설령 할머니 여신이 존재한다 하더라도 거의 보이지 않거나 알아볼 수 없었다. 올림포스 여신들은 주로 처녀 여신들(페르세포네, 아르테미스, '아버지의 딸' 원형인 아테나)이거나 성숙한 여성(결혼한 헤라, 어머니 데메테르, 자녀를 여럿 둔 관능적인 아프로디테)으로 그려졌다. 나이든 여성과 연관되는 특성을 체현한 여신들은 눈에 띄지 않는다. 올림포스에 사는 신들 중에서 가장 나이가 많으면서도 가장 덜 알려진, 화로와 신전의 여신 헤스티아는 본래 올림포스 열두 신에 속했으나 나중에 디오니소스로 대체되었다. 헤스티아는 둥근 화로 중앙에 있는 불로 간주되었다. 헤스티아가 있어서 집이나 신전이 신성해졌다. 그녀는 나이를 초월하며 특정한 페르소나를 가지고 있지 않다. 『우리 속에 있는 여신들』과 『우리 속에 있는 지혜의 여신들』, 두 책 모두에서 주요한 원형으로 간주되는 여신은 헤스티아뿐이다.

그리스 신화에는 할머니 속성을 가진 여신들이 미미하게 보이다가 결국 사라지거나 신성을 상실했다는 흔적만 남아 있다. 헤스티아의 존재는 보이지 않으며 메티스는 제우스의 꼬임에 빠져 작아진 후 제우스의 뱃속으로 삼켜진다. 신비로운 헤카테가 있고, 또 올림포스에 신들이 출현하기 전에는 여신이었는데 이후 하녀로 강등된 바우보가 있다. 이렇듯 그리스 신화에는 할머니 나이의 여성적 원형이 부족하다. 이는 아마 그들의 특성을 너무나 두려워한 나머지 이들을 기억하지 못할 때까지 의도적으로 부인했기 때문일 것이다. 그래서 나는 그들을 찾기 위하여 다른 신화까지 넘나들어야 했다.

가부장제 문화에서 출발했으면서도 강력하고도 분노에 찬 여성 인물이 그대로 남아 있는 신화가 있다. 그 여신들은 힌두교의 칼리 여신이나 사자 머리의 고대 이집트 여신 세크메트 같은 이들이다. 이들은 선한 남성이나 남신들조차 나쁜 자들을 응징하지 못할 때 분노의 칼을 드는, 변화의 힘을 지닌 분노의 원형이다. 그리스 신화에는 자비의 여신도 없다. 이런 할머니 속성을 찾기 위해서는 아시아의 여신 관음보살에게 관심을 돌려야 했다. (그리스의 사랑의 여신 아프로디테는 에로틱한 사랑의 여신이었다.) 고대 그리스 신화에는 확실히 유머의 여신도 없다. 얼마나 많은 남성들이 여성의 비웃음을 살까봐 두려워했을까. 생각이 여기에 미치면 이런 현상은 놀랄 것도 아니다. 일본 신화에서 쾌활함의 여신 우즈메는 솔직한 유머와 웃음으로 세상에 빛과 온기를 가져다 주었다.

그러나 『우리 속에 있는 지혜의 여신들』은 전 세계 신화에 등장하는 할머니 원형을 포괄적으로 연구한 책은 아니다. 나이든 여성들의 삶에서 내가 목격하고 높이 평가한 원형의 기운들 — 지혜, 영성, 성, 연민, 원기를 되찾는 유머, 단호하게 행동하는 능력 — 에 상응하는 여신 원형을 (그리스 신화에서) 찾을 수 없을 때 비서구 신화에 관심을 돌렸다. 이 연구는 내가 여성들의 정신 세계에 익숙하다는 것에서 시작되었다. 꿈에서 어떤 상징이 떠오르는 것을 보고 난 다음 그 의미를 이해하려고 참고 문헌과 그림들을 뒤지는 과정도 있었다. 한 문화의 신화에 특정한 특질의 여신이 있고 없고는 신성한 여성성을 경외하는지, 그것을 숭배하는 마음이 부족한지, 권력의 영역이 어디까지인지에 따라 달라진다.

여신들을 찾고 발견하면서 나는 서구 문화에서 여신들이 얼마나 고약한 대접을 받았는지 — 가부장제의 역사이기도 하니까 — 또 여성의 지위와 여신의 운명이 어떻게 함께 몰락했는지 더 잘 알게 되었다. 『우리 속에 있는 지혜의 여신들』은 나이든 여성에 대한 대우를 역사적으로 고찰한 연구물도 아니다. 그러나 여신과 나이든 여성들이 운명을 함께 한다는 점에서, 여성들이 개별적으로나 집단적으로 억눌려 온 여신 원형을 서구 문화 속으로 원상 복귀시키는 방법을 개발하고 그것을 아는 것은 중요하다. 집단 무의식에는 그 동안 억압당해서 아예 없는 듯 보이지만 실은 엄연히 존재하는 원형인 패턴들이 있다. 이러한 원형은 여성의 삶에서 한참 휴면 상태로 있다가 인생의 세 번째 단계에 가서야 나타난다. 그것은 백만 년 동안 억눌렸다가도 문화의 기운이 달라지면 되살아날 수 있다. 형태 공명 이론*morphic resonance theory*에 따르면4) 우리와 다름없는 여자, 할머니 나이가 된 여자 누구나 마녀로 지목 당하여 고문 받고 화형에 처해질 수도 있던 종교 재판 시절의 집단 기억은 말할 것도 없고, 나이든 여자들에게 권위가 실리던 가부장제 이전 시대의 집단 기억까지 접근할 수도 있다. 자기 자신에 대한 태도와 금단이 역사의 산물이라는 사실을 깨우칠 때 우리는 그러한 기존의 태도와 금단 너머까지 성장할 수 있다. 이는 마치 큰 심리적 상처를 준 과거 사건(트라우마)을 기억해 내고 가족의 (역기능적인) 패턴을 알아보아야 그 개인의 심리가 성장하기 시작하는 것과 같다.

2천만 명이 넘는 베이비 붐 세대 여성들이 21세기를 전후로 50세를 넘겼다. 이들은 지금 할머니 시기를 왕성하게 보내는 여성들의 두 배가 넘는다. 미국에서는 이제 곧 4천5백만 이상의 여성들이 쉰이 넘는 나이가 될 것이다. 이들의 삶과 태도가 그 동안 여성 운동의 주축을 이뤘다. 기록된 역사 그 어디에도 탁월한 능력과 경험, 독립성과 자원을 지닌 여성들이 이처럼 많았던 적이 없다. 나이 오십이 된 여성 대부분은 수십 년 더 전성기를 누리며 살기를 바란다. 예전의 오십이 지금은 칠십이다. 오십이 되면서 여성들은, 자기 자신과 다른 여성을 신뢰하는 법을 배운 육십대, 칠십대 할머니 여성들의 흐름에 합류한다. 이제 여신, 여신의 영성, 여신 원형이 점점 자기 언어를 갖게 되고 체험 속으로 들어올 것이므로 할머니 여성들도 점점 더 눈에 띄는 존재가 되고 더 많은 영향력을 갖게 될 것이며 그 수도 늘어날 것이다. 『우리 속에 있는 지혜의 여신들』은 어떻게 하면 싱그럽고도 멋진 할머니가 되는지 그 내면의 영토로 안내한다.

1부

그녀의 이름은 지혜

이런 문화에 살면서 늙어간다는 것은 어떤 의미인가?
어떤 책임을 새로 짊어지게 되는가? 혼신을 다해 에너지를 집중함으로써
변신을 도모하려면 무엇을 끊어 내야 하는가?
— 매리언 우드먼

지혜는 여성이며 할머니이고 여신이다. 또 여성적 원형이기도 하다. 그리스 신화에서 지혜는 제우스가 삼킨 메티스로 인격화된다. 성서에서 지혜는 남성도 여성도 아닌 개념으로 모호하게 추상화된 채 모습을 감춘 여신 소피아다. 지혜는 헤카테처럼 갈림목의 여명 속에서 발견될 수도 있고 헤스티아처럼 난롯불 속에서 발견될 수도 있다. 안식일을 여는 식사를 위해 유대인 집으로 들어가는 보이지 않는 셰키나일 수도 있다. 그녀는 예전에 켈트족 여신 케리드웬이기도 했다. 그녀는 지혜의 힌두 여신 사라스와티이며 바그너의 「니벨룽의 반지」에 나오는 에르다다. 서로를 비추는 거울이기도 한 세계 신화와 집단 무의식에서 지혜는 여성성이다. 지혜는 대개 보이지 않거나 사람의 모습으로 나타나지 않는 여신의 속성이기도 하고, 때로는 지혜로움을 정신의 의식적 차원으로 발전시킨 여성의 속성이다.

지혜로운 여성 혹은 지혜로운 할머니 원형은 영성의 내면적 성장을 설명하는 포괄적 개념이기도 하다. 그러니까 내면의 성장은 여성의 세 번째 단계와 가장 밀접하게 관련이 있다. 이 원형이 여성의 정신 세계에 국한된 것이 아니라 인간 전반을 아우르고 있음에도 불구하고 일반적으로 가부장제 남성의 내면적 지혜의 성장은 하찮은 것으로 취급받았다. 이 원형이 어른 속에서만 성장하는 것도 아니다. 임상에서 경험한 바에 따르면 방치되거나 학대받은 아이들은 자기 내면의 우물에서 위로와 지혜를 길어낸다. 그렇게 함으로써 그들은 억압자와 자신을 동일시하지 않으니 성장한 후에도 그런 방임이나 학대를 되풀이하지 않는다. 여러 해 동안 지혜의 손에 인도된 그들은 영혼에 손상을 입지 않고 살아남는 것이다. 우화에서는 그러한 위안과 지혜가 인격화되어 나타난다. 대개 노파, 마술 지팡이를 든 요정, 젊은이가 수수께끼를 풀거나 올바른 선택을 할 수 있도록 도와주는 할머니의 모습이다.

대개는 나이를 먹으면서 더 지혜로워지기는 하지만 오래 산다고 지혜가 보장되는 것도 아님을 종종 목격한다.

지혜가 여러 종류이듯 지혜로운 여성의 원형도 여러 가지다. 메티스의 지혜는 실용적이어서 지성과 기술의 숙달을 통해 실질적인 결과물이 나올 수 있게 한다. 나는 예술가와 장인을 '국보'로 추대하는 일본인들이 이러한 지혜를 잘 알고 있다고 생각한다. 소피아의 지혜는 신비로운 통찰을 경험하고 영적인 의미를 추구하는 태도에서 나온다. 헤카테의 직관적 지혜는 정신적인 각성으로 더 강해지고 관찰을 통해 날카로워진다. 헤스티아는 외적 조화를 가능케 하는 내적 평온함이자 현명함의 실재다. 헤스티아는 집을 가정으로 만들고 평범한 장소를 성소로 만들며 이방인들이 한 공동체 아래 결합할 수 있도록 조용히 돕는다.

「그녀의 이름은 지혜」에서 나는 지혜의 원형으로 네 여신, 메티스, 소피아, 헤카테, 헤스티아에 초점을 맞춘다. 어느 누구도 우리와 그다지 친숙하지 않으며 그들이 가진 특성 또한 구체적이지 않다. 그러나 그들이 신화나 신앙의 상당 부분을 차지하던 때가 있었으므로 신학 등에서 늘 보이지 않는 존재였다고 단정해서는 안 된다. 비록 지금은 집단 무의식 속에 숨은 패턴이 되었지만 그들은 다시 되살려져서 우리 의식의 일부분으로 복원되기를 기다리고 있다. 나는 신화, 고고학, 신학, 역사 방면의 기록과 연구를 통해 이들을 서로 분류한 후 각각의 특성을 설명했다. 주요 출처는 주석으로 처리했다. 또 융 정신 분석가의 전문성을 살려 네 여신을 원형으로 선택했는데 이들 여신이 내가 나이 많은 여성들의 정신 세계에서 목격한 지혜의 특성과 일치했기 때문이다.

여신 하나하나에 대해 우리가 아는 지식부터 이야기하겠다. 당신은 자기 안에 하나 이상의 여신이 있음을 깨닫거나 통찰의 감탄사 아하!를 연발할 수도 있겠고, 특정 '여신'이 당신의 정신 세계의 일부분임을 직관적으로 알아차릴 수도 있을 것이다. 지혜의 여신들은 당신의 성장을 나타내는 지표 — 쉰 이후 성숙의 방향 — 일 수 있다. 어떤 설명은 당신이 특히 존경해 마지않는 여성에게 딱 들어맞을 수도 있는데 이럴 경우 그녀는 당신이 자기 자신으로 성장해 갈 때 필요한 원형을 상징하는 것일 수도 있다. 꿈에 잘 나타나는 여자 동료 — 순례자로서의 자매 — 가 있다면 그녀는 이러한 성장의 지표를 의미하며 내면의 지혜로운 여성(혹은 모습을 보이기 시작한 또 다른 원형)을 의미한다. 그녀는 낯선 곳으로 여행하는 당신의 꿈속에서 당신과 동행한다.

여신에 대하여 명상하거나 여신과 대화하는 것을 상상한다면 당신 내면의 지혜로운 부분이 점점 뚜렷해지면서 일상 생활 속으로 더 가깝게 다가온다. 초점을 맞추는 곳에 에너지가 집중된다. 우리는 실제로 다 크기 전에 앞으로 되고 싶은 모습을 그려 본다. 지혜로운 여성 원형을 알려고 할수록 그 원형이 우리 안에 나타날 가능성은 더 커진다. 마찬가지로, 더 많은 우리가 이 과정에 참여하면 여신 원형이 우리 문화 속으로 귀환할 것은 더 확실해진다.

이 글을 쓰고 있으니 '우리가 돌아오다'라는 주제를 잡은 『미즈』지가 생각난다. 1999년 『미즈』는 페미니스트 여성들의 공동 지분으로 다시 소유권이 이양된 것을 축하하면서 권두卷頭에서 '지혜가 필요한가?'라는 질문을 던졌다. 이런 식으로 여성을 지혜와 연결하는 것은 여성 운동 이후의 세대가 나이를 먹으면서 완전히 새로운 것처럼 부각되기도 했지만 시각을 넓혀서 가부장제 이전까지 보자면 실은 그 둘의 관계는 아주 오래되었다. 지혜로운 여성의 원형과 할머니 여신이 지난 오륙천 년 동안 광대한 망각의 늪 속에 빠져 있었다고는 하나 우리가 우리 자신의 지혜를 일깨우면 그들은 다시 우리를 통해 생명을 얻을 것이다. 융은 이렇게 말했다. "원형은 강바닥과 같아서 물이 모자랄 때는 바싹 마르지만 언제든 다시 제자리를 찾는다. 원형은 수세기 동안 생명수가 흐르던 옛 물길과 같아서 그 스스로 깊은 수로를 파면서 흐른다. 이 수로로 물이 흘렀던 세월의 깊이가 더할수록 물이 다시 옛 바닥으로 돌아오기는 더 쉽다."1)

여신과 그들의 특성이 다른 것에 동화되고 하찮게 취급되고 심지어 악령이 들린 것으로 치부되면서 여자들은 동일시할 모델을 잃었다. 이제 여성 문제에 대한 새로운 인식과 자각이 시작될 것이다. 나이든 여자에 대한 부정적인 고정 관념을 거부하고, 여신의 운명과 여자들에 대한 대우가 무슨 관계가 있는지 이해하고, 신학에서, 그리고 여성의 영성에서 여신이 제거됨으로써 어떤 결과가 만들어졌는지 깨닫는 과정에서 새로운 여성 의식이 자라게 될 것이다.

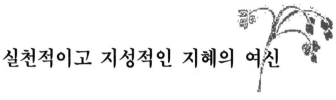

실천적이고 지성적인 지혜의 여신

제우스 뱃속에 들어간 메티스

지혜의 여신들 원형은 제각각 특별한 지혜가 있다. 메티스는 경험적이고 구체적인 세상의 중심에 있다. 자기 안에 깃든 지혜로운 여성이 메티스인 여성은, 마음을 기울이면서 손으로 하는 일이 영성과 연결되어 있다. 그런 여성은 삶에서 배운 지혜를 기술에 적용한다. 메티스는 아는 것과 행하는 것의 상호 작용을 상징한다. 그것은 기술이나 어떤 행위를 기계적으로 숙달하는 것 이상의 전문성이다. 메티스는 상황을 이지적으로 파악하는 능력과 지혜로우면서도 능숙하게 행동하는 능력을 의미한다. 자신의 일과 심오한 지혜를 한데 어우러지게 하는 여성은 지혜로운 여성의 원형인 메티스를 살려내는 것이다. 메티스는 올림포스 이전 세대에 속하는 지혜의 여신으로, 제우스가 쫓아다니는 바람에 그의 첫째 아내가 되었다. 그녀는 제우스에게 올림포스 산의 정상 자리를 차지할 수 있는 방법을 일러주었다.

　그리스어 메티스^{metis}는 여신 이름 메티스에서 온 것인데 '지혜로운 상담자' 혹은 '실천적인 지혜'를 의미했다.1) 당신은 다른 사람들 눈에는 그냥 유능한 것으로만 보이는 것이 실은 여러 상황을 조화롭게 운영하는 것임을 알고 있을 것이다. 그러니까 집안일을 수월하게 하려면 메티스를 불러내면 된다. 당신이 화가, 조각가, 사진작가라면, 스튜디오에서 작업할 때 메티스는 당신이 가진 기술을 단순히 합한 것 이상으로 역량을 발휘하도록 도와준다. 영감을 받아 일을 진행할 때만 가능한 연금술적 과정인 것이다. 당신이 의사라면 메티스는 탁월한 의술로 나타난다. 경제계, 정치계, 법조계에 있는 여성이 메티스를 내면에 지니고 있다면 그 여성의 지혜는 해당 분야에서 일을 현명한 방향으로 이끌고, 사건의 핵심을 꿰뚫고, 중재와 대화로 갈등을 해소하고, 다른 누군가를 희생하여 승리하기보다는 모두 만족하는 결과를 얻는 데 도움이 될 것이다. 이런 의미에서 메티스는 최상의 결과가 무엇인지를 장기적인 안목으로 꿰뚫어볼 줄 아는 외교술의 다른 이름이기도 하다. 학자의 메티스는 분별력과 창의적인 사고 방식이어서 연구 주제에서 패턴을 발견하거나 자료를 설명하는 적절한 틀을 찾아낸다. 메티스가 나이 들면서 성장하고 깊어지면 할머니 나이에 맞는 특성을 갖게 될 것이다.

창의적인 예술 영역의 메티스는 기교에만 능한 연주자를 예술가로 탈바꿈시키고, 습작을 예술 작품으로 전환시키는 무척이나 순수하고 신비롭고 신성한 영감이다. 이러한 메티스는 자기가 다루는 도구, 악기, 기술에 능수 능란하면서도 원형의 깊이에서 사람을 감동시키는 감정을 길어 올릴 줄 아는 장인, 예술가, 연기자, 음악가에게서 발견될 확률이 가장 높다. 그럴 때 그의 작품이나 공연은 사람들을 감동시켜 그에 상응하는 깊은 내면에서 응답하도록 만드는 힘을 갖는다.

여신 메티스

메티스는 달의 여신 테시스와 지구를 한 바퀴 도는 거대한 물의 신 오세아누스라는 두 티탄 사이에 태어난 딸이었으므로 그녀 역시 티탄이다. 티탄족은 그때까지만 해도 지배 세력이었다가 이후 제우스의 손에 의해 권좌에서 끌려 내려온다. 그녀는 제우스가 뒤쫓아 오자 여러 모습으로 변신하면서 그를 피해 도망갔으나 결국 제우스에게 잡혀 아내가 되었다.

제우스는, 자기 아버지 크로노스를 위시한 힘센 티탄과 겨루어 이기려면 먼저 크로노스가 삼켜 버린 자기 형제들을 풀어 주어야 했다. 크로노스는 일찍이 자신의 아버지이자 통치자이던 우라노스의 왕위를 찬탈한 후 그를 추방하여 권력을 거머쥔 경력이 있다. 그러니 크로노스는 아내 레아가 낳은 아들이 자기가 했던 대로 아버지인 자신을 폐위시킬까봐 두려워했다. 그래서 그는 태어나는 자식들을 모두 삼켜 버렸다. 크로노스가 다섯 명의 갓난아이를 차례로 삼키자 레아는 제우스를 임신하면서 이 아이는 구하겠노라고 결심했다. 그녀는 제우스가 태어나자마자 동굴에 숨겨 놓고 돌덩이를 포대기에 싸서 내놓았다. 어리석은 크로노스는 급한 마음에 제우스 대신 돌덩이를 삼켰다.

몇 년 후 제우스가 성공할 수 있었던 것은 메티스의 조언 덕분이다. 토하는 물질을 넣은 꿀물을 크로노스가 마시도록 꾸민 메티스의 계략이 적중하여 그는 돌덩이 하나, 아들 둘, 딸 셋을 토해 냈다. 그들은 장성한 상태로 다시 세상에 돌아와서는 제우스에게 감사했다. 포세이돈과 하데스는 제우스와 힘을 합해 티탄에 맞서 싸울 태세였으며 이 형제들과 동맹을 맺은 제우스는 십 년 동안 전쟁을 벌인 끝에 티탄과 크로노스를 눌렀다. 제우스는 천둥으로 자기 아버지를 죽였다.

　메티스가 제우스의 아이를 임신하자 제우스는 땅의 신탁을 받았다. 신탁은 이 아이가 딸이며, 다음 아이는 그의 자리를 찬탈할 아들이라는 것, 메티스가 그 아이를 낳아 성심껏 기를 것이라는 내용이었다. 이런 가능성을 제거하려고 그는 교활하면서도 교묘한 말로 메티스에게 접근했다. 메티스는 제우스에게 매력을 느끼고 이끌렸는데 그는 그녀를 감언이설로 속여 소파에 눕게 해서는 작게 만들어 삼켜 버렸다. 이것이 고전 신화에 나오는 메티스의 마지막 모습이다. 제우스는 그 후 그녀가 그의 뱃속에서 조언을 해 준다고 주장했다. 그는 그녀를 자기에게 협력하게 하였으며 그녀의 특성과 힘을 자기 것으로 삼았다. 여기에는 출산까지 포함되었다. 그래서 제우스는 머리로 아테나를 낳을 수 있었다. 아테나는 어머니를 가진 기억이 없는 어른으로 태어났다.

　위에 나온 여신 메티스 이야기는 기원전 8세기 후반에서 7세기 상반기 사이에 살았던 헤시오도스의 『신통기』에 나오는 이야기를 간략하게 옮긴 것이다. 『신통기』는 신의 출생에 대한 서사시이자 우주의 기원을 말하는 우주론이다. 『신통기』는 대체로 제우스가 최고신의 자리에 등극하는 과정을 주요 주제로 다루고 있지만 수록된 시 대부분에 중요한 어머니 여신들이 등장한다. 헤시오도스가 엄연히 가부장제의 특성을 띠는 사회에 살았다는 사실을 감안하면, 초기 역사나 종교는 잊혀져도 신화는 집요하게 계속 살아 있음을 탁월하게 보여 주는 증거가 바로 그의 『신통기』다.

삼켜진 메티스가 상징하는 것

제우스와 메티스 이야기는 성공한 남자의 첫 아내가 어떻게 살아왔는지를 그대로 보여 준다. 이런 여성은 자신의 특별한 제우스가 정상에 오르도록 수단을 제공하고 전략을 짜지만 결국은 메티스 신세가 되기 쉽다. 이런 원형과 닮은 상황이라면 그 여성을 티탄족의 딸에 비유할 수 있겠다. 그녀는 사회적으로나 경제적으로 남편이 선망하는 계층 출신이다. 제우스 같이 왕이 되려는 야망이 있는 남편이 그토록 자리를 꿰차고 싶어 하는 바로 그 계층의 자손인 것이다. 그녀는 남편보다 더 나은 교육을 받았으며 더 총명하다. 이미 재산가이며 그만큼 재력에 접근할 기회도 많다. 그녀는 남편의 큰 목표를 위하여 적절한 곳에 그를 연결해 주거나 아이디어와 전략을 제공한다. 그녀의 도움을 받아 야망이 채워지기만 하면 그는 언제 그랬냐는 듯이 그녀를 집에서 아이만 키우게 한다. 그의 성공에 공헌한 그녀의 역할과 중요성 역시 급속하게 작아진다. 그녀는 '속아서' 그렇게 작아지고 무의미한 존재가 되며 그에게 '삼켜지기' 때문에 그녀의 속성과 아이디어, 자원은 자동적으로 그의 것이 되어 버린다. 이혼한 남편이 재혼이라도 하면 그녀는 여신 메티스처럼 사회에서 설 자리가 없어져서 자취를 감춘다. 이러한 비가시성은 톰 울프의 『다 가진 남자』라는 소설에서 생생하게 그려진다. 마샤는, 남편 찰리 크로커가 29년을 같이 살다가 이혼하고서 자기 나이 절반밖에 안 먹은 젊은 여자와 재혼하자마자 '중요하지 않은 여성'이 되어 버린다.

아내의 생각이나 창의적인 일이 남편에게 귀속되면 그건 삼켜진 메티스를 재연하는 것이다. 아내가 남편의 성공에 기여하더라도 공적인 인정을 받지는 못한다. 아인슈타인의 아내가 그의 이론에 어떤 공헌을 했는지 알려지지는 않았지만 분명 그녀는 총명한 물리학도였다. 윌과 아리엘 듀란트 부부는 『문명의 역사』를 같이 썼지만 그녀의 이름은 7권째 가서야 공동 저자로 기재된다. 여성의 지성이 제대로 평가받지 못하는 사회에서는 그들의 아이디어가 남자의 것이나 다름없기에 남자의 이름 속으로 삼켜져 버린다.

　이러한 현상은 온갖 종류의 작업 환경에서도 발견된다. 제우스는 유능한 남자의 조력자인 여자가 수행한 작업이나 아이디어를 흡수한다. 『감정의 분자』에서 캔데이스 퍼트 박사는 이런 일의 정황을 설명하고 있다.[2] 퍼트는 아편 수용체와 엔돌핀의 발견에 핵심적 역할을 했다. 그것으로 그녀의 지도자와 두 명의 남성 연구자는 노벨상 다음으로 권위 있는 라스커상을 받았다. 라스커상의 수상자 가운데 상당수가 노벨상을 받게 되는 상황이었다. 퍼트는 자신의 결정적인 공헌에 대하여 침묵을 지키고 있지는 않았다. 오랫동안 치열하게 논쟁한 끝에 상은 다른 연구 실적으로 넘어가기는 했지만 마침내 그녀 역시 노벨상 후보에 오르는 성과를 올린 것이다. 퍼트가 그런 결심을 하게 된 것은 로절린 프랭클린의 선례를 보면서 느낀 바가 있었기 때문이다. 프랜시스 크릭과 존 와트슨은 DNA 구조가 이중 나선이라는 것을 밝혔다. 로절린은 그런 설명을 가능케 한 논리적 연결 고리에 결정적 단서를 제공한 뛰어난 과학자였다. 그들은 1962년 노벨상을 받았다. 로절린 프랭클린은 침묵을 지켰으며 몇 년 후 암으로 세상을 떴다. 감정과 질병의 상관성을 주제로 한 자신의 연구를 인용하면서 퍼트는 이런 말을 했다. "그 사실을 밝히지 않으면 절망에 빠져서 암이라도 걸릴 것만 같았습니다. 내 자존감까지 희생될지도 모른다는 판단이 들었던 겁니다."[3]

이런 식의 메티스 삼키기 사례는, 여성이 몸과 마음을 다해 잉태하고 양육하면서 길러낸 조직이 일정한 지위를 확보한 한 남성의 수중으로 그 위엄과 이득이 넘어갈 때도 일어난다. 헬렌 캘디콧 박사가 창립한 「사회 책임을 다 하려는 의사회」가 적절하면서도 유명한 사례다. 이 의사회가 노벨 평화상을 수상할 때 당연히 있어야 할 캘디콧은 보이지 않았다. 그녀는 내부의 정치적 음모에 휘말리면서 요직에서 밀려나 그곳에 초대조차 되지 않았던 것이다. 상을 탄 사람은 이제는 거대한 조직이 된 이 협회의 남자 우두머리였다.

가부장제의 가치를 신봉하는 아테나

제우스는 메티스를 삼킨 후 아테나를 특이하게 출산했는데 그것은 이후 서양 문학 최초의 법정 장면에서 아폴론이 논거로 제시하는 예가 되었다. 아이스킬로스의 『오레스테이아』에서 오레스테스는 아버지를 살해한 자기 어머니의 가슴에 복수의 칼을 꽂는다. 변론에 나선 아폴론은, 어머니는 아버지가 뿌린 씨를 키워 주는 사람일 따름이라고 말하면서 어머니와는 혈연 관계가 아니라고 주장한다. 어머니가 중요하지 않다는 증거로 그는 아테나를 지목한다. 아테나가 어머니의 자궁에서 태어나지 않았다는 것이다. 반대 심문을 하는 쪽은 어머니 살해가 가장 사악한 범죄라고 보는 복수의 여신들이었다. 복수의 여신들은 젊은 신들이 어머니 살해범을 도망가게 도와줌으로써 예전의 신들이 가졌던 권리를 잔인하게 무너뜨린다고 주장한다.

아테네 사람 열두 명이 그 논쟁을 경청한 후 표를 던졌는데 동수가 나왔다. 그때 아테나가 이 논쟁의 결과를 좌우하는 표를 던진다. 아테네는 아테나의 도시이므로 이것이 그녀의 특권이다. 그녀는 아폴론의 남성 중심적인 올림포스 관점을 수용하여 오레스테스를 석방한다. 가부장제가 오기 전 시대에는 아버지보다 어머니가 더 큰 비중을 차지했다. 가부장제 이후로는 아버지의 권리가 지배했다. 연극에서 이 재판은 남성 우위가 확립되었음을 상징한다. 분노의 여신들은 검은 옷을 입은 분노의 마녀들로 묘사되는데 재판이 끝나자 자줏빛 옷을 입은 탄원자의 신으로 바뀐다. 3부로 된 이 연극은 승리자의 행진으로 끝을 맺는데, 이제는 나긋나긋한 노파로 변신하여 감옥으로 끌려가는 나약해진 분노의 여신들이 그 행렬을 뒤따르고 있다.

여신 아테나는 지혜의 원형이자 '아버지 딸'의 원형을 대표하는 그리스 여신이었다. 그녀는 어머니 메티스에게서 지혜의 여신이라는 별칭을 그대로 물려받았지만 어머니에 대한 기억은 없다. 아테나는 갑옷을 두른 전사이며 전략가로, 영웅과 겨루었으며 전투가 아무리 격렬해져도 그 열기에 냉정함을 잃은 적이 없었다. 그녀는 아킬레우스, 페르세우스, 오디세우스 같은 그리스 영웅들을 좋아해서 그들에게 조언을 하거나 무기를 주었으며 속임수를 써서라도 그들이 전략적으로 유리한 입장이 될 수 있게 도왔다.

아테나를 낳을 때 제우스는 끔찍한 두통으로 괴로워했다. 대장간의 신 헤파이스토스가 양날 도끼로 제우스의 머리를 쪼개어 아테나가 아버지의 머리로 나올 수 있었다. 아테나는 황금 갑옷을 입고 창을 든 장성한 여자의 모습으로 태어났으며 선전 포고를 하듯 자신의 출생을 힘차게 알렸다. 아테나가 발로 땅을 박차자 올림포스 산이 흔들렸다. 그녀는 즉시 아버지의 오른팔이 되어 자기 자리를 차지했다. 아테나는 제우스가 좋아하는 딸이자 권력의 상징으로, 그가 신뢰한 유일한 올림포스 신이다.

　총사령관의 원형인 제우스는 여성을 조직 안으로 끌어오거나 '탄생'시킬 수 있다. 오늘날 올림포스 신에 버금가는 막강한 권력가의 귀에는 아테나의 함성이 들리지 않을 수도 있겠다. 그러나 그녀의 황금 갑옷은 그녀가 어디 있든 그녀를 돋보이게 하는 명성이자 이력서다. 또 아테나가 아버지의 머리에서 태어난다는 것의 의미, 제우스가 그녀의 멘토 즉 스승이라는 메시지는 예나 지금이나 변함없다.

　20세기의 마지막 30년간 여성들은 기업, 정치, 연구, 전문직 등에서 권력의 보루로 진입하는 황금 같은 기회를 맞이했다. 전략가의 기질이 유리하게 작용하는 영역에서 남성 스승을 닮은 아테나 여신 같은 여성들은 여성 운동의 최대 수혜자였다. 여성 운동이 없었더라면 두 명의 여성이 미국 대법원에, 한 명의 여성이 국무 장관 자리에 오를 수는 없었을 것이다. 아테나 원형은 특히 젊은 여성에게 지배적으로 나타나는 원형이지만 그녀는 다른 여성의 자매이기보다는 '아버지의 딸'에 가깝다. 인생의 세 번째 단계가 가까워지면서 이런 태도가 수그러들기 시작한다. 그녀가 메티스를 기억한다면 여신들과 여성들에게 일어났던 일련의 사건들을 이해할 것이며 남성들보다는 다른 여성들과 자신을 동일시하기 시작할 것이다. 그녀가 메티스를 복원할 때 내면이 더 온전한 균형을 이루면서 총체적인 존재가 될 것이다.

메티스에 대한 기억을 되살리기

아테나는 '아버지의 딸'이었기에 여성과 여성적 가치를 비하하고 혐오하는 가부장제의 태도를 그대로 고수했을 뿐 아니라 가부장제의 가치를 신봉했다. 아테나가 메티스를 기억하려면 심리적으로 그런 과거와 분리된 상태에서 성장해야 한다. 남성과 비등한 힘을 발휘하던 전쟁터에서 가지던 마음을 그대로 간직하고 있으며 타고난 총명함으로 좋은 교육을 받은 야심만만한 여자들은 자신이 매우 특별한 존재라고 생각한다. 그러다 보니 성취욕이나 능력이 자기만 못한 다른 여성들을 종종 경멸하기에 이른다. 그들이 메티스를 기억하려면 우선 다른 여성과 동질감을 개발하고, 아버지 딸이란 자기 정체성을 던지고, 위계 질서와의 동맹을 단절해야 한다. 이것은 남성 스승이나 동료 혹은 어느 제도의 원칙들에 대하여 대단한 환멸을 경험한 후에나 가능할 수도 있다. 아테나 여성은 나이가 들수록 이런 식의 전환을 감당할 준비를 갖추기도 한다.

정상을 향해 빠르게 궤도 진입을 꾀하던 아테나는 스승의 지원이 끊어지면서 거기서 나오던 권위와 영향력, 지위를 상실하고 난 후에야 자신의 취약성이나 자신의 지위가 가진 허약함을 눈치 채게 된다. 능력을 최대한 발휘해 보지만 여자들에게만 적용되는 유리 천장이 가로막고 있어서 더 높이 올라가지 못한다는 것을 깨달을 때, 그래서 가부장제와의 밀월 관계가 산산이 흩어질 때 환멸을 느낀다. 혹은 남성 동료보다 적은 급료를 받는다는 것을 알게 되었을 때, 자기는 동등한 관계라고 생각했으나 남자 동료가 탈의실에서 자신을 성적 대상으로 삼아 이야기하는 것을 엿듣게 되었을 때도 마찬가지다.

일, 스승, 팀, 또는 제도에 전념하면서 충직하게 지키던 그녀가 남들이 자신과 같은 마음을 갖고 있지 않다는 것을 알게 되면 뼈저린 배신감과 환멸에 괴로워한다. 삶을 떠받치고 있던 지반이 흔들린다. 이런 일이 일어나기 전에는 다른 여성과 공감할 수 있다는 생각을 도무지 받아들이지 못했다. 이제야 여성적 지혜가 시작된 것이다.

그리스 신화에서 아테나 여신은 제우스를 단 한번도 거역하지 않았으며 제우스도 아테나에 대한 호의를 거두지 않았다. 아테나는 아버지 딸의 영원한 원형이다. 불복종하는 아테나의 운명은 바그너의 4부작 오페라 「니벨룽의 반지」 가운데 제2부 발퀴레에서 기막히게 묘사되고 있다. 브륀힐데는 발퀴레(북구 신화에서 주신 오딘을 섬기는 싸움의 처녀들)인데 아테나처럼 신성을 가지고 있으며 갑옷을 입은 젊은 여성 전사로 그녀의 아버지 보탄이 애지중지하는 자식이다.* 브륀힐데가 아버지의 명령을 거역하고 동정심에 이끌려 행동하게 되자 아버지는 잔인하기 이를 데 없는 벌을 내린다. 그는 그녀의 불멸성을 박탈한다. 그런 다음 의식을 잃은 딸을 바위에 묶어 두고 그녀를 성적인 대상으로 전락시킨다. 그녀를 발견하는 첫 남자의 소유가 되도록 계획을 세운 것이다. 그녀는 아버지에게 최소한 그녀를 취하는 남자가 영웅이 되게 해달라고 간청한다. 처음에 그는 거절하지만 다소 누그러져서 그녀 주변을 영웅만이 건널 수 있는 불길로 감싼다.

브륀힐데가 보탄의 뜻에 고분고분 따르지 않을 뿐더러 그의 모습을 비춰 주는 숭배의 거울 역할을 그만두자 그는 심하게 분노한다. (그도 상처를 입는다.) 아버지를 거역함으로써 그녀는 아버지와의 관계는 물론 자신의 갑옷과 무기, 불멸성을 잃었다. 이제 그녀는 여전사의 원형, 아낌을 받는 아버지의 딸이 아니라 아주 취약한 여성이 된 것이다. 브륀힐데의

---

* 나는 「니벨룽의 반지」에서 영감을 얻어 『권력의 반지』를 썼다. 주요 등장 인물은 내가 『우리 속에 있는 여신들』과 『우리 속에 있는 남신들』에서 묘사했던 바로 그 원형들과 같다. 이런 원형들은 요즘으로 말하자면 역기능적인 가족의 심리에서 발견될 수 있는 것들이다.

어머니는 에르다인데 그녀도 (메티스처럼) 지혜의 여신이었다. 에르다는 보탄의 유혹에 빠져 제압당한 후 힘을 잃고 땅속으로 몸을 숨겼는데 그곳에서 잠이 드는 바람에 지혜와 예견 능력까지 잃어 버렸다. 지혜가 제우스의 뱃속으로 삼켜졌건 땅속에 묻혔건 이야기의 본질은 같다. 가장 강력한 신은 산 정상에서 군림하는 하늘의 신이다. 한때 중요한 자리를 차지했던 지혜의 여신은 시야에서 그만 사라져 버렸다.

브륀힐데는 추방당하고 벌 받으면서 평범한 여성이 된다. 이 신화는 아버지의 딸이 배신당하고 환멸을 느끼게 될 때 일어나는 운명을 상징적으로 보여 준다. 그녀는 아테나의 원형이라는 정체성을 잃게 되며 자신이 취약하고 감정에 약하다는 것을 알게 된다. 그때가 되어야 그녀는 올림포스 산 또는 발할라라는 남성의 영역, 혹은 거만한 이성의 세계를 떠날 수 있다. 가부장제의 딸이 가부장제에게 당한 배신은 바로 페미니즘의 단초가 된다. 아테나는 그 전에 무시하던 여성 문제를 이해하게 되며 그 패턴을 보게 된다.

제우스 뱃속에서 메티스를 발견하기,
여신의 역사를 복원하기

객관적인 역사라고 배웠던 것이 거짓과 생략의 기록임이 드러날 때 그건 환멸과 역겨움이다. 제도 교육을 받는 여성은 학문이 객관적이라는 가정에 동의하면서 직선적이고 논리적인 아테나 정신을 계발해야 한다. 진보한 학문일수록 눈에 보이지 않던 편견과 복잡성을 자각하게 한다. 그런데도 페미니즘의 인식이 출현하기 전까지는 여성 혐오가 하도 깊이 숨겨져 있었기에 이를 감추는 것도 쉬웠다. 아테나가 제우스의 머리에서 태어났으니 아테나의 정신은 남성의 권위와 편견의 자손이다, 메티스를 기억하기 전까지는. 가부장제의 역사와 신학은 여신의 정복이나 더 이전에 번성했던 문화의 멸망에 대해서는 입을 다물고 있다. 메티스가 뱃속으로 삼켜져서 잊혀졌듯 그 시대의 역사는 묻히고 은폐되었다가 20세기하고도 후반기가 되어서야 겨우 나타났다.

대부분의 대학에서 「서양 문화사」를 교양 과목으로 듣게 하는데 내가 다닌 대학도 예외는 아니었다. 나는 문명이 그리스에서 시작했고 아테네가 민주주의의 요람이라고 배웠다. 멀린 스톤의 『신이 여자였을 때』를 읽고 나서야 역사는 승자가 쓰는 (혹은 왜곡하고 부인하는) 것임을 알게 되었다. 스톤은 책 서문에서 이렇게 말한다.

"어째서 20세기에 교육받은 사람들은 고대 그리스가 최초의 위대한 문명이라고 생각하게 되었는가? 고대 그리스보다 적어도 25세기 앞선 시대에 거대한 도시가 세워졌고 문자가 사용되었다는 사실을 모르는 채 말이다. 여성을 숭배하던 사회에서 이미 최초의 법과 정부, 의학, 농경과 건축, 야금술, 바퀴 달린 차, 도자기, 섬유, 문자가 만들어졌음이 고고학에서도 입증되었는데 왜 아직 여신을 숭배하던 시기가 어둡고 혼란스러우며 불가사의하고 사악하고 질서나 이성이라고는 없는 '이단의 시대'라고 불린단 말인가?"[4]

『여신의 문명』에서 마리자 짐부타스는 여신을 숭배하던 문명을 '고대 유럽'*Old Europe*으로 명명하면서, 이 문명이 번성했다가 멸망한 과정을 기록했다. 물론 그녀는 이 문명이 유럽의 첫 문명이라고 설명한다. 이는 가부장제 확립 이전의 일이었다. 그러니까 적어도 5천 년, 많게는 2만 5천 년 전까지 거슬러 올라간다. 고대 크레타에서 켈트족의 아일랜드에 이르기까지 여신 숭배는 널리 퍼져 있었다. 고대 유적지에서 나온 고고학적 증거를 보면 이 문명은 계층이 분화되지 않은 만민 평등 사회였다. 먼 북쪽과 동쪽에서 온 반유목민이자 말을 타는 인도 유럽 민족들이 침략하여 이 사회를 무너뜨렸다. 이들 침략자들은 가부장 중심이고 이동성이 강하며 전쟁을 좋아하는 민족이었고 이념적으로는 하늘 숭배자들이었다.

위대한 여신$^{Great\ Goddess}$은 삼위일체로서 처녀, 어머니, 할머니였다. 불멸, 즉 영원성을 지닌 위대한 여신은 여성다움의 모든 측면들을 상징한다. 그녀는 다수인 동시에 유일한 신이었다. 그녀는 무수한 이름을 가진 위대한 여신이었으며 그녀의 여성적인 생명력은 숭배의 대상이었다. 모든 생명이 그녀의 몸에서 나오고 그녀에게로 돌아간다. 그녀는 자연의 실체이자 창조자이며 생명을 유지하고 파괴하는 자였다. 그녀는 주기에 따라 변하는 달과 같으며 계절이 있는 지구와 같았다. 살아 있는 모든 것은 그녀의 신성한 본질의 일부를 나누어 가졌다는 의미에서 그녀의 자식이었다.

여자들은 여신의 이미지를 공유했다. 여자들 역시 자기 몸으로 새 생명을 잉태하고 젖가슴에서 나오는 젖으로 그 생명을 살릴 수 있었기 때문이다. 생명을 잉태하는 땅과 여성의 출산력은 가치 있는 것이었다. 성은 자연스런 본능이며 즐거움이었다. 사회는 어머니 중심이며 모계 중심이었다. 모든 이가 누가 어머니이며 형제자매인지 알았으나 아버지가 누구인지는 굳이 알 필요도 없었고 확실하지도 않았다.

로버트 그레이브스는 『그리스 신화』 서문에서, 아직 남아 있는 옛 유물과 신화로 판단하건대 "유목민 침략자가 이역 만리 북쪽과 동쪽에서 침입하기 전 고대 유럽에는 어떤 남신도 존재하지 않았다"고 했다. 그때까지 아버지의 권위를 상징하는 개념은 종교 교리 안에 들어오지 않았던 것이다.

오래도록 한곳에 정착해 살면서 문화를 발달시켜 온 민족을 정복한 침략자들은 자신의 능력에 도취되어 자기네가 우월하다고 생각했다. 그들이 가는 곳마다 여신을 숭배하는 민족들은 스러져 갔다. 여신의 힘과 특성은 축소되거나 가치 없는 것으로 전락했으며 남신에 의해 전복되거나 점령당했다(삼켜졌다). 최고신이었던 여신은 군소 여신들로 흩어지고 침략자들의 종교에 편입되었다. 그들은 남신의 딸이 되거나 종속적인 배우자가 되었다.

고고학적인 자료를 바탕으로 짐부타스는 유럽에 세 번의 침략이 있었다고 설명한다. 첫 침략은 대략 기원전 4300-4200년에 일어났고 두 번째는 기원전 3400년경이며, 세 번째이자 가장 혹독한 침략은 기원전 3000-2800년 사이에 있었다. 짐부타스는 쿠르그 무덤이 카스피해 근처 지역에서 발견되자 그들을 쿠르그인들이라고 불렀다. 그 사람들은 거기 있던 문명을 처음으로 파괴한 자들이었다. 그들은 파괴하고 지배하는 힘을 신성시했으며 무기를 받들고 영웅을 칭송해 마지않았다. 그들의 무덤에는 아내, 아이들, 노예들을 포함한 식구들과 재산, 강력한 우두머리의 유물이 매장되어 있었다. 고대 유럽에서 사용하던 언어는 침략자의 인도 유럽어로 완전히 대체되었다. 에트루리아어는 로마 시대까지 이탈리아 지역에서 통용되었다. 스페인과 프랑스 사이에 있는 피레네 산맥 근처의 바스크족만이 아직 살아남아 있다. 침략자가 들이닥치자 수백만 년 동안 융성하던 지역이 쑥대밭이 되었으며 여신의 민족은 변방으로 밀려났다. 그들은 섬, 동굴, 쉽게 요새화할 수 있는 산꼭대기로 옮겨갔으며 신석기 토기 제조 기술과 구리 야금술은 퇴보하거나 사라졌다.

우리는 그리스인들이 유럽에 문명을 들여왔다고 배웠지만, 우리가 배운 것과는 달리, 최초의 쿠르그 그리스인은 한 문명을 박살내고 그곳에 전쟁 엘리트 사회를 세우고 전쟁의 신, 전쟁의 가치와 언어를 유럽에 이식했다. 리안느 에슬러가 『성배와 칼날』, 『신성한 쾌락』에서 설명했듯 쿠르그족의 침략으로 말미암아 사회는 여성을 소유물로 전락시키는 남성 중심 문명의 길로 접어들게 되었다.

그리스는 지적으로나 창의성, 정치적 힘으로 보았을 때 기원전 5세기 경 절정에 이르렀다. 페리클레스 시대로, 판테온이 세워졌으며 의학에 히포크라테스, 역사학에는 헤로도토스와 투키디데스가 있었다. 그리고 이때는 아이스킬로스와 소포클레스, 에우리피데스의 희곡이 처음 무대에 올려진 시대다. 고대 그리스는 전쟁을 영광스럽게 여기는 사회와 종교에 뿌리를 둔 남성 문화의 선봉과 승리를 상징했다.

고대 그리스는 여성들에게는 전혀 '민주주의의 요람'이 아니었다. 모든 아테네 여성들은 가솔과 재산을 다스리는 남성의 법적 귀속물이었다. 아테네 법에 따르면 여성은 보리 한 말도 처분할 수 없었다. 이 시기 아테네 사회 여성의 법적 지위는 노예의 지위와 크게 다르지 않았다. 이러한 사실은 고대 역사학자 에바 케울스의 『팔루스의 통치: 고대 아테네의 성 정치학』에 기록되어 있다. 남성의 소유물이 아닌 여성은 법의 보호도 받지 못했다. 그녀는 법에 명시된 인간이 아니었으므로 법정에 호소할 일이 있어도 속수무책이었다. 여성이 존경을 받으려면 속세를 떠나 살아야 했으며 속인이 받는 교육과도 담을 쌓아야 했고, 특별한 행사를 제외하고는 사람들 앞에서 이야기하는 것은 물론 모습을 보이는 것조차 금지되었다. 아버지는 결혼 전에 성 관계 경험이 있는 딸을 노예로 팔 수도 있었다. 태어나자마자 버려지거나 팔려 가는 여자 아이들이 부지기수였다. 노예로 팔린 소녀들은 매춘부로 전락했으며 학대와 고문 등

혹독한 대우를 받으며 언제 다시 팔려갈지 모르는 운명이었다. 아테네는 고문을 제도화한 잔혹한 노예 사회였다. 재판 과정에서 노예의 증언은 고문을 받은 상태에서 이야기한 것만이 채택되었으며 공개 고문실은 노예들을 고문하느라 늘 분주했다.

여성의 예속은, 쿠르그족 침략자들이 여신 숭배 민족들을 정복하면서 생긴 불가피한 결과였다. 그러나 그리스 신화는 과거의 기억을 담아 두었다. 헤시오도스의 시에서 신들의 계보는 첫 부모인 땅의 여신 가이아에서 시작한다. 그녀는 하늘의 신 우라노스와 바다의 신 폰토스를 낳았다. 가이아는 우라노스와 짝을 맺어 티탄족을 출산했는데 그들이 남신과 여신의 첫 세대다. 그러니까 비록 제우스가 고대 그리스 판테온에서 최고 신으로 등극하여 올림포스를 통치하고 여신들은 덜 중요한 신으로 전락 하기는 하지만 가부장제 사회인 그리스에서도 여신 가이아에서 우주가 창조되기 시작했다고 천명하고 있다. 메티스가 그리스와 로마 가부장제 라는 뱃속으로 삼켜지기는 하나, 여신이 완전히 사라진 것은 아니었다. 여신이 거의 사라진 것은 유대 그리스도교가 정치적인 승리를 거두고 난 후의 일이다.

메두사, 괴물로 변한 메티스

여성적 지혜, 여신, 그리스 문명에 연이은 지배 문화에서 여성들은 힘을 잃고 억압당할 운명이었다. 그것이 메티스의 운명이다. 메티스에게 찾아 온 두 번째 운명은 사악한 괴물이 되는 것인데 여성들도 그 운명을 나누어 가졌다.

메티스는 메두사와 같다고 여겨졌다. 둘 다 옛날에는 지혜의 여신으로 존경받은 적이 있다. 메두사는 '여성의 지혜'를 나타내는 것(산스크리트어 메다,^{medha} 그리스어 메티스,^{metis} 이집트어 멧^{met} 혹은 마앗^{Maat})으로서 리비아 아마존 지역에서 숭배되던 뱀 여신이었다. 메두사는 이집트 네이트,^{Neith} 북아프리카의 아테나$^{Ath-enna}$ 혹은 아테네^{Athene}라 불리는 삼위일체 여신 중 파괴의 여신에 해당한다. 삼위일체 여신이 지닌 상징과 속성은 자연과 달의 주기 또는 세 개의 얼굴로 표현되었다. 여신은 처녀·어머니·할머니, 초승달·보름달·그믐달, 창조자·유지하는 자·파괴자로 표현되었다. 위대한 여신은 지구를 의인화한 것이었다. 그녀는 생명을 잉태하는 창조자이며 생명을 유지하거나 양육하는 자요, 때가 되면 모든 생명이 회귀하는 무덤이다.

고대 그리스 신화에서 메두사는 고대 바다 신의 아름다운 딸들인 고르곤 자매 중에서 셋째이자 가장 유명한 여성이었다. 그녀의 두 자매는 영원히 죽지 않으며 나이도 없다. 메두사만이 죽을 운명이었다. 그들은 본래 삼위일체의 달 여신이었으며 달의 각 단계를 상징했다. 세 번째 단계에서는 점점 이지러지던 달이 어둠 속으로 사라지면서 '죽는다.' 그것이 달의 세 번째 단계인 메두사가 죽을 운명인 이유다.

메두사는 본래 미모와 탐스러운 머리카락으로 유명했다. 신화를 보면 그녀는 죽을 운명의 여신이었다가 머리카락이 뱀으로 변한 괴물이 되는데 그 모습이 어찌나 무서웠던지 그녀의 얼굴을 본 남자들이 모두 돌로 변해 버렸다. 아테나의 충고와 검으로 무장한 그리스 영웅 페르세우스는 메두사의 머리를 잘라 마법의 자루에 넣어서 아테나에게 전리품으로 가져갔다. 고르곤 메두사의 머리는 아이기스를 만드는 데 쓰였다. 아이기스는 양가죽으로 만들어져서 제우스나 아테나의 방패 혹은 방패에 부착

되었다(아이기스는 '강력한 사람의 보호를 받는다'는 뜻이 되었다). 자연의 순환 혹은 여신의 세 번째 측면이기도 한 파괴력은 이제 재갈이 물려진 채 적을 돌로 변하게 하는 데 사용될 뿐이었다. 메티스처럼 메두사의 힘도 그런 식으로 평가받은 것이다.

바바라 G. 워커에 따르면 "뱀으로 된 머리카락에 둘러싸인 여자의 얼굴은 고대 신성한 여성의 지혜를 상징한다. 즉 그 얼굴은 여성에게 신성한 힘을 주었을 '현명한 피'의 상징으로 널리 알려졌다."5)

아테나가 메티스를 얻으면

아테나 여성이 메티스를 자기 것으로 얻으면, 권력을 잡거나 승리하고 싶다는 욕망 때문에 골머리 앓는 일은 없어진다. 권력은 가부장제의 가치를 수용하는 자아가 추구하는 목표이기 때문이다. 지혜로운 권고의 원형인 메티스는 시간과 기운, 재능과 자원을 더 현명하게 사용하는 데 관심을 기울인다. 메티스는 출세하여 권력을 획득한 여성의 의식에도 찾아올 수 있다. 남편의 출세나 사회적 지위의 상승에 관심이 있지만 임신이나 위독한 중병으로 혹은 상실이나 배신, 수치심에 고통스러워하느라 그러한 성공에 대한 욕망이 잦아든 여성의 의식에 떠오르기도 한다. 명상, 심리 치료, 영성 수련 등을 통해야 가능한 일이나 자기 성찰은 메티스가 들어올 수 있는 문이 되기도 한다.

메티스를 알려면 우선 삶에서 혼자 명상할 만한 공간을 찾아야 한다. 이것은 대개 중년이 되어야 가능한 일이다. 당신이 아테나라면 마음이 썩 내키지는 않겠지만 야망이나 성취, 성공만으로는 충분치 않다는 것을 깨닫게 하는, 그래서 속도를 늦추게 하는 뭔가가 삶에서 일어나야만 한다. 폐경에 따라오는 신체 변화 때문에 내면 지향적인 성향이 생길 수도 있다. 중년에나 가능한 인생의 덧없음에 대한 깨달음은 메티스를 당신의 정신 세계로 이끄는 초대장과 같다.

나이가 들면서 여성은 아테나 원형과 동일시하기가 힘들어진다. 아테나 여성이 오십이 되거나 폐경이 되면, 혹은 스승이나 환상을 잃거나, 남성적 제도와 강력한 남자에게 인정을 받으려는 '아버지의 영원한 딸' 아테나와 동일시하던 영역의 경계를 뛰어넘으면, 그때 여성적 지혜인 메티스가 출현할 준비를 한다. 가부장제에서 선호되던 딸의 정체성을 뛰어넘어 자신의 심리적 족보에서 모계인 메티스를 찾아 방향을 바꾸어야만 한다.

나는 메티스가 직관과 지능, 경험과 성숙의 절묘한 조합을 실현하는 것이라고 생각한다. 성숙이란, 살면서 지나친 오만을 떨쳐 내고 무엇보다 먼저 수치심과 취약함을 배움으로써 성숙하게 되는 것을 의미한다. 그때까지 아테나 여성은 사람들을 체스 판에서 이리저리 옮길 수 있는 말쯤으로 생각했을 수도 있다. 말하자면, 소모품이나 보호할 상대로만 보는 것이다. 성공 지향적인 아테나의 정신력으로 무장한 여성이 정치나 학문, 기업, 사회적 권력의 영역에서 승리를 이끄는 전략가나 경쟁력 있는 '선수'로 거듭나기 위해서는 상황을 파악하고 평가하고 구별하고 계획을 세워 실행에 옮기는 능력을 개발해야만 했다. 권력 지향적 구호들, 가령 "승자만이 전리품을 얻는다," "힘이 정의를 만든다"는 가치를 채택했을 것이다. 그러다가 사람들이 힘을 잃게 되면서 얼마나 괴로워하는지를 깨닫게 되고, 소모품이 된다는 것이 무엇인지를 실감하게 된다. 그 결과 자비로움과 지혜를 겸비한 메티스가 의식으로 떠오른다. 이제는 다른 사람을 누르고 획득하는 지위나 권력, 순수익 계산, 게임에서 이기기 같은 것들에 매혹 당하는 일은 없어질 것이다. 그 대신 사회 정의, 양성 평등, 윤리적 잣대, 책임 같은 이슈들에 관심을 가질 것이다. 난생 처음 여성들과의 우정을 고맙게 여기면서 이를 키워 나갈 것이다. 생태주의자 가 되거나 뒤늦게 페미니스트가 될 수도 있다.

에밀리 재단*EMILY, Early Money Is Like Yeast*의 창시자 엘렌 말콤은 아테나 정신을 가진 여성이 메티스로 인해 거듭난 경우다. 그녀는 여자들이 정치 활동을 벌일 수 있는 (남성 지원자를 지지하는 것이 아닌) 조직이 필요함을 알아보고 는 천재성을 발휘하여 풀뿌리 조직으로 정치 활동 위원회를 만들었다. 이 위원회는 현재 미국 의사 협회보다 재정적으로 더 큰 영향력을 발휘할 정도로 커졌으며, 여성, 어린이, 환경을 위한 사회 프로그램을 지원하는 데 역점을 두는 민주당 여성 후보에게 자금을 댄다.

위계 질서 중심의 가부장적 문화에 반대하는 입장에 선다는 것은, 제우 스에서 벗어난 아테나의 상징이다. 증거를 보면서 직관적으로 생각한 다음, 스승과 마찰이 일어난다 하더라도 좀 다른 해석에 이르는 것 역시 또 다른 징표다. 브륀힐데는 보탄의 명령에 불복종한 것 때문에 벌을 받았다고 하지만 상황을 이해하려면 좀더 복잡한 것을 짚어 보아야 한다. 그녀는 자신이 목격한 것에 영향을 받았고 무엇을 선택해야 할지 심사숙 고한 후 판단했으며 그 판단에 따라 행동했다. 그렇게 했기 때문에 보탄과 는 다른 시각이나 가치를 채택하게 되었다. 아버지 딸의 원형적 역할에서 벗어나 변화를 한 것이다.

이러한 신화적 상황이 실제 삶에서 일어나도록 하기 위해서 반드시 제우스나 보탄과 절연해야 하는 것은 아니다. 그것은 가부장적 사고와, 여태까지 받아들였던 전통 혹은 전통적 가치와 절연하는 것이 될 수도 있다. 어떤 결론에 도달하는 데 권위 있는 (남성적) 논리만을 받아들이던 습성을 버리는 것이기도 하다.

할머니 단계의 원형 메티스 : 실제 사례

고고학적 가치가 높은 유적지에서 여신 문화의 증거를 찾고 여신상을 발굴한 마리자 짐부타스는, 탁월한 아테나 정신의 소유자였다가 인생의 세 번째 단계에서 메티스를 일깨우면서 할머니가 된 예에 딱 들어맞는 인물이다. 그녀는 고고학, 비교 종교, 신화, 민담, 언어학 등 다학문적으로 확장된 지식을 자유자재로 활용하면서 논의를 전개하고 결론 내리는 능력이 있었다. UCLA 고고학 교수로 재직하던 1994년, 짐부타스는 73세를 일기로 세상을 떠났다. 1956년 그녀는 언어 연구(그녀는 20개 언어를 할 수 있었다)와 고고학적 발견물을 연결하여 그 방면 최고의 학자가 되었으며 인도유럽 전사 민족, 즉 그녀가 '쿠르그족'이라 명명한 민족의 고향을 확인한 바 있다.

 1967년에서 1980년 사이에 그녀는 유고슬라비아, 이탈리아, 그리스에서 다섯 번에 걸친 신석기 정착지의 유물 발굴을 감독했으며 그 유적지에서 발견된 부장품과 그림들을 분석하면서 상징 해독 작업을 시작했다. 짐부타스는 기원전 6500년에서 기원전 3500년 사이에 존재한 가부장제 이전 문화에 대한 전반적인 그림을 그려 냈다. 그러한 그녀 필생의 업적은 마지막 세 권의 책, 『고대 유럽의 여신과 남신』(1974, 1982), 『여신의 언어』(1989), 『여신의 문명』(1991)으로 집대성되었다. 처음에 학계(제우스)는 냉담한 반응을 보이거나 거세게 반대했다. 그러나 그녀는 이에 굴하지 않고 연구 결과를 계속 책으로 출간했으며 지금은 그녀의 많은 책들이 중요한 참고문헌으로 인용되고 있다.

나는 1980년대 중반 캘리포니아 말리부의 어느 집에서 짐부타스를 만났다. 우리 일행은 모두 그 집에 초대되어 토니 조셉의 인터뷰에 응하고 있었다. 그 집에서는 여신과 여신의 영성이 주요 토론 주제였으며 하우스 파티 분위기를 내면서 영화를 찍는 중이었다. 리투아니아에서 태어난 짐부타스는 소련이 침공했을 때 대학생이었는데 독립 운동 단체의 일원으로 활동하다가 결국 망명했다. 먼저 오스트리아로 도주하여 고고학 박사 학위를 취득했으며, 1949년 미국으로 갔는데 하버드에 고용되기 전 청소부로 일한 적도 있다고 했다. 그녀는 이혼했고 아이도 낳았다. 1963년에 UCLA의 임용이 확정되고 나서 캘리포니아로 이사하여 교수 생활을 했다.

그녀는 동유럽 억양이 섞인 말투에 부드러운 미소를 띤 키가 작고 솔직 담백한 할머니였다. 그녀의 저서는 논쟁을 불러왔으며 쿠르그 침략자에 대한 그녀의 가설을 지지하는 학자들은 그다지 많지 않았다. 여러 분야를 넘나드는 다양하면서도 깊이 있는 지식은 물론 메티스를 지니고 있던 짐부타스는, 수백만 년 동안 여신 중심의 평화로운 문명이 존재했음을 입증하는 증거를 설득력 있게 연결했으며 권위 있는 학계에 근본부터 다시 고쳐 쓴 가부장제 역사의 개정판을 내놓았다.

마리자 짐부타스는 주요 저술과 영향력을 인생의 제3단계 동안 왕성하게 펼친 명민한 여성의 전형이다. 여성의 창의적인 활동은 일관되게 연결되지 못하는 것이 특징이다. 특히 아이가 있으면 더욱 그렇다. 다른 사람에 대한 책임감에 짓눌리는 시기에는 주변 사람들이 개입을 하기도 하고 이사를 해야 하는 상황에 처하기도 한다. 틸리 올슨은 『침묵』에서 여성의 창의적 활동이 왜, 어떤 식으로 뜸해지는지, 어떻게 해서 인생의 후반기가 되어야 성숙한 창의성을 위한 시간이 나는지를 설명한다. 마리 캐서린 베이트슨은 『삶을 작곡하기』에서 퀼트 만들기가 여성 대부분의 삶에 대한 비유가 될 수 있다고 이야기한다. 조각들이 전체를 이루고, 그것 하나하나에 의미와 목적이 있음을 마침내 깨닫는 것은 인생의 제3단계에서만 가능한 일이다.

올슨과 베이트슨 두 사람 다 결혼하고 가족을 돌보느라 저술 활동을 도중에 그만두었다. 훌륭한 교육을 받아 쌓은 실력과 왕성한 활동력으로 가부장제 사회 혹은 아버지의 직업 세계에서 성공하는 딸이 될 수도 있었을 많은 여성들이 자녀가 생기면서 어머니의 관계 지향적 세계로 편입된다. 그제야 그들은 보통 여자들이나 여자들의 운명을 새로운 관점에서 보게 된다. 들쭉날쭉한 일상의 삶은 직장 일처럼 일목요연하게 관리되는 것이 아니다. 더구나 일은 예고도 없이 발생하기 마련이고 여기에 신속하게 대처해야 하겠지만 늘 냉철한 판단력을 유지할 수 있는 것도 아니다.

중압감을 느끼면서 결정을 내려야 하므로 적절한 정보가 없을 때는 본능이나 직관을 신뢰하면서 그 상황에 대처하다가 실수를 하기도 한다. 그런 과정을 거치면서 어디에서 무엇을 해야 하는지를 익히게 되는 어머니는 자신의 고유한 스타일과 느낌을 계발함으로써 어머니로 성장해 간다. 이것은, '책에 나온 대로' 한다고 혹은 권위자의 지도를 받는다고 될 성싶지 않은 일이나 기술, 기능에 전념할 때도 일어난다. 권위 있는 전문가 바라보기를 그만두고 자신의 전문성을 신뢰할 때 자신의 메티스를 발견한다. 아테나 정신은 당신을 여기까지 데려올 수 있다. 그 다음에 추구해야 하는 것은 메티스 지혜의 계발이다.

현명한 조언자 메티스 : 실천적이고 지성적인 지혜

시간은 쏜살같이 흘러서 자기도 모르는 사이에 오십이 된다. 의도적으로 아이를 갖지 않고 일을 즐기면서 살아왔다 해도 어머니의 길을 선택하지 않았기에 상실감이 찾아올 가능성이 있다. 또는 아이를 갖기 위해 좋아하던 일을 그만두거나 하던 일의 비중을 줄였다면, 당신이 갈망했고 의도적으로 선택한 길을 갔다 하더라도 일에서 성공을 거둘 수도 있었을 세월이 희생된 셈이다. 인생의 제3단계에 들어가면서 당신은 옆을 스쳐간 여러 가능성 때문에 가슴 아파할 것이다. 내면의 지혜인 메티스와 함께라면 후회와 상실감, 비애까지도 투명해질 수 있다. 내면의 현명한 조언자인 메티스와 함께라면 당신은 재산과 주식을 모으던 것을 그만두고 상실감도 떨쳐낼 것이다. 그런 다음 지혜와 지략을 조합함으로써 새로운 할머니가 되어 할 만한 일을 현명하게 결정할 것이다.

이때는 당신이 아는 것을 전수하겠다고 결심하거나 다른 사람의 스승이 되는 단계다. 삶의 전선에서 축적해 온 경험을 살려 가르치는 일이나 저술 활동에 전념하게 하는 영감을 받기도 한다. 혹은 어느 기능을 확보한 후이므로 당신만의 독창성과 창의성을 표현할 때가 도래할 수도 있다. 성숙함과 경험이 메티스를 키운다.

메티스는 인생의 제3단계를 어떻게 보낼지 결단 내리는 데 적용할 수 있는, 실천과 지략을 겸비한 지혜다. 메티스는 지금 당신 삶의 질에 주목한다. 은퇴로 발생할 수 있는 여러 상황, 또 나이에 걸려 하지 못할 것들을 예의 주시하면서 현명하게 계획을 세운다. 메티스는 할머니 나이의 여성을 존경받는 노인으로, 관점과 조언을 얻기 위해 사람들이 찾아가는 그런 사람으로 만들어줄 현명한 조언자다. 권위 있는 자리, CEO, 관리자, 감독의 자리에 있는 여성이 메티스와 제우스를 원형으로 가지고 있으면 그녀는 목표를 정하고 그 목표를 얻을 수단을 결정할 때 지혜와 권력을 동시에 사용한다. 공예가나 전문직 종사자가 메티스를 지니고 있다면 어떤 재료를 이용하는 창작 활동에서, 또는 관객과 더불어 할 수 있는 것을 자신의 기술과 지혜로 만들어낼 것이다.

메티스를 지닌 여성은 인생의 제3단계에 많은 만족감이 오리라는 것을 미리 알아본다. 그녀는 자신이나 다른 사람에 대한 환상에 결박당하지 않으며 냉소적이 되거나 나약해지는 일 없이 현실을 침착하게 숙고한다. 또 그녀는 자기 내면의 감성적인 측면과 남을 보살피려는 마음을 표현할 수 있게 하는 모성적 지혜와 여성적인 현명함을 이미 잘 알고 있으며 그것의 가치를 높이 인정한다.

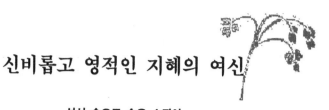

신비롭고 영적인 지혜의 여신

성서 속으로 숨은 소피아

지혜의 여신들 중 소피아의 이름이 가장 귀에 익다. 현대 여성 심리학과 영성의 영역에서 소피아는 여성적 지혜의 원형이 되었다. 새로운 영성 시대에 소피아는 신성한 여성으로 간주된다. 이스탄불에 있는 거대한 둥근 지붕의 대성당인 하기아 소피아 덕분에 그녀의 이름이 익숙하기도 하다.* 그녀는 서구 유대 그리스도교 유산의 일부이면서도, 여성의 신성을 부인하는 가부장적 일신교 전통에서 잊혀진 여신이다. 소피아는 그리스어로 지혜다. 격이 낮아진 추상 개념 '지혜'로 대체되면서 여신의 정체

---

* 하기아 소피아는 성스러운 지혜를 뜻한다. 6세기경 동방 그리스도교도들이 신성한 어머니를 숭배하기 위하여 그 교회를 설립했다. 그것은 이슬람 사원이 되었다가 지금은 박물관으로 사용된다. 로마 그리스도교인들은 신성한 여성성을 기념하기 위해서가 아니라 한 처녀 순교자인 소피아 성인에게 봉헌한 것이라고 주장한다. 이 의미 깊은 건축물의 운명은 여신이나 여성의 운명과 같은 길을 갔다. 하기아 **Hagia**는 그리스어로 '성스러운'이라는 뜻이며 한때 현명하고 존경받는 나이든 여성을 높여 부르는 말이었다. 그 후, 이 말은 해그 hag, 즉 추악한 노파라는 뜻으로 격하되었다.

성은 구약 성서 속으로 사라졌다. 신약 성서에서는 소피아에 대한 언급을 찾을 수 없다. 그러나 소피아는 그노시스파 그리스도교인들이 1세기경 신봉한 신앙에서 중요한 신으로 나타난다. 그노시스는 4세기경 정통 그리스도교 주교가 이단이라고 선언하면서 박해한 종파다. 20세기 중반 무렵 이집트 나그함마디 사막에 숨겨져 있던 성서 사본(신약 성서 복음서와 같은 시대 혹은 그 전에 필사되었음)이 발견되면서 그노시스파 소피아에 대한 정보가 수정되었다. 심리학에서 지혜의 원형으로 소피아에 주목하는 한편, 여성의 영적 권위를 부정하고 여신을 부인한 가부장제에서 여신 숭배가 (혹은 그것에 대한 지식조차) 사라지게 된 경위를 여성이 아는 것도 무척 중요하다. 여성의 열등한 지위에 내포된 역사성과 여신의 억압은 분명 서로 관련이 있다. 그것은 남성의 지배적 지위가 (남성적) 일신교와 관련 깊은 것과 마찬가지다.

영적 지혜의 원형 소피아 : 그노시스

소피아는 영적인 지혜 즉 영혼의 앎의 원형이다. 소피아의 지혜는 깊은 통찰에서 오는데 그것은 우리가 그노시스를 통해 알 수 있다. 그리스어 그노시스는 특별한 근원에서 나오는 특별한 종류의 '지식'으로 번역된다. 그리스어에는 우리가 객관적으로 아는 것(논리)과 주관을 통해서만 아는 것(그노시스)을 의미하는 말이 따로 있다. 객관적 지식은 교사나 책을 통해, 또는 우리 외부에 있는 뭔가를 관찰함으로써 얻을 수 있다. 그노시스적인 지식은 우리에게 계시가 내려진 것이거나 직관적으로 옳다고 인식되는 것이다. 나는 그노시스가 영적인 수준에서 '아는 것'^{gknow}이라고 생각한다. 즉 뼈저리게 또는 직감으로 아는 것이다. 나는 생명을 위협하는 질병이 일종의 영적 경험이 될 수 있다는 이야기를 책으로 쓰면서 제목을 『뼛속까지』라고 붙였는데, 그것은 그러한 질병이 우리나 우리가 사랑하는 이들을 덮치면서 비본질적인 것은 다 날려 보낸 다음 영혼의 수준에서 아는 것 가까이로 우리를 데려가기 때문이다. 영혼의 수준에서 보자면 우리는 인간의 여정을 걷고 있는 영적인 존재임을 알 수 있다. 인생에는 목표가 있다는 것, 우리가 사랑 받고 있다는 것을 알 수 있다. 신을 알 수 있으며 우리가 상호 연관된 우주의 한 부분이라는 것을 알 수 있다.

그노시스 그리스도교의 용어로 그노시스는 '통찰,' 즉 가장 심오한 수준에서 자기 자신을 직관적으로 아는 과정이라고 번역할 수 있다. 이는, 우리가 온몸으로 믿거나 신비한 경험을 하는 순간 신을 알게 되는 것이기도 하다. 이 과정은 융 분석 심리학에서 자기^{Self}와 관련하여 제시하는 개성화 과정(의식과 무의식을 아우른 전체 정신을 실현하는 자기 실현 과정. 즉 의식의 중심인 자아가 전체 정신의 중심인 자기로 향하는 하나의 변환 과정)$^{Individuation \ work}$과 유사하다. 자기^{Self}를 잘 아는 자아^{ego}는 신명나서 하는 일이 중요하다는 것을 안다. 이것은 주관으로만 알 수 있는 것이어서 영혼의 앎이라 하겠다. 페르소나(자신이 어떻게 하고 있는가를 타인의 눈으로 평가하기)에 의해 결정되는 삶이 아니라 자기에 중심을 두는 삶이 영성으로 향한다. 자기는 융 심리학에서 '의미의 원형'으로, 종교를 가진 사람들이 신의 이름으로 부르는 것이다. 혹은 눈에 보이는 우주의 삼라만상에 이미 내재해 있으면서 이를 서로 연결해 주는 보이지 않는 통합체^{道}이기도 하다. 자기와 연결되어야만 가능한 앎은 신성한 지혜다. 이것은 우리를 능가하는 권위를 독단적으로 소유하는 지혜가 아니라 우리 안에 사는, 그리고 모든 곳에 있는 지혜다.

그노시스는 남자들이 '여자의 직관'이라 부르면서 부추겼다가 깎아 내리는 앎의 신비로운 방식이기도 하지만 사실 이것은 신비로운 것과는 무관하다. 그노시스는 지금 진행되고 있는 것과 우리가 인지하는 것을 직관적으로 조합하는 것이다. 이것은 사람을 알아보고, 성격을 들여다보고, 겉을 꿰뚫어 영혼의 실존이나 부재를 통찰하는 것이다. 성 차별이나 어떤 상황에서의 권력 정치를 꿰뚫어 보는 통찰에 클릭! 하는 것이 그노시스다. 당신에게 중요한 어떤 것의 이치를 갑작스레 깨우칠 때 연발하는 아하!가 그노시스다. 배우자가 외도하는 것을 알아내는 순간이 그노시스다. 양심을 찌르는 내면의 죄의식이 그노시스다.

나이가 들면서 현명해지는 것은 평생 걸리는 과업이지만 자기 안의 그노시스에 유념하면 특히 인생의 제3단계에서 가속도가 붙을 수도 있다. 이런 식으로 소피아 원형이 당신에게 인식된다. 소피아는 앎의 길이며 지혜로운 여성의 원형, 내면의 지혜가 샘솟는 원천이다. 소피아가 당신 안에 있을 때 타인 안에 있는 영혼의 특성이 보이고 상황의 본질이 보인다.

신비가 소피아

신비는 신비 체험을 통해 환기되는 소피아 원형의 한 측면이다. 적절한 말은 없고 신령스러움은 설명해야 할 때 보통 경외, 아름다움, 은총, 신성, 말로 표현할 수 없음 같은 말을 사용한다. 사실 사람들 대부분이 신비 체험을 했을 수도 있기에 그것이 그리 희귀한 것만은 아니다. 그러나 신비 체험을 통해 신비가로 다시 태어난 여성에게 그 체험은 삶의 모든 것을 결정할 만큼 절대적이다. 그 순간 — 이러한 특별한 그노시스 —

을 맞고 난 후에는 신을 아는 것이 그녀의 영적인 삶의 중심이고 영적 삶이 그녀의 삶이기 때문이다. 그녀는 그 경험과 의미를 은유적인 언어를 통해서만 전달할 수 있다. 그녀는 신과의 신비로운 통합에 들어가서 거기 머물고 싶어 한다. 여성 신비가들은 중세 시대 종교 집단에서 많이 배출되었다. 빙엔의 힐데가르트가 그중 한 명이었고 아빌라의 테레사, 노리치의 줄리언, 아시시의 글라라, 시에나의 카타리나, 제노아의 카타리나 등도 여기에 속한다. 속세 여성들이 젊어서 결혼하여 아이를 낳고 가사를 돌볼 때 이들은 교단 내에서 자기 자리를 찾았다. 중세에 여성 신비가들이 많이 나온 것은 그 시기에 수녀는 일상의 가사에 매이지 않고 하느님 혹은 그리스도와 신비한 합일을 추구할 수 있었기 때문이다. 수녀는 독신이므로 영적인 합일에만 열정을 쏟았다. 또 먹고살기 위해 일해야 하는 것도 아니었다. 소피아는 모든 경험에서 영적, 철학적 의미를 발견한다. 이 원형은 신비 체험을 잘할 수 있을 뿐 아니라 그 의미를 알리려고 애쓴다.

현대 여성 신비가 가운데는, 종교 공동체에 매력을 느끼고 서양의 수도원이나 동양의 아슈람이 신비 체험을 하기에 적당하다고 여기는 사람도 있다. 그러나 대체로 신비가들은 혼자서도 신비 체험을 한다. (특히 나이든) 여성은 위계 질서에 대한 기계적인 복종에 더 이상 길들여지지 않으니 교리에 의문을 제기하고 성 차별에 반기를 든다. 그래서 진심으로 옳다고 믿는 것이 특정 종교의 신념이나 교리와 마찰을 일으키면 미련 없이 그 종교(혹은 집단)를 떠난다. 여성이 무엇을 할 것인지 결정하는 데 지금처럼 자유로웠던 적이 없다. 여성들이 의미 있는 삶으로 이끄는 신비로운 통찰력에서 영감을 받기 때문이다. 자신을 신비가라고 생각하지 않는 경우도 많다. 그러나 그들의 신비 체험은 그들의 본질이며 그들이 살면서 행해온 것들의 핵심이다. 신비 체험의 의미를 제도 안에서 인정받아 확고하게 알리겠다는 욕구가 없는 여성들은 영성을 새롭게 정의하고 있다.

신비주의를 수긍하는 것 자체가 그 사람의 정신 세계에 속한 재능이거나 천부적인 능력일 수 있다. 경우에 따라서는 오랜 명상으로 영성 수련을 하고 나야 이를 수용할 수 있다. 소피아와 함께 하는 합일과 계시의 신비 체험은 성스러운 어느 한순간에 일어날 수 있지만 장기적으로 연장될 수도 있고, 그 의미를 즉시 통찰할 수도 있지만 평생 가슴에 품고 다니면서 탐색할 수도 있다. 영성 계발을 위해 또는 스트레스 해소를 위해 명상을 하는 사람들이 점점 많아지고 있다. 그들은 명상을 통해 소피아 원형이 들어올 수 있도록 공간을 가꾸고 있으며 신비 체험에 몸을 맡긴다.

앤 밴크로프트는 『지혜를 잣는 사람들 : 20세기 여성 신비가』(1989) 서문에서 이렇게 밝혔다. "12년 전 나는 20세기 신비가에 대한 책을 쓰고 있었는데 거의 남자 신비가들이었다. 여성 쪽이 텅 빈 것 같아 유감스럽기는 했지만 어쩔 수 없었다. 그러나 얼마 지나지 않은 지금은 여성 운동 덕분에 수많은 심오한 사상가들이 일반인들에게 소개되었다."[1] 그녀는 영적 사고에서 남성과 확연하게 구분되는 여성적 통찰과 존재 방식이 있는지 알고 싶어 했는데 마침내 그것을 알아냈다. "여자들은 그들 주변 삼라만상에서 계시를 본다. 즉 여자들은 모든 것 하나 하나가 총체성과 완벽함, 신령한 성질을 드러내고 있음을 통찰하는 편이다. 이런 식으로 사물을 보려면 특별한 주의가 필요하다. 그것은 지식이 필요한 것이 아니라 어떤 개념이든 집착을 버리고 거기 있는 것에 오롯이 마음을 열 때 일어나는 집중이다. 여자들이 여기에 능하다."[2]

그녀가 소개한 여성 신비가들을 보면 이들 신비가들은 각자 자기만의 방식으로 성스러움과 신비스러운 관계를 새롭게 만들어서 꾸준히 가꾸어 갔다. 사람들 대부분이 그들을 '신비가'로 인식하거나 그렇게 부르지 않았던 것은 그들이 자연, 창의성, 묵상, 다른 사람과의 깊은 연결을 통해 신비가가 아닌 다른 형태의 삶을 꾸리면서 살았기 때문이다. 신비주의는 그들이 택한 특별한 길을 보여 주는 지혜의 근원이었다. 가령 요안나 메이시의 신비주의는 불교 명상을 통해 성숙해졌으며 사회 정의에 대한 기왕의 관심을 더욱 심화했다. 그녀의 신비주의는 그녀를 반핵 운동가, 환경 운동가로 이끌었다. 그녀는 식물과 동물, 심지어 돌에게도 귀 기울이는 명상과 적극적 상상력인 '심층 생태학'을 실천하고 다른 사람에게 이를 가르쳐서 생명의 얼개에 대한 신비 체험에 깊이 이르게 한다. 요안나 메이시의 삶에서도 알 수 있듯 신비적 관점은 그들이 지키려는 것, 지지하려는 것과 특별한 애정의 끈으로 연결되어 대의를 위하여 헌신하는 운동가에게 영감을 불어넣는 것처럼 보인다.

신비 체험은 저술, 시 쓰기, 예술의 영감이기도 하다. 메인라드 크레크해드는 신비주의와 그림을 서로 떼려야 뗄 수 없는 예술가의 전형이다. 그녀는 기도 중에 수녀가 되라는 계시를 듣고 베네딕트 수도원에 들어가서 14년을 살면서 평생 신앙 공동체에 머물겠다고 서원했다. 그녀는 찬미의 행위로 그림을 그렸다. 그녀가 영혼으로 아름다움을 체험하여 그린 그림은 바로 어머니 신에 대한 것이었다. 그녀와 그녀의 그림은, 신비가의 지혜가 가시화된 『어머니의 노래 : 하느님 어머니 상』을 계기로 널리 알려졌다. 셰리 앤더슨과 패트리샤 홉킨스는 『신의 여성적 면모』를 쓰기 위해 그녀와 인터뷰한 후 그녀의 신비주의와 예술 간의 설명되지 않는 연관성을 이렇게 설명하고 있다. 그림 그리기는, 그녀로서는 신의 은총을 표현하는 행위다. "존재하고 있음에 대한 주체할 수 없는 감사입니다. 기도를 하다 보니 그림을 그리고 싶어지는 것인지, 그림을 그리다 보니 기도를 하게 되는 것인지 알 수가 없답니다. 한쪽이 없는 다른 하나를 상상해본 적이 없습니다"[3])라고 그녀는 고백한다. 메인라드는 수도원을 떠나서 지금은 뉴멕시코 지역에 살면서 그림도 그리고 가르치는 일도 한다. 그녀는 기도가 이끄는 대로 그림을 그리는데 한번은 그림에 새로운 요소가 등장했다. 그녀가 수도원을 떠나기에 앞서, 풍경화에 자유의 상징인 새가 날아다니는 모습을 그린 것이다. 수도원을 떠난 직후에 쓴 글에서 그녀는 "남성의 모습을 한 하느님을 섬기게 하는 전례, 여성으로 하여금 속박되고 억압받고 남자 성직자에 의해 규정된 삶을 살도록 부추기는 전례를 지지하는 것"[4])을 도저히 참을 수 없었다고 말했다.

현대 소피아들은 종종 '숨어 있는 신비가'들이다. 이들은 신비 체험을 한 후 삶의 경로를 바꾸었거나 내면의 지혜를 만나는 것으로 일상을 살아가지만 이런 가장 중요한 사실이 바깥으로 드러나지는 않는다. 성스러움과의 연결 혹은 합일은 워낙 사적이고 내밀한 경험이어서 다른 사람들의 오해를 사기 쉽다. 말로 표현할 수 없는 체험을 적절하게 소통하려는 것 자체가 애당초 불가능하거나 상당히 어렵기 때문이다. 신비 체험을 통해 얻은 통찰에 대하여 설명하려고 했으나 그 진술이 옳다는 것을 증명해야 하거나 그런 자신을 방어할 필요를 느끼다 보니, 많은 여자들이 자신과 연결된 성스러움을 외부에 드러내지 않은 채 살아도 괜찮다는 결론에 이른다. 특히 그노시스로 인해 살아가면서 전념하는 일이 개성화 과정일 때는 더욱 그러하다.

소피아는 신비주의적 통찰의 근원일 뿐 아니라 여성의 관심을 충분히 이끄는 원형이기에 그녀를 일컬어 신비가라 말하는 것이 정확할 것이다. 또한 자신이 얻은 통찰을 적절하게 전달할 만한 표현 방식을 찾아내는 것이 소피아의 자기^{self}를 향한 과업이다. 어떤 여성은 자신의 저서에서 신비가인 것이 드러난다. 20세기의 여성 신비가는 에블린 언더힐, 시몬느

웨일, 버나데트 로버츠 등이다.

영성의 리더 소피아

20세기 후반까지만 해도 여성은 사제, 목사, 랍비가 될 수 없었다. 사람들은 여성이 사제의 역할, 즉 신과 신도들을 중재하는 내적인 소명을 실현할 수 없다고 보았다. 그러니 여성은 강론도 할 수 없었고 신학자가 될 수도 없었다. 커서 사제가 되고 싶다고 말한 여자 아이들은 놀림을 당했다. 사제는 여성의 소명이 아니었다. 아무리 가슴 깊은 곳에서 신에게 봉사하라는 부름을 받았어도 말이다. 의사가 되고 싶어 하는 소녀들이 "너는 의사는 될 수 없지만 간호사는 될 수 있지" 하는 말을 듣듯, 로마 가톨릭 신자인 소녀와 여성들은 아직도 "사제가 될 수는 없어. 수녀는 될 수 있지"라는 말을 듣는다.

  1970년대에 불거진 여성 운동은 1980년대 들어와 의료와 법에 심대한 영향을 미쳤다. 그 전에는 의과 대학에 여학생이 거의 없었고 있다 해도 극소수였다. 의대생 백 명 가운데 여학생이 열 명 정도 — 내 수업에 들어온 의대생의 경우 — 면 많은 편이었으니 말이다. 그로부터 10여 년 후 입학생의 50% 가량이 여학생인 것을 보고 예외라고 할 사람은 없다. 이러한 수적 변화는 법과 대학에서도 마찬가지였다. 신학 대학원의 경우 적어도 10년 정도는 뒤처져 있지만 여기도 서서히 변화의 조짐이 보인다. 20세기 말 신학교가 여성의 입학을 허용한 이래 여성 입학생이 꾸준히 증가하고 있다. 로마 가톨릭과 정통파 유대교에서는 여성에게 사제나 랍비 서품 주는 것에 완강하게 반대하는 세력이 교단의 비호를 받았다. 반면 프로테스탄트 종파의 대부분과 개혁파, 보수파 유대교에서는 사제, 목사, 랍비가 되고자 하는 여성들의 항의에 부딪치자 여성에게 서품을 주는 문제를 공개적으로 논의하기에 이르렀다. 진보적 종파와 종교 집단 대부분에서 여성 성직자를 많이 배출하고 있다.

2000년, 1천550만 명의 신도를 대표하는 남부 침례교 지도자 연례 모임에서 이전 정책을 수정하여, 100명이 채 되지 않기는 하지만 여성 목사와 부목사의 서품을 결정했다. 그러나 설교는 남자 성직자에게만 한정한다는 선언이 뒤따랐다. 공식 대변인인 빌 메렐 목사는 사도 바울로의 이야기를 인용했다. "나는 여자가 남을 가르치거나 남자를 지배하는 것을 허락하지 않습니다. 여자는 침묵을 지켜야 합니다"(디모테오 I 2:12).

소피아 원형의 신비주의는 교리, 신념, 종교 의례에 담긴 의미를 통찰하게 한다. 소피아와 함께라면 신학을 중심으로 깊이 있는 대화를 이끌어갈 수 있으며 신비 체험의 방식을 기술할 수도 있다. 어떤 여성들에게는 여태까지 허용되지 않았던 내면의 소명이 있다. 그것은 사제, 목사, 랍비가 되는 것이다. 남성 권위에 복종하고 구약 성서, 성서, 코란에서 발췌한 일부 문장만을 문자 그대로 해석하는 것에 매달리는 모습이야말로 여성의 영적 지도력을 거부하는 종교가 가지고 있는 특징이다.

설교대는 성직자가 되려는 여성뿐 아니라 그들의 부재로 인해 고통당하는 여성 신도들에게도 봉쇄된 것이나 다름없다. 내가 영국 성공회 미사에 갔을 때였는데 바버라 세인트 안드레가 미사를 집전하고 있었다. 때는 1980년대 초였다. 여성 사제가 성직자 복장으로 설교대에 올라 강론하는 것을 나는 그때 처음 보았다. 이상하게 낯설었지만 내 안의 무엇인가가 해방되는 느낌이었다. 나와 같은 아시아 사람이 명예로운 혹은 존경받는 자리에 있는 것을 처음 보았을 때와 비슷한 느낌이었다. 내 안에서 그런 낯설음을 보자마자 내 안의 관점이 좀더 넓어졌다. 차별이 있는 곳 어디에서든 '나와 다를 바 없는 누군가'가 뭔가를 해내는 것을 보면 가슴이 뭉클해지면서 긍정적인 영향을 받게 된다. 자기 혐오를 내면화하고 있지만 않다면 말이다.

세 번째 인생 단계의 과업

여자들은 인생의 첫 번째와 두 번째 단계에서 객관적인 지식과 경험 얻기, 욕구와 현실에 대응하기, 목표와 관계에 초점 맞추기 등의 과업에 몰입한다. 우리는 이런 일에 '전념'해야 한다. 세 번째 단계로 들어가면서 우선 순위가 바뀌고 나면 이런 질문들이 생긴다. 지금은 무엇이 중요한 때인가? 이때야말로 신비와 영성의 지혜 원형인 소피아가 출현할 수 있는 때다.

소피아의 관심은 영성, 철학, 종교적인 의미에 있으며, 이런 것은 세 번째 인생 단계에서 풀어야 할 과업이기도 하다. 소피아 원형이 활성화되면 영혼과 영성의 문제가 전면에 부상한다. 우리 대부분은 갑작스런 죽음을 놓고 병적으로 집착할 정도는 아니라 할지라도 상당히 깊은 생각에 잠긴다. 이때가 죽음을 생각할 때인 것이다. 그러니까 세 번째 단계는 죽음이라는 주제로 인생의 의미를 생각하도록 우리를 부르는 초대장과 같다. 병들고 노쇠해진 부모가 죽고 나면 중년 여성은 그 다음 죽을 차례가 자기라는 것을 안다. 약해진 어머니를 돌보면서 말년의 자기 자신을 보게 될 수도 있다. 질병으로 시한부 삶을 살거나 어떤 두려움이 밀려오면 죽음을 생각하게 되기도 한다. 기도는 위기의 한 가운데서 본능적으로

하게 되는 행위다. 죽을지도 모르는 상황에서 기도를 올리면 소피아 원형이 활성화된다.

죽음과 성스러움, 필멸성과 영원성, 혹은 우리의 종교적 신념과 개인적 신념 등에 생각이 집중된다. 소피아가 활성화되면 여태껏 우리가 믿었던 것들을 다시 검토하게 된다. 인생 초기에는 신앙과 관련된 문제가 훨씬 더 구체적이어서 자신의 종교를 열렬히 따르거나 아니면 그것에 도전해야만 했다. 가령 교회 교리는 여성의 성, 출산과 피임에 대한 선택, 결혼, 육아, 이혼 같은 것들을 직접 다루기 때문이다.

세 번째 단계에 들어선 여자들이야말로 종교 집단에서 가장 활동적이면서 헌신적인 신자다. 성직자와 신학자들은 대부분 남성이지만 교회 자리를 채우는 것은 여자들이다. 참여와 자원 봉사를 통해 공동체가 지속되도록 하는 것도 여자들이다. 할머니가 된 여자들은 영성 공동체를 열망하며 예배에 참석한다. 바로 이런 이유 때문에 여성 운동의 영향을 받아 성차별을 문제로 인식하는 여성도 다시 전통 종교의 익숙함으로 돌아간다.

여성 운동의 영향을 받은 여성이 할머니 나이가 되면 내면에서 혹은 개인적으로 부딪치는 종교적인 어려움을 해결해 나가는 과정에서 소피아가 약진함을 알게 될 것이다. 그들은 교리에 동의하지 않아도 종교 의례에 참여하면 마음이 편안해진다. 교회 목사나 사제, 영적 지도자가 그다지 존경할 만한 존재가 아니라는 것이 드러날 때도 있고 할머니가 영적인 방향을 구하기 위해 찾아가기에는 그들이 너무 연소할 수도 있다. 그러나 여전히 여기가 그녀의 공동체다. 종교적, 영적 느낌들과 충실함, 신념을 분류하는 것은 소피아가 하는 일이다. 소피아 원형의 활성화로 인해 너무나 모순된 두 가지 감정이 동시에 든다 하더라도 그노시스와 기도로 해소할 수 있다. 혹은 풀리지 않은 채 모순으로 남게 될지도 모른다. 가령 페미니스트 여성이 페미니즘과 정통 종교가 서로 얼마나 어긋나는지를 잘 알면서도 그 종교에 머문다면, 여기가 자신이 있을 곳임을 알기 때문이다. 그걸 알고 있는 다른 여성은, 내면의 소피아와 공명한다면 이제 자신이 그 종교 공동체에 맞지 않는다는 것을 알고 그곳을 떠날 수도 있다. 소피아 원형은 '정치적으로 올바른' 대응에 대해서는 관심이 없다. 다만 그녀의 특정한 영혼의 길을 알아내어 그 길을 따라나서는 것에만 관심이 있다. 이런 과정에서 다시 교회로 되돌아가는 수도 있다.

『수도원 산책』의 저자 캐서린 노리스는, 신앙과 종교적 전통의 의미를 붙들어 씨름하고 이를 소피아의 지적 방식으로 해소하면서 인생의 제3단계를 살아가는 여성의 전형을 보여 준다. 20년간 교회와 거리를 두다가 다시 교회에 가기 시작하면서 이런 글을 쓴다. "여러 이유에서 나는 왜 교회가 내게 필요한 장소처럼 보이는지 이해가 되지 않았습니다. 그러나 그 안에 살기 위해서 그래서 그곳이 내가 있을 곳이라고 주장하기 위해서 나는 종교 용어를 바꾸어야 했습니다. 언어는 나에게 실존적 의미에서 살아 있는 것이어야 했지요." 자신의 그노시스를 따르면서 정보를 찾아내어 그것의 한마디 한마디가 무슨 의미인지를 알아내기까지 그녀는 고심에 고심을 거듭했다. 그 결과 그녀는 『놀라운 은총』이라는 의미 깊은 그리스도교 용어 사전을 만들어 냈다. 그녀가 작업을 시작할 즈음 이 책으로 자신이 그리스도교인이라고 스스로 밝히게 되리라고 예상했는데 그 짐작은 틀리지 않았다. 말 하나하나의 의미를 찾는 과정에서 노리스는 점점 그리스도교에 귀의하게 되었던 것이다.

소피아가 지혜의 원형으로 활성화되면 그노시스를 통해 자신의 신념과 화해하고 의미를 찾는 과정이 뒤따른다. 『이 열망의 뿌리에』라는 책에서 캐럴 리 플린더스는 페미니즘에 몰입하던 젊은 시절부터 시작하여 결혼

해서 아이를 낳고 영성 공동체에 거주하기까지 자기 삶의 여정을 털어놓는다. 50세를 기점으로 일련의 사건을 겪으면서 그녀는 혼란스러워졌다. 특히 페미니즘과 자신의 영성 원칙이 서로 화해해야 한다는 내면의 요구가 드세게 올라오면서 심정적으로 무척이나 부대끼게 된다. "내 속에서 페미니즘과 영성이 항상 서로 긴밀하게 연결되다 보니 두 가지가 비슷한 강도로 나를 압박해 왔다. 나는 자기 인식과 의미를 추구하려는 강렬한, 그리고 고통스럽기까지 한 욕구 때문에 명상을 했다. 나의 페미니즘은 그런 감정이 솟구치는 곳에서 나온 것이었다. 여러 면에서 내가 선택한 삶은 페미니즘에 부합했다. 근육을 쉴 새 없이 긴장 상태로 몰아넣거나 잘못 사용하면 쓰라리게 되는 것처럼 — 여성을 보편적이고 체계적으로 비하하는 태도를 무심코 흘려보낸 적이 없는 — 페미니즘이 내게 통증을 주기는 했지만 그건 나의 일부였다."5) 플린더스는 자기 안에 공존하는 두 가지 상반되는 특성을 가슴으로 품으면서 결국 이 두 특성이 영적인 총체성을 구성하는 두 개의 반쪽들이라는 것을 알아냈다. 그녀는 "페미니즘은 타고난 영성에 의지할 때 치열해진다"6)는 것을 인식하면서 페미니즘이 영성을 토대로 한 저항 운동으로 정의될 수 있다는 것을 깨달았다.

기도

기도는 신과 소통하는 행위라는 점에서 보편적이면서도 본능에 가까운 행위이기에 신비가에게 매우 중요한 것이 될 수 있다. 모든 종교 전통의 의례에는 기도가 포함되어 있으며 우리는 대부분 신부, 목사, 랍비가 큰소리로 기도하거나 회중을 하나로 묶는 익숙한 기도문을 욀 때 머리를 조아린다. 소피아에게 기도는 입으로 하는 것뿐만 아니라 '듣는 것'이기도 하며 '대화'는 서로 말 없이도 가능하다. 앤더슨과 홉킨스는 이렇게 썼다.

"신과의 합일은 극도로 개인적이고도 신비한 경험이다. 우리가 인터뷰한 여성들은 이러한 신비에 자신을 개방하는 것이 여러 방식으로 가능하다는 점을 수차례 설명했다. 어떤 이들은 혼자서 기도하고 또 어떤 이들은 여럿이 함께 기도한다. 어떤 이들은 소리 내어 기도하고 어떤 이들은 침묵 속에서 기도한다. 이 둘을 병행하는 사람들도 있다. 어떤 기도는 실내에서, 또 어떤 기도는 바깥에서 이루어진다. 어떤 이들은 젊을 때 배운 형식적인 기도와 의례를 따르고 또 어떤 이들은 새로운 전례와 의례를 만든다. 어떤 이들은 노래로 기도를 하고 어떤 이들은 춤으로, 혹은 그림으로, 예술 행위로 또 어떤 이들은 수영으로 기도를 한다."[7]

당신은 어떻게 기도하는가?

당신이 언제 어떻게 기도하는지 생각해 보라. 신령스러움 — 신, 위대한 신비, 어머니 신, 여신, 도, 이름을 거론할 필요가 없는 성스러움, 은혜로움 — 을 만나거나 그것에 감동할 때, "이것이 성스러운 순간이다" 하고 알아차릴 때, 그때마다 기도의 개념을 확장하여 그러한 순간의 심정도 기도에 포함시켜라.

결혼과 소피아

영성을 추구하는 여성이 소피아 원형을 발견하여 이를 키워나갈 때 그녀는 내면 지향적이 된다. 내면으로 향한 이런 사적 친교의 시간과 이때 나타나는 그노시스는 결혼 등 외부로 향한 관심을 걷어가 버린다. 내부에 대한 관심과 외부로 향한 관심이 균형을 이룰 수도 있겠지만, 셰리 앤더슨과 패트리샤 홉킨스는 여성들과 인터뷰를 하면서 영성의 삶을 사는 것과 결혼 관계나 연인 관계를 유지하는 것을 병행할 수 있는지 의문이 생겼다. 다른 사람에게 깊은 영감을 주는 영성을 지닌 여성들을 연구 대상으로 삼아 『신의 여성적 면모』라는 책을 쓴 이들은 이렇게 말한다.

"우리는 여성이 스스로 진실한 상태를 유지하면서 아이를 기를 수 있을까, 혹은 그런 상태에서 다른 여성과 깊은 우정이나 연인 관계를 맺을 수 있을까라는 질문을 진지하게 던진 사람이 전혀 없었다는 사실을 깨달았다. 그런 질문들은 남녀의 장기적인 관계를 문제 삼는 것이다. 그 질문들 뒤에 숨은 진짜 쟁점은 이런 것이다. 남성 중심 문화에서 여성이 남성을 필요로 하지 않거나 남성에게 복종하고 싶어 하지 않는다면 어떻게 될까? 남편이나 애인의 뜻을 따르려고 우리의 개성을 자동 조정하거나 우선순위를 재조정하는 일이 더 이상 일어나지 않는다면 어떻게 될까? 그러면 남성과 여성의 관계를 이어주던 풀이 떨어져 나가는 것인가?"[8]

연구 대상 가운데 기혼자 71%가 이혼한 상태였다.[9] 젊은 여성들은 사랑하는 사람과의 결혼과 영적 추구가 동시에 가능하리라고 보는 반면, 쉰이 넘은 여성들은 거의 모두 다시는 결혼하지 않을 것이라고 확언했다. 보통 독신은 명상, 기도, 신비 체험 등에 도움을 주는 조건이기 때문에 관계에 대한 욕구와 소피아를 위한 시간에 대한 욕구 사이에 불협화음이 발생하기 쉽다. 그것이 양자택일의 선택이 될 수도 있다는 것을 알아야 하며 또 그것이 갈등으로 불거지게 되리라는 것도 예견해야 한다.

구약 성서의 여신 소피아

소피아는 하나의 원형 이상으로 서구 문명에 들어와 있다. 많은 사람들에게 소피아는 하느님의 여성적 측면 혹은 여성 신의 이름이다. 유대 그리스도교 전통에서 자란 여성들은 구약 성서의 하느님, 그리스도교의 남성 삼위일체, 가부장적 일신교가 처음부터 그렇게 존재하지는 않았다는 사실과 구약 성서에 여신이 은밀하게 언급되고 있음을 간과하기 쉽다. 신성한 여성성을 기성 종교 안으로 흡수시키고 여성 성직자가 나올 수 있도록 많은 여성들이 부단히 노력하고 있다는 것, 하느님이나 신을 가리키는 말을 남성 명사가 아닌 포괄적인 용어로 새로 만들려고 시도하는 것, 이러한 현상들이 최근 새롭게 부상한 것이 아니라 여신이나 여성 성직자를 그 옛날부터 오늘날까지 거부하는 것에 대한 거센 저항의 형태라는 것을 알아차리는 것은 일종의 개안이다. 내면에서 소피아를 발견하면서 여신이 억압당하고 지속적으로 부인되어 왔다는 사실을 알게 되면 그런 지식을 통해 그노시스가 강화된다. 그럼으로써 내면의 지혜를 점점 신뢰하게 되는 할머니 단계의 감각에 힘이 실린다.

우선, 헤브라이어에 '여신'이라는 말이 없으니 구약 성서에서 그 말을 찾을 수는 없다.10) 어떤 행위를 가리키는 마땅한 이름이 없으면 우리는 그것의 존재 여부를 심정적으로 간과한다. 그것이 무엇이며 어떤 특성이 있는지를 언어를 통해 배우기 때문이다. 여성적 신성함을 옮길 용어가 없다면 여성적 신성함이 무엇인지를 상상하기는 상당히 어렵다. 가부장제 신학에서 신은 남성이며, 신의 모습대로 남성이 만들어졌으므로 남성은 만물을 지배할 권리가 있다.

그런데 이상하게도, 여신에 해당하는 말도 없고 일신교에서는 여신의 존재 가능성을 부인하고 있지만 구약 성서 잠언에 여신이 나타난다. 그녀는 헤브라이어로 코그마^{Chokmah}인데 그리스어로 소피아가 되었다가 후에 영어로 중성적인 말인 '지혜'가 되었다.

개정판 성서에 '지혜'로 나오는 소피아는 일인칭 화법으로 말한다. 자신에 대한 설명이나 말하는 방식이 여성 신의 그것이다. 그녀의 태도는 지혜의 여신이 가질 만한 태도다. 그녀는 말한다. "나는 조언하며 지혜를 말한다. 나는 통찰력이 있으며 강하다." 그런 다음 자전적인 설명을 하는데 내가 이렇게 축약해 보았다.

창조주가 만물을 짓기 시작할 때 모든 것에 앞서 나를 지으셨다. 땅이 생기기 전, 그 옛날에 나는 이미 모습을 갖추었다. 깊은 바다가 생기기 전, 샘에서 물이 솟기도 전, 멧부리가 아직 박히지 않고 언덕이 생겨나기 전, 평평한 땅과 땅의 흙을 만드시기도 전에 나는 태어났다. 창조주가 하늘을 펼치고 깊은 바다 둘레에 테를 두르실 때에 내가 거기 있었다. 구름을 높이 달아매고 땅속에서 샘을 세차게 솟구치게 하며 물이 바닷가를 넘지 못하게 경계를 긋고 땅의 터전을 잡으실 때 나는 붙어 다니며 조수 노릇을 했다. 언제나 창조주 앞에서 뛰놀며 날마다 그를 기쁘게 해드렸다. 나는 사람들과 같이 있게 된 것이 즐거워 그가 만든 땅 위에서 뛰어 놀았다."[11]

미켈란젤로는 시스틴 성당 천장에 이 장면을 그려 넣었다. 소피아는 아담 손가락을 만지려고 손가락을 내미는 창조주 옆에 있다. 그러나 뇌리에 남아 있는 이미지는 항상 두 명의 남자다. 소피아가 워낙 수수한 모습을 하고 있어서 창조주와 아담만 눈에 들어오는 탓이다. 우리에게 여신의 개념이나 그에 어울리는 말이 없다면 소피아가 거기 있다 하더라도 우리는 그녀를 볼 수 없다.

『솔로몬의 지혜』(기원전 100년경 씌인 묵시록의 헤브라이어 텍스트)에서는 소피아가 신적 존재임이 훨씬 더 명확하다. 솔로몬은, 만물을 지어내는 기술을 소유한 소피아가 알고 있는 것과 그런 소피아조차 모르는 것 모두를 자신이 배웠다고 주장했다. 야훼만이 유일한 신이라고 공식 주장하는 유대교 문헌에서 소피아는 일신교가 여신의 현존 문제를 어떻게 조정할지 과제를 준 것이다. 이들은 여신의 존재를 아예 무시하고 그녀를 시적으로 표현함으로써 이 문제를 비껴간다.

일신교가 여신을 제거하다

모세와 이스라엘 사람들의 일신교를 위해서는 여신을 제거해야 했다. 우리는 성서에서 약속의 땅을 두고 전쟁을 치르거나 '거짓 신'을 숭배하는 세력에 맞서 싸우는 장면을 보면서 창조주(야훼의 번역)와 그의 예언자들이 여간해서 사라지지 않는 여신 숭배를 뿌리 뽑으려고 안간힘을 썼다는 점을 간과하기 쉽다. 여신들은 혐오스런 존재였고 여신상을 만들거나 숭배하는 자들은 야훼의 저주를 받았다.

유대 그리스도교 신학의 우주론은 구약 성서의 첫 권 창세기에 나와 있다. 한 위대한 아버지 신이 있는데 그는 태초부터 존재한 최고의 존재다. 신만이 홀로 통치한다. 그는 혈육도, 가족이나 배우자도 없다. 창조의 첫날, 신이 선언한다. "빛이 생겨라" 하니 빛이 생겼다. 그 후 닷새 동안 신이 선언하는 대로 되었다.

『여신의 신화』에서 앤 베어링과 줄리스 캐시포드는 여기에 문화적인 맥락을 부여했다. "헤브라이 신화에 나오는 초기 문명의 온갖 남성 신위들 — 엔릴, 프타하, 마르둑, 엘 — 이 위대한 아버지 신이라는 한 이미지 아래 통합된다. 그는 최초의 신이자 유일한 신인 것처럼 성서의 무대에 등장한다. 어머니 여신이 낳은 신이 마침내 아버지 신으로 승격되는 것은 바빌로니아 신화에서 이루어졌다. 그런데 마치 어머니 여신에 대한 생각이 인간의 정신 세계에 존재한 적이 아예 없었던 것처럼 지금은 아버지 신이 최고신이 되어 버렸다."12)

구약 성서는 모세가 자기 백성을 이집트에서 약속의 땅까지 데려간 경위에 대해 이야기한다. 그 땅은 여신을 숭배하는 민족이 이미 차지하고 있던 곳이었다. 그들의 생활 방식이 가나안을 젖과 꿀이 흐르는, 몹시도 탐나는 땅으로 만들어 놓았던 것이다. 그 땅과 민족을 정복하자 예언자들은 아세라, 아나트, 아시토레스를 사악한 신, 이단의 신이라고 맹렬하게 욕해 댔다. 이름만 보아서는 이 사악한 신들이 여신이라는 것을 알 길이 없으며 그러한 혐오가 여신상 혹은 여신을 모시는 사원, 산 위에 위치한 성소를 표적으로 삼고 있다는 것도 추측할 수 없다. 구약 성서의 신과 예언자들이 여신 숭배 대목을 삭제하고 여성 신의 조각상과 그림을 파괴했으며 여신을 칭하는 용어를 말살한 사실에 대해서는 주일 학교에서도 들어본 적 없고 대학의 종교학 수업에서조차 들어본 바 없다.

아세라Asherah는 위대한 여신을 가리키는 헤브라이어이다. 아세라는 '모든 지혜의 어머니,' '신들에게 생명을 주는 이'라고도 불렸다. 때로 그냥 '성스러움' 혹은 달과 관련된 말로 지칭되기도 했으며 '바다를 건너는 여인'으로 불리기도 했다. 아세라와 그녀의 여사제들은 랍비의 여성형인 라바투라고 불렸는데 그것은 '신성한 자'라는 의미다. 아세라가 내리는 신탁의 예언력은 유명했다. 그녀 혼자 하늘의 신 칠십을 낳았다. 아세라는 가나안 여신들 중에서 혹은 가나안의 남신·여신을 통틀어 가장 중요한 신이었다. 그녀의 남편은 엘이었고, 딸은 아나트 혹은 아시토레스, 아스탈트라 불렸다. 아나트의 남편이자 남동생인 바알 역시 중요한 신이다.

기원전 1200년 경 이스라엘 민족의 가나안 침략은 여러 면에서 하늘 신의 숭배자인 쿠르그 유목 전사 민족에 의한 고대 유럽의 침략을 닮았다. 이집트 파라오의 노예였다가 40년 동안 사막을 헤맨 이스라엘인들은 거친 전사가 되었다. 고대 유럽과 마찬가지로 가나안 역시 예술을 좋아하고 여신을 숭배하는 민족들이 거주하면서 문명을 융성하게 발전시키던 곳이었다. 쿠르그족처럼 승리자로 정착한 이스라엘인들은 그들이 정복한 민족의 영향을 받아 이민족의 여신에 친숙해지기 시작했다. 쿠르그족과 달리 이스라엘인들은 유일신을 믿었으므로 이것은 야훼에게 용납 받을 수 없는 일이었다. 그 결과 구약 성서에 따르면 여신 아세라를 제거하고 그녀의 모든 아세라('아세라'는 '성소'로도 번역되어서 여신의 신성한 나무, 여신의 사원이 있던 장소를 칭하기도 한다. 그때는 예루살렘에도 사원이 있었다)를 파괴한다는 야훼의 예언이 쉴 새 없이 쏟아졌다.

가나안 침공 이후 수 세기가 지나서도 헤브라이어를 사용하는 민족들은 아세라를 계속 숭배했다. 기원전 1200년부터 기원전 586년 바빌론 유수까지 이스라엘과 유대의 역사를 설명한 데이비스의 『헤브라이 여신』을 보면, 당대 정치의 지형에 따라 아세라가 숭배 받던 시기와 이스라엘의 신 야훼만이 숭배 받던 시기가 선명하게 구분된다. 아세라는 기원전 928년에서 893년(35년간), 825년에서 725년(100년간), 698년에서 586년(78년간), 609년에서 586년(23년간) 신전에서 숭앙 받았다.13)

여신을 제거하려는 노력은 결국 성공을 거뒀다. 아세라가 구약 성서를 통해서만 알려지다가 1930년대에 이르러 기원전 1350년경에 씌인 여러 신화가 기록된 몇 가지 판본이 발견되면서 판도가 바뀌었다. 구약 성서에서 '아세라'는 그냥 '작은 숲'으로만 번역이 되었다. 그러나 판본과 대조한 결과, 아세라가 성스러운 작은 숲으로 만물의 출산이 이루어지는 여신의 성기를 의미한다는 대목이 구약 성서에서 삭제되었음이 밝혀졌다.[14]

모세의 십계명 중 첫째와 둘째 항목은 여신의 제거를 직접 거론한 것이다. 레오날드 슈레인이 『알파벳 대 여신』에서 분석한 것을 보면 첫 번째 계명 "너희 하느님은 나 야훼다. 너희는 내 앞에서 다른 신을 모시지 못한다"(출애굽기 2: 2-3)는 여신의 소멸을 공포하는 것으로 여신을 언급하면 야훼가 참지 않을 것이라는 선언이다.[15] "너희는 내 앞에서 다른 신을 모시지 못한다. 너희는 위로 하늘에 있는 것이나 아래로 땅 위에 있는 것이나, 땅 아래 물 속에 있는 그 어떤 것이든지 모양을 본떠 새긴 우상을 섬기지 못한다"(슈레인의 강조)는 두 번째 계명에서 그 어떤 것도 모방하여 만들지 말라고 금지한다. 중요한 순서대로 번호가 매겨졌다면 우상을 만들지 말라는 계명이 살인이나 간음, 도둑질이나 그밖에 어떤 것보다 더 중요하다는 말이다. 재현 예술을 금지했다는 것은 여성의 얼굴이나 몸에서, 혹은 자연의 아름다움이나 힘에서 영감을 받아 그림이나 조각품을 만드는 것이 죄라는 의미다.

그노시스파 그리스도교의 소피아

신약 성서에서 신은 오직 남성이다. 그리스도교의 삼위일체는 아버지, 아들, 성령(남성)으로 구성된다. 그런데 사실상 20세기 중반까지만 해도 초기 복음서의 존재는 감추어져 있었다. 초기 복음서는 신약 성서 이전이나 동시대에 씌인 것인데 지금은 그노시스 복음서라 불리게 되었다. 이 복음서에서 소피아는 유대 그리스도교의 여신으로, 야훼는 위대한 어머니 여신의 아들로, 삼위일체는 아버지, 어머니, 아들로 설명된다.

그노시스 복음서의 발굴과 번역은 희한하게도 페미니즘이 미국 여성의 정신 세계에 출현하는 것과 때를 같이했다. 그 절묘한 동시성에 나는 충격을 받을 정도였다. 정보는 그렇게 길할 때 왔던 것이다. 원래 그리스어로 씌인 것을 콥트어로 옮긴 이 복음서는 1,500년 동안 은밀하게 보관되었다가 과학적인 방법으로 그것을 보관할 수 있고, 또 그것을 번역할 수 있는 학문 — 오래 권좌를 지켜온 교회나 정통 신앙의 신세를 지지 않은 — 이 있고, 소피아를 연구하고 초기 그리스도교 공동체에 여성이 참여했음을 아는 여성 학자와 신학자의 관심이 고양된 시기에 모습을 드러냈다.

1945년 12월, 한 아랍 농부가 나그함마디시 근처 북부 이집트에 있는 벌집 모양의 동굴들로 이루어진 어느 산에서 예사롭지 않은 한 고고학 자료를 발굴했다. 그는 땅속에서 13권의 파피루스 문서가 든 커다란 토기를 발견했는데 그것이 이단으로 몰렸던 그노시스 그리스도교인들의 복음서였다. 그 문서에는 소피아라 불리는 신성한 여성 창조주와 스승이 묘사되어 있었다. 오랫동안 감추어져 왔던 소피아가 유대 그리스도교의 여신이었다는 것이 밝혀졌다.

이 파피루스 자료는 카이로 고대 유물 상인을 거쳐 암시장에 나오면서 이집트 정부의 주목을 받았다. 관리들이 코덱스라 불리는 사본 가운데 1권을 구입한 다음, 열세 권 가운데 열 권과 제13권의 절반을 압수하여 카이로에 있는 콥트 박물관에 보관했다. 제13권 사본의 나머지 절반은 5개의 특별한 텍스트가 비교적 원형대로 보존된 상태로 거래 시장에 조심스레 모습을 나타냈다. 그것들은 이집트 국외로 밀매되었다가 벨기에에서 모습을 감추었다. 이 사본의 활용 가치가 네덜란드 위트레흐트 대학에 있는 질레스 퀴스펠 교수의 귀에 들어갔으며 그는 취리히에 있는 융 재단에 자금을 요청했다. 퀴스펠 교수는 결국 파피루스를 손에 넣었다. 내키지는 않았지만 첩보원처럼 은밀하면서도 치밀한 작전을 짜서 '융 사본'이라 불리는 이것을 극적으로 입수한 것이다.

나그함마디 텍스트와 그 의미를 탁월하게 설명한 책은 1979년 엘레인 파젤스가 펴낸 『그노시스 복음서』다. 나그함마디 필사본이 번역될 때 초기 그리스도교 시대부터 내려오던 52권의 텍스트가 있었으며 그 안에는 초기 그리스도교 복음서 모음도 있었다. 그것은 약 1,500년 전에 만들어진 콥트어 번역서로서 신약 성서가 씌인 그리스어 필사본보다 더 오래된 것이었다. 자료의 기원을 추적하던 연구자들은 몇 권의 필사본은 1세기 후반 정도에 만들어졌을 가능성이 높다고 결론 내렸다(50-100년. 이는 신약 성서의 복음서보다 더 이른 시기에 씌였음을 의미한다). 초기 그리스도교인들은 이 필사본을 돌려보았다. 2세기 중반 무렵 정통 그리스도교인들은 이것을 이단으로 선포했다. 정통 그리스도교인들이란, 기도와 의례를 결정하는 것을 주교의 권한으로 받아들인 사람들, 이후 가톨릭 교부라 불리게 된 사람들을 말한다. 이런 초기 텍스트가 아직 세상 빛을 보기 전 사람들은 독설을 퍼붓는 주교들의 기록을 통해 그런 것이 있었으리라 짐작하는 것이 다였다.

그리스도교는 313년과 323년 로마 제국의 국교가 되면서 공식 종교로 공인되었다(콘스탄티누스 황제의 개종이 이어졌다). 일단 힘을 갖게 된 그리스도교 주교단은 이단으로 판정한 모든 텍스트를 손에 넣어 불사르거나 완전히 없애버렸으며 그런 텍스트를 보유하는 자들을 법으로 처벌했다.

주교들은 이단의 텍스트를 근절하는 캠페인을 벌이면서 설득력과 권력을 동시에 사용했다. 나그함마니 텍스트의 발견 이전에는 정통파의 악의에 찬 저술을 통해 이단과 그들의 신앙을 짐작할 뿐이었다. 엘레인 파젤스가 지적하듯 당시 이런 텍스트를 옮겨 적거나 서로 돌려본 이들은 자신을 이단자라고 생각하지 않았다.

그노시스파의 집회는 자율적이었다. 신앙이 다양한 모습을 띠었고 복음서나 성서도 여러 종류의 판본이 있었다. 예수와 동시대를 살았던 사람들이 많았으며 예수를 따르던 신도들도 있었다. 신약 성서의 복음서처럼 예수의 말과 연설도 있다. 어느 텍스트에서는, 그리스도교의 진정한 계시는 예수의 사랑을 받은 여인 마리아 막달레나를 통해서 온다고 주장했다. 어떤 그노시스 그리스도교인들은 어머니 신과 아버지 신에게 기도했다. 많은 텍스트가 계시록처럼 예언을 담은 신비주의적인 서술이다. 그들의 우주론은 창세기에서 설명하는 것과는 사뭇 다르거나 창세기에서도 인간 창조의 두 번째 판에 초점을 두었다. 그것은 창세기 1장 26-27절로, "우리 모습을 닮은 사람을 만들자…"이다. 어떤 텍스트는 이스라엘 신이 자기 어머니도 몰라본다고 지적하였고, 또 다른 텍스트는 야훼가 오만하고 질투가 심해 질책을 당했다고도 한다.

그노시스파는 모든 교리와 묵상, 신화 — 다른 민족의 것, 자신의 것 모두 — 를 진리에 이르는 방법이라고 보는 경향이 있다고 파젤스가 설명했다. 그들이 사물을 인식하고 이해하는 방법은 주교의 권위적인 스타일과는 달랐다. 주교들은 진리도 단 하나, 교회도 단 하나, 교회 체계도 단 하나인 만큼 적법한 교파도 단 하나라고 주장하는 사람들이었다.

그노시스 그리스도교인들이 만민 평등주의자들이라는 사실은 초기 교회 교부들에게는 골칫거리였다. 테르툴리아누스(2세기경 신학에 많은 영향을 미친 신학자이자 저술가)는 그들이 무분별하다고 비난했다. "그들은 서로 거리를 두지 않으며 똑같이 듣고 똑같이 기도한다. 그 누가 오더라도, 설령 이교도라 하더라도 그들은 똑같이 대한다." 그는 "그들이 그곳에 오는 사람들 모두와 평화의 키스를 나누는" 것을 불쾌하게 생각했다. 또 그들이 전부 오만한 것은 "그들 모두에게 그노시스가 있기" 때문이라고 생각했다. 특히 그는 그노시스 집회에서 여성이 차지하는 자리를 마땅찮게 여겼다. 그 여자들에게는 권위가 있었다. 그는 이렇게 비난했다. "이 이단의 여자들이 얼마나 무례한지! 그들은 겸손함을 모른다. 그들은 건방지게 가르치고 논쟁에 참여하고 악령을 쫓고 치료를 한다. 어쩌면 세례까지 할지도 모른다!"16)

정통 그리스도교 교회는 가부장적이었다. 테르툴리아누스는 '교회 사도들의 교훈'에서 말하는 여성의 이런 행동을 적절하다고 보았다. "여자는 교회에서 이야기해서도 안 되고, 가르치거나 세례를 주거나 성체를 건네주어서도 안 된다. 또한 사제의 직무는 말할 것도 없고 그 어떤 남성의 일도 나누어 가지려고 해서도 안 된다."17)

권력과 권위를 꼭대기에 집중시킨 후 평신도와 성직자를 엄격하게 구분하는 정통 그리스도교와 현격하게 대비되는 구조를 가진 그노시스 그리스도교에서는 교인들이 직무를 번갈아 담당하고 역할을 바꾼다. 이 레나이우스 주교의 말에 따르면, 그노시스파 신자들은 모두 모인 다음 제비뽑기를 한다. 사제 역할 제비를 뽑은 사람이 사제의 역할을 수행하여 성찬식을 행하고 주교의 역할까지 맡는다. 성서 읽는 역할, 예언자의 역할 제비도 있어서 그 제비를 뽑은 사람들이 그 역할을 수행했다. 성서를 읽는 사람은 신자들에게 강론을 하고 즉흥적으로 영적인 교시도 내린다. 다음 집회에서 또 제비를 뽑는다. 그런 식으로 각 역할을 맡는 사람이 계속 바뀌었다. 여자나 남자 누구든 모임에 참여한 사람들은 동등하게 제비뽑기에 참여했다. 누구든 사제나 주교, 예언자의 역할에 뽑힐 수 있었다. 이레나이우스 주교는 이것이 소름이 끼치는 일이라고 했다.

권위 있는 자리에 앉을 사람을 제비로 결정하여 의례를 치르는 것은 만민 평등주의의 범례가 될 수 있다. 실은 그 이상의 의미를 갖고 있을 것이다. 나는 이것이, 상황이 전개되는 방식을 절대적으로 신뢰하는 마음을 표현한 것이라고 생각한다. 그들은 운명 혹은 의미 있는 동시 발생(무의미한 마구잡이의 기회가 아니라)에 모든 것을 맡겨 신의 메시지를 전할 입과 신의 손길을 대신할 도구가 될 사람을 선별하였다. 융이 의미 있는 동시 발생을 가리키는 말로 '동시성'이라는 용어를 만들어 냈으니 우리도 그 말을 인용하여 다시 정리해 보자면, 그들은 동시성을 통해 상황을 결정했다고 말할 수 있겠다. 동시성은 '신이 익명으로 활동하는 것'이라는 뜻으로 비꼬듯 정의되기도 하지만, 이 개념은 특히 초자연적이면서도 의미 있는 동시 발생에 대한 경외를 내포한다. 어쩌면 우리는 그것을 '소피아가 익명으로 활동하는 것'으로 생각해야 할지도 모른다. 우리에게 우리 존재가 귀중하다는 것을 보여 주는 영성의 우주와 우리가 상호 연결되어 있다는 설명을 제외하면 이것이 어떻게 일어나는지를 더 적절하게 설명할 길이 없음을 우리가 동시성을 통해 알 때는 더욱 그렇다.

소피아에 대하여 말하기

조롱 당하고 미신인 것처럼 보이고 분별력이 없는 것처럼 보일까봐 두려워하다 보면 우리는 신비로운 그노시스를 다른 사람과 나누지 못한다.

그노시스를 깨닫고 다른 사람의 지지를 받기만 하면 그것 자체가 삶의 전환점이 되거나 결정적인 사건이 될 수 있는데도 말이다. 당신은 실용주의를 선호하는 부모가 신비로운 것은 무엇이든 '어리석기 그지없는 것'으로 낙인찍거나, 근본주의자인 성직자나 가족이 그것을 '악한 것'으로 취급하는 것을 어렸을 때부터 목격했을지도 모른다. 친구들도 이와 비슷한 반응을 보였거나 당신의 말에 귀를 기울이기는 하지만 마치 당신을 놀리는 듯한 인상을 주었을 것이다. 의식화 집단에 참여했다면 영성이 들어설 자리는 없었으리라. 또 당신이 심리 치료사나 상담가에게 거의 모든 주제에 대해 이야기할 수도 있음에도 불구하고 그들 역시 신비 체험을 미신이나 망상으로 규정지을지도 모른다는 걱정이 들 수밖에 없다. 분명 그노시스에서 얻은 통찰은 사교 모임에서 대화 주제로 환영받지 못한다. 많은 여자들의 경우 침묵을 깨고 자신의 영적 세계를 말하고, 신비한 체험이나 철학적 통찰을 누군가에게 이야기하고, 종교적인 부름에 응답하는 것은, 쉰을 넘기고 영성이 깊어진 친구들을 발견해야만 가능해진다.

어떤 여자들은 어릴 때 소피아의 지혜를 알고서 평생 간직하기도 하지만 대부분 소피아 측면은 오십이 넘을 때까지 잠들어 있거나 무시당하기 쉽다. 여성 대부분의 삶의 두 번째 단계는 항상 발을 동동 구르게 할 만큼 많은 역할과 임무로 가득 차 있어서 시간이 부족한 것이 가장 큰 특징이기 때문이다. 그러니 할머니가 될 때까지는 소피아를 계발할 시간이 없다. 영적 순례를 나눌 수 있는 여성들 모임을 가진다면 그 모임은 소피아가 각각의 여성들 안에서 개화하는 장소가 될 수 있다. 영혼의 수용, 신비 체험에 귀 기울이고 그것의 가치를 인정하는 능력, 다른 사람이 만든 주요한 삶의 선택들 뒤에 그노시스가 있었음을 아는 것은 소피아 지혜를 위한 안전한 공간을 마련하는 것과 다름없다.

직관과 영혼의 지혜를 가진 여신

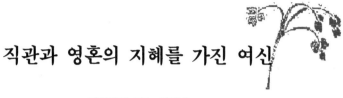

갈림길에 있는 헤카테

그리스 신화에서 헤카테는 한꺼번에 세 방향을 볼 수 있는 갈림길의 여신이다. 길이 두 갈래로 갈라지는 곳에 이르면 헤카테가 있다. 그녀는 당신이 어디에서 왔으며 나머지 두 길이 각각 당신을 어디로 데려다 줄 것인지 알고 있다. 당신이 꿈과 동시성에 관심을 기울이고, 과거의 경험이 저장된 창고에서 정보를 끌어낸 다음, 어느 길로 가야 할지 직관을 이용하여 결정하는 사람이라면 이미 이 원형을 알고 있다.

헤카테는 직관의 여신이다. 그녀의 세 가지 관점은 과거와 현재, 미래의 연관성을 보게 한다. 과거의 상황이나 관계가 현재의 상황과 어떻게 연결되어 있는지 그 패턴을 알아보는 능력은 인식의 방법 중 직관에 속한다. 상황이 어떻게 전개되었는지, 혹은 누군가가 어디에서 왔는지를 알아보는 것은 직관력을 가진 사람에게는 전혀 신비롭거나 희한한 것이 아니다. 중요한 길목에서 헤카테는 내면의 증인으로 조용히 존재한다. 그녀의 지혜는 경험에서 나온 지혜다. 그녀는 우리가 나이 들면서 점점 더 지혜로워지도록 만든다. 갈림길에서 그녀는 과거를 회상하고 현재를 정직하게 보며 앞에 놓인 것을 영혼의 차원에서 미리 내다본다. 그녀는 당신이 해야 할 선택을 대신 내리지도 않으며 당신을 판단하지도 않는다. 그녀의 지혜를 알려면 멈추어서 그녀에게 자문을 구해야 한다. 그녀는 당신의 직관의 목소리로 말을 하므로 당신은 그러한 그녀의 말에 귀 기울여야 한다.

살다 보면 어떤 일이 일어날 때 그것이 인생에서 두 번 다시 일어나지 않을 매우 중요한 것임을 직감할 때가 있다. 예전처럼 계속 갈 수도 없고 무엇을 해야 할지 확신도 서지 않는다. 좀더 젊은 나이였더라면 그리 깊이 생각하거나 신중하게 짚어 보지 않고 감정이 흘러가는 대로 충동적으로 반응했을 수도 있다. 지금도 그러한 충동이 일어날 수는 있다. 그러나 당신의 성숙함(많은 경우 누군가에 대한 책임을 짊어지고 있다는 것과 관련 있다)은 감정이 이끄는 대로 가려는 것을 방해한다. 당신은 여기에서 어떤 결심을 하든 그 결심이 중요하다는 것을 안다. 그럴 때는 좀더 넓은 관점에서 전체 그림을 볼 수 있도록, 어느 길을 가야 할지 명확해질 때까지 길목에 머물러 있도록 헤카테를 부를 때다.

당신은 어떤 외압에 의해서가 아니라 변화를 요구하는 정신 세계의 역동성 때문에 이 중요한 갈림길까지 왔을 것이다. 세 번째 인생 단계에 들어서면서 수십 년 동안 지녀온 관점이나 원형의 방향이 변했음을 깨닫는 것은 그리 드문 일이 아니다. 여태껏 하던 것에 더는 흥미를 못 느끼는 시점에 이르렀다고 느껴진다면 헤카테와 함께 갈림길에 와 있는 것이다.

헤카테는 중요한 전환의 문간에 서 있는 여신이다. 헤카테는 출산을 돕는 산파의 모습으로, 죽음을 맞아 영혼이 육신에서 빠져나갈 때 편안하게 갈 수 있도록 돕는 여자의 모습으로 나타난다. 은유를 해 본다면 헤카테는 내면의 조산사여서, 자기 자신에 대한 관점을 새로 잉태하여 해산하도록 우리를 돕는다. 그녀는 이미 죽은 것을 떠나보내도록 돕기도 한다. 고리타분한 태도와 역할, 혹은 생명을 긍정하는 것이 아닌 요소들을 모두 떠나보내도록 한다.

옛 천년에서 새 천년으로 가는 길목에서도 헤카테를 볼 수 있다. 우리는 인류의 새 시대가 도래하리라고 예견한다. 그러나 거기에 도달할 때까지 우리는 여명의 시간(라틴말로 '입구') 사이에 끼어 있다. 그 시간은 어떤 가능성이 희미하게 어른거리기만 할 뿐 아직 단단해지지 않은 때다. 21세기 벽두에 인류는 황무지로 변해 가는 우리 거주지 — 가까운 이웃에서 지구 전체까지 포함해서 — 를 획기적으로 바꾸어야 할 결정적인 기로에 와 있다. 많은 여성들이 변화를 원하면서 할머니 단계로 들어간다. 이들은 페미니즘 덕분에 생긴 기회를 적극 활용하면서 변화를 도모할 수 있게 된 점에 감사하는 마음으로 이제 은혜를 '갚고 싶어' 한다. 제2차 대전 직후나 1950년대에 태어난 여성들은, 평화의 방법을 사용하면서도 혁신적인 영향력을 발휘한 반전 운동의 세례를 받았다.

헤카테는 여성이 제3단계로 들어가서 내면을 향한 욕구에 주목하는 상황 한가운데 있다. 그녀가 여명의 단계에 있을 때는 우유부단한 모습으로 혹은 기운이 휴지기에 들어간 듯한 모습으로 나타난다. 그녀가 갈림길에 머물면서 기다린 끝에 어느 방향으로 갈지 직관적으로 알게 되면 이제 그녀는 새롭고 활기찬 모습으로 다시 나타난다.

여신 헤카테

그리스 신화 강의를 들어도, 혹은 남신과 여신 원형에 관심을 가지고 있어도 헤카테는 알 듯 말 듯한 존재일 것이다. 헤카테는 페르세포네의 납치 이야기에서 데메테르를 따라가 주는 것으로 등장하는데 세 번째로 중요한, 그러니까 가장 덜 중요한 여신으로 묘사된다. 고전 신화가 세 가지 측면으로 여성을 설명할 때도 헤카테는 모습을 드러내지 않는 할머니 여신이다. 올림포스 시대 이전에 존재하여 잘 알려지지 않은 삼위일체 여신으로부터 나온 패턴이다. 처녀 페르세포네, 어머니 데메테르, 할머니 헤카테 외에도 달의 단계를 의인화한 여신이 셋 있었다. 초승달의 여신 아르테미스, 만월의 여신 셀렌느, 어두워진 그믐달의 여신 헤카테. 세 번째 삼위일체 여신은 남신에게 술을 따르는 처녀 여신 헤바, 결혼의 여신 헤라, 갈림길의 여신 헤카테다. 『우리 속에 있는 여신들』에서 페르세포네나 데메테르, 아르테미스, 헤라 원형을 자기 내면에서 발견한 여성은 인생이 세 번째 단계로 접어들면서 헤카테의 지혜로운 여성 원형으로 여러 길이 모인다는 것을 깨달을 것이다.

상징이나 신화에서 헤카테의 존재는 희미하다. 그녀는 지하 세계와 연결되어 있지만 거기 살지는 않았다. 그녀의 활동 시간은 해질 무렵이었다. 그믐 때 혹은 어쩌다가 보름달이 뜰 때 그녀를 위한 제물, '헤카테를 위한 식사'를 갈림길에 바치기도 했다. 그 후 여자들이 두려움의 대상인 마녀로 전락한 시기에 헤카테는 마녀의 여왕 혹은 유령의 여왕이라 불렸으며 악마 같은 존재로 비쳤다. 시인 사포는 그녀를 밤의 여왕이라 불렀다.

신화에서 헤카테는 출생도 모호하고 얼마 있지도 않은 족보조차 서로 일치하지 않는다. 대개는 그녀가 티탄족으로, 초기 신들이 제우스와 올림포스 신들에게 패배한 후에도 여신으로 남아 있었다고 전한다. 『신통기』(기원전 700년경)에서 헤시오도스는 그녀의 이름이 '권력과는 무관한 자'라는 뜻이고 다른 어떤 신보다 더 추앙 받았으며 하늘과 땅, 바다를 지배할 권력을 제우스에게 이양 받았다고 말한다. 그곳은 분명 남신들이 분할 통치한 영역이었으므로 헤카테가 그 영역을 '지배할 권력'을 받았다고 해서 그 영역을 직접 통치한 것은 아닌 게 분명하다. 아마 헤카테의 정신 세계가 가진 능력이나 통찰력에 대한 예우에서 나온 수사일 것이다. 그녀는 마술과 예측의 여신으로 존경받았으니, 한때는 이런 속성이 고귀한 것으로 인정받았던 것 같다.

헤카테는 어렴풋이 빛을 내는 관이나 별 모양의 머리띠를 하고 양손에 타오르는 횃불을 든 달의 여신으로 그려진다. 사람들은 그녀가 검은 개를 데리고 고대 그리스의 길을 걷는다고 생각했다. 그녀는 갈림길에 있는 눈에 보이지 않는 존재로 여겨지기도 했고, 세 방향으로 얼굴 하나씩 달려 있는 조각상 헥테리온으로 혹은 기둥 형상으로 표현되기도 했다. 세월이 지나면서 헤카테는 격하되어 이제 사소한 일(라틴어 트리비아는 '갈림길'을 의미한다)^{trivia}의 여신으로 변형되었다.

드미트라 조지는 『그믐달의 신비』에서 고대의 헤카테 상이 머리 셋, 팔 여섯이 달린 모습이라고 설명한다. 그녀는 세 개의 횃불과 열쇠, 밧줄, 단도를 가지고 있다. 횃불은 어둠 속에서 눈을 밝혀 주며 열쇠는 감추어진 신비와 비법, 사후 세계의 지식을 열어 준다. 밧줄은 재생의 탯줄을 의미하며, 칼은 종교 의식의 힘, 즉 망상을 잘라 내는 힘을 상징한다.

그리스 신들은 신성한 동물이나, 성격이 비슷하여 상징이 될 만한 동물과 연결되어 있었다. 헤카테의 일차적 상징 동물은 개이며 때로 검은 개로 묘사되었다. 사람들은 검은 개가 밤에 어슬렁거리면 보이지는 않지만 헤카테가 거기 있다고 생각했다. 헤카테 상은 세 개의 얼굴이나 머리 대신 세 가지 동물을 조합해서 만들기도 했다. 개, 뱀, 사자이거나 개, 말, 곰이었다. 개를 제외하고 헤카테와 강하게 연관된 또 하나의 동물은 개구리다. 개구리는 태아, 임신의 상징이며 조산사의 토템 이미지다.

주목, 오리나무, 포플러나무는 생명의 지상 세계와 그림자의 지하 세계를 잇는 통로의 여신인 헤카테와 연관된 장례용 나무였다. 주목 같은 경우 죽음을 단지 하나의 통과 의례로 보는 불멸성과 연관이 있다.

지하 세계로 하강하여 지혜를 얻다

페르세포네의 납치와 강간 이야기는 호메로스의 『데메테르 찬가』에 나온다. 처녀 페르세포네는 초원에서 꽃을 따고 있었다. 유별나게 아름다운 자태로 활짝 핀 큼직한 꽃에 이끌린 그녀는 그 꽃을 따려다가 친구들과 떨어지게 되었다. 꽃 가까이 가자 땅이 열렸다. 땅의 어둡고 깊은 구멍에서 검은 말이 끄는 검은 마차를 탄 지하 세계의 왕 하데스가 나와서 그녀를 납치하여 지하 세계로 데려갔다. 그녀는 무서워서 비명을 질렀으나 소용이 없었다. 페르세포네가 초원에서 사라진 후 그녀의 어머니 데메테르는 온 세상을 뒤졌지만 딸의 모습은 보이지 않았다.

아흐레 밤낮을 헤맨 후 데메테르는 비탄에 잠긴 채 다시 그 초원으로 돌아왔다. 그곳에서 헤카테가 다가와, 직접 보지는 못했지만 페르세포네의 비명을 들었노라고 말했다. 헤카테는 페르세포네가 사라질 때 태양신이 그 소리를 들었을 테니 그에게 정보를 구해 보라고 제안했다. 태양신은 그들에게 사건의 전말을 말해 주었다. 헤카테와 함께 데메테르는 그제서야 진실을 알게 되었다. 제우스의 허락을 받은 하데스가 저지른 일이었다.

지하 세계에서 페르세포네가 돌아와 데메테르와 재회하기 바로 직전까지 헤카테는 다시 신화에서 자취를 감춘다. 헤카테는 돌아온 페르세포네에게 대단한 애정을 담아 인사를 건네면서 이러한 수수께끼 같은 말을 남긴다. "그리고 그날 이후 그 여인은 페르세포네를 앞서 가는 동시에 페르세포네의 뒤를 따른다."[1]

헤카테가 페르세포네를 앞서기도 하고 동시에 뒤따른다는 것은 물리적으로 불가능할 것이다. 이는, 페르세포네가 지하 세계에서 돌아오면서 어떤 영혼과 의식을 확보하였으며 이를 늘 간직하게 되었음을 의미한다. 페르세포네가 지하 세계로 납치되어 강간당한 이야기는 모든 이들에게 적용될 수 있다. 우리는 모두 초원에서 꽃을 따던 페르세포네이던 때가 있었다. 그때는 모든 것이 좋았다. 그러나 예기치 않은 일이 일어났으며 갑작스런 상실로 안전한 세상이 훼손되고 우리는 공포에 휩싸인다. 그것은 배신이나 관계의 종말일 수 있고 죽음, 질병, 경제 파탄, 순수성의 파멸일 수 있다. 우리가 절망과 좌절, 낭패감, 혹은 냉소주의와 비통함, 복수심의 어두운 세계로 들어가면, 한동안 그 지하 세계에 붙잡혀 과연 돌아갈 수 있을지 확신할 수 없는 세월을 보내야 한다.

지하 세계로 하강했다가 다시 지상으로 올라올 때 우리는 사랑과 고통이 삶의 부분임을 배운다. 고단한 세월을 견뎌냄으로써 깊은 지혜를 키운 것이다. 그때 현명한 헤카테가 내면의 동반자가 되어 준다. 여자 친구나 여성으로 된 지지 집단은 서로 귀 기울이고 살펴주고 돌봄으로써 이러한 헤카테의 관점을 확보한다.

헤카테는 비탄에 잠긴 데메테르를 위로하지만 그녀는 위안자 혹은 목격자 이상의 존재였다. 그녀는 페르세포네에게 일어난 일을 태양신이 목격했으니 그에게 가서 정보를 구하라고 제안했다. 진실을 구하라고 제안한 것이다. 그녀는 데메테르와 동행했으며, 데메테르가 페르세포네의 납치를 알게 될 때도 그녀 곁에 있었다. 태양신은, 어쨌거나 하데스도 그녀와 같은 올림포스 신인데다 나쁜 사위로 만들어서는 안 되니까 그를 받아들이라고 했다. 이것이 제우스의 허락을 받고 저지른 일이라고 덧붙여 던지는 태양신의 말에 데메테르의 슬픔은 분노로 바뀌었다. 그녀는 올림포스를 떠나 늙은 여자로 변장하여 사람들 속에서 방황하겠노라고 결심했는데 이러한 결심이 결국 페르세포네를 돌아오게 했다.

사람들은 진실에 직면하지 못하고 대신 합리화나 부인으로, 혹은 자신을 옴짝달싹 못하게 만드는 중독으로 도피하여 진실에서 멀어져 놓고는 상황에 적응하는 중이라고 생각할 수도 있다. 현실을 직면하는 것을 체험하면서 배울 때에만 헤카테와 같은 지혜로운 여성이 될 수 있다.

헤카테 명상 / 적극적인 상상

자신에게 물어라. "나는 경험을 통해 삶의 무엇을 배우는가?"
"내가 직면해야 하는 진실은 무엇인가?" 당신이 진심으로 대답을 알고 싶어할 때
그 대답이 나올 뿐더러 그때 가서야 당신은 그 대답에 진심으로 수긍한다.
고요한 상태로 기다리면 마음속에서 대답이 들릴 것이다.
헤카테의 모습을 마음속으로 그리면서 헤카테에게 물어볼 수도 있다.

목격자 헤카테

우리가 여러 갈래 길을 만날 때마다 헤카테는 내면의 목격자로서 우리와 동행한다. 무슨 일이 일어나는지 의식하지 못하도록 자아[ego]가 상황을 부인하고 억압하고 왜곡하면서 방해 공작을 펴도 헤카테는 거기 있다.

이 관찰자는 상황의 연관성을 인지한 후 우리에게 상징적인 언어로 말을 걸어온다. 꿈 같은 것이 그것이다. 꿈은 어둠을 채 털지 않고 당신을 방문한다. 꿈이 무의식에서 나오는 여명의 메시지다 보니 그 의미를 파악하여 기억에 담으려면 의식의 차원에서 노력을 기울여야만 한다. 꿈의 통찰력에 주목하지 않아 그것의 의미 파악을 소홀히 하면, 쓰디쓴 심정을 환하게 비춰 줄 통찰력이 금세 왔다가 멀어진 다음 영영 잊혀질 것이다.

원형 헤카테도 간과될 수 있다. 물론 그녀는 당신 정신 세계의 관찰자가 되어 매일 당신과 만날 수도 있다. 심리 치료사들이 이 관찰자 헤카테에 의존하게 되는데 내담자를 위해 헤카테가 얼마나 구현되는가에 따라 분석의 정도가 달라진다. 사람들이 심리 치료를 원할 때는 갈등 상황에 놓여 있다는 뜻이다. 심리 치료사는 관찰하고 들으면서 무엇이 드러나는지를 목격하는 자의 자세를 취한다. 헤카테가 데메테르에게 그러했듯 치료사는 내담자로 하여금 상황의 진실을 찾도록 고무한다. 그러한 진실에는 부인하면서 억압해 버린 진심이나 생각도 포함된다. 목격자 헤카테는 당신이 꿈에 주목하고 직관에 관심을 기울이며 내면의 목소리에 귀 기울일 때 거기 있다. 마치 그녀가 어둠 속에서 횃불을 들어 주어 우리의 시야가 밝아지고 또 늘 우리와 함께 있는 것 같다.

다중 인격자들은 매번 새로운 인격이 나타날 때마다 헤카테의 길목에 들어선다. 끔찍한 어린이 학대가 일어나는 상황에서 이러한 혼란이 발생한다. 아이는 너무 무서워서 참아낼 수가 없기 때문에 고통과 기억을 분리하는 법을 배우게 된다. 다중 인격자들은 자기 안에 다른 인격이 들어 있다는 것을 알지 못하며 까닭도 모른 채 많은 시간이 흘러가 버린 경험을 한다. 그런 와중에 괴롭고 이상한 상황이 벌어진다. '내'가 끊임없이 부재하더라도 내부에는 헤카테의 역할을 하면서 각각의 인격이 '탄생'

하는 것을 목격하는 숨은 관찰자가 있다. 다중 인격의 통합에 정진한 정신과 전문의 랠프 앨리슨 박사는 정신 세계의 이 부분을 '내면의 자조자'라 불렀다. 앨리슨은, 내면의 자조자는 환자의 삶에 들어온 모든 인격체와 주변 조건을 파악하고 오직 사랑과 선의만을 느끼는 양성적인 존재라고 설명했다.[2] 앨리슨과 다른 임상의들은 이 내면의 목격자 덕분에 여러 갈래로 파편화된 인격체들이 서로를 알아볼 수 있으며 결국 한 인격체로 통합될 수 있다는 사실을 알아냈다. 이 내면의 자조자가 헤카테의 또 다른 이름이다.

다중 인격이 아닌 이상, 기억 상실이나 납득할 수 없는 시간의 공백을 경험해 보지 않았을 것이다. 그러나 우리 역시 '다중 자아'임이 분명하다. 이런 현상을 손쉽게 살펴보려면 다른 사람에게서 시작해 보라. 자기 자신 안의 '다중성'을 알아보기는 어렵지만, 어린 시절 우리는 어른들이 어떻게 '얼굴을 바꾸는지' 쉽게 알아보지 않았던가. 목격자 헤카테의 연민에 찬 응시는 어느 누구도 비난하거나 수치스럽게 하지 않으므로 방어하거나 부인하려는 마음이 생기지 않는다. 대신 헤카테는 당신 자신을 볼 수 있도록 해준다. 특히 똑바로 직면하지 않으면 계속 숨기게 될 부분을 직면하도록 한다. 사람에 따라서는 어린 나이에 헤카테를 계발할 수도 있다. 혹은 깊은 정신적 상해에 대응하는 과정에서 헤카테가 정신 세계 전면에 나설 수 있다. 그러나 대개 헤카테는, 우리 모르게 우리를 우울, 질투, 복수심, 절망감이라는 어두운 곳으로 몰고 가는 패턴과 사건이 무엇인지 알아보는 혜안이 생김에 따라 그 중요성이 더 커진다. 이것은 우리가 나이를 먹을수록 가능해진다. 나이 먹을수록 우리는 헤카테가 현명한 조언자임을 쉽게 알아본다. 그녀는 체험에서 습득한 교훈을 우리가 기억하게 만든다. 이런 식으로 헤카테는 우리가 다중 자아를 통합하여 일관되고 믿을 만한 인격체가 되도록 도와준다.

조산사 헤카테

조산사는 임산부가 출산하는 동안 내내 그 옆을 지킨다. 조산사는 진통과 출산 과정에서 생기는 두려움과 고통을 덜어 주고, 그러면서 확신을 주는 경험 많은 존재다. 조산사는 출산이 정상적으로 이루어지고 있는지, 문제로 발전할 소지는 없는지 먼저 알아본다. 조산사들은 출산의 고통을 덜어주기 때문에, 종교 재판 시절 마녀라는 판결을 맨 먼저 받아야 했던 사람들이다. 에덴 동산에서 아담과 이브가 추방당하는 구약 성서 부분을 보면, 노동과 출산의 어려움과 고통을 완화하는 것은 신에게 대항하는 것이었다. 여자는 진통과 고통 속에서 아이를 낳아야만 한다.* 조산사가 산고를 덜어주는 것은 일종의 죄로서, 벌을 내리려는 하느님의 뜻을 거스르는 일이었다. 그러나 여자들은 피임이나 낙태를 위해, 여러 가지 부인과 질병의 치료를 위해 조산사에게 도움을 구했다.

조산술은 자연의 흐름을 돕는 일이다. 여기에는, 육신의 변화 조짐 ― 즉 출산의 단계와 임종의 단계 ― 을 관찰하는 눈과 본능적으로 알아보는 능력이 필요하다. 어머니가 자녀를 성가시게 여기지 않듯 조산사는 출생, 질병, 죽음이라는 몸의 유동성에 괴로워하지 않으며 이것이 자연의 일부임을 알아야 한다.

조산사는 모든 생명의 자궁과 무덤, 말하자면 땅과 같은 위대한 어머니

---

* 창세기 3장 16절.

에게 제를 올리는 사제다. 자연과 그 피조물 안에서 신적 존재를 알아보고 적절할 때 조력하는 일은 신령스러운 소명이다. 환자에게 전적인 신임을 받는 의사는 조산사의 원형을 실현한다. 당신의 일이 조산사 원형에 의존하는 것이라면 당신은 지금 신성한 작업에 개입하고 있음을 알 것이다. 당신의 기술이나 지식은 새로운 생명을 탄생시키거나 치유하는 것에 도움이 된다.

자원 활동가 호스피스도 조산사 헤카테일 수 있다. 호스피스의 마음은 임종이 가까워진 사람들이 고통이나 두려움에 힘들어하지 않아야 한다는 생각으로 가득 차 있다. 그녀는 죽음의 시점에서 활동하는 조산사다. 이때는 영혼이 몸을 떠나가도록 돕는 때다. 이런 자연의 통로에 그녀가 있다는 것이 위안을 주기에 그 통과 과정 또한 원활해질 수 있다. 출산에 앞서서 임신의 단계가 있듯이 몸과 영혼도 출산을 위해 준비하는 단계가 있다. 죽어 가는 사람과 같이 있어 보면, 그 사람이 잠시 혼수 상태에 빠졌다 하더라도 언제 임종이 가까워졌는지, 어떤 행동을 하거나 무슨 말을 해야 하는지 본능적으로 아는 것 같다. 이미 죽을 준비가 된 사람의 몸에서 영혼이 떠나가는 그 순간은 함께 있어 온 사람들만이 공유하는 성스러운 순간이다.

엘리자베스 퀴블러 로스의『죽음과 죽어감에 대하여』는 임종을 앞둔 말기 환자들을 심층적으로 만난 결과물이다. 그녀는 사람들이 병명을 듣고 나서 네 단계를 거치게 되며, 의사는 환자의 죽음이 가까웠음을 감지하지 못해도 환자 스스로는 그것을 아는 경우가 있음을 알아냈다. 퀴블러 로스는 물론이고, 죽어 가는 자들이 죽음을 편하게 맞이할 수 있도록 도움을 주는 사람들의 내면에는 조산사 헤카테가 활성화되어 있다.

영혼이 육신을 떠나려면 얼마 정도 시간이 필요하다. 죽어 가는 사람의 신음은 (혼수 상태에 있다 하더라도) 산고를 겪는 여성의 신음과 비슷하며 특히 출산 직전의 순간과 유사하다. 그 순간은, 아이가 막 어머니의 몸을 떠나려 하므로 어머니는 마지막으로 세게 밀어 내기 위해 남은 힘을 다 모아야 하는 때다. 그렇게 해서 다 끝난다. 때로 진통이 극심하지 않아 출산이 쉬운 경우가 있듯, 마지막 부드러운 숨을 평화롭고 고요하게 내뱉은 후 임종하는 경우도 있다. 어느 경우든 경험 많은 지혜로운 여성이 함께 있기에 느끼는 편안함, 그 안에 헤카테가 있다는 것은 도움이 된다.

조산사 원형인 헤카테는 무엇인가를 힘들게 만들어 내는 이들을 돕는 사람들 내면에도 있다. 가령 편집자, 코치, 감독, 교사, 심리 치료사 등의 일은 다른 사람의 창의적인 삶을 표현할 수 있도록 조산사가 되는 것과 같다. 캐럴라인 핀쿠스는 이것을 완벽하게 이해한 사람이다. 편집자인 그녀는 자신이 '책 조산사'라고 말한다. 나이를 먹고 더 현명해질수록 자아에 투자하는 정도는 점점 약해질 것이다. 그런 만큼 다른 이가 창의성을 발휘하는 과정에 도움을 줄 가능성은 점점 더 커진다.

영매이자 심령술사 헤카테

심령술사 헤카테는 경계가 불분명한 중간 지대에 살면서, 가시계와 영혼계를 중재한다. 그녀는 제3의 눈, 마음의 눈 혹은 비전을 통해 보는 투시력을 가지고 있다. 정보를 모으는 직관과 초감각적 방법도 지니고 있다. 그녀는 꿈의 예지적 의미를 이해한다. 헤카테의 시간은 황혼녘이다. 이때는 낮에서 밤으로 가는 길목이다. 페르세포네가 납치될 때 헤카테는 자신의 동굴에 있었다. 신화에서 동굴은 지하로 가는 입구이자 생명의 세계와 '죽은 자의 그늘'을 잇는 통로다. 그리스 신화에서 사후 세계는 지하 세계에 있고 사자의 영혼은 투명하지만 알아볼 수 있는 형상을 지니고 있다. 지하 세계는 개인 무의식과 집단 무의식에 비유되기도 한다. 자신의 무의식 혹은 운명을 점치러 온 자들의 정신 세계 혹은 영혼의 세계에서 정보를 얻는 영매, 정보나 조사 없이도 정확한 진단을 내릴 수 있는 의학적 직관을 가진 의사, 어떤 물건을 손에 쥐면 그것의 과거를 말할 수 있는 심령술사가 신비의 헤카테다.

징조 읽기, 타로 카드, 주역, 부적, 룬(옛 북유럽 문자로 신비로운 기호를 의미함) 같은 신탁의 방법을 활용하기, 꿈 해석하기, 영적인 순례 떠나기 등은 헤카테의 영역에 속한 인식과 치유의 방법들로, 논리적인 것과는 거리가 멀다. 심령술 능력이 도외시되고 조롱 받고 때로는 두려움의 대상 이 되기에 헤카테의 영매적 재능을 가진 사람들은 어릴 때부터 아예 그 재능을 묻어 둔다. 그러나 나이가 들고 경험이 쌓이면서 예지력이나 직관적 인식에 주목하는 방법을 배울 기회도 온다.

폐경에 접어들고 다른 주변 상황이 바뀌면 헤카테를 만날 가능성도 커진다. 오래전에 작고한 이들이 옆에 있는 것 같다는 말을, 죽음을 앞둔 부모와 친구들이 하는 경우가 종종 있다. 이미 작고한 사람들이 옆에 있는 것 같은 느낌을 당신도 받을 수 있고, 실제 일어나지 않은 일을 꿈에서 '보듯' 머리 속에 생생하게 떠오르는 경험을 할 수도 있다. 당신은 꿈에서 어떤 이의 죽음을 먼저 알기도 할 것이고 이미 죽은 사람을 보기도 할 것이다. 그들은 보기 좋은 모습으로 나타나거나 당신에게 할 말이 있는 것 같기도 하다. 그런 꿈을 꾸면 이미 고인이 된, 사랑했던 사람이 잘 있다는 것을 알게 되며 꿈꾼 당사자가 사랑 받고 있다고 느낀다. 그 사람을 보거나 목소리를 들을 뿐 아니라 만지고 냄새까지 맡을 정도로 생생한 꿈이 있다. 당신은 꿈이 아닌 것 같은 꿈을 꾸다가 잠에서 깬다. 그건 세상 경계를 자기 영토로 삼는 헤카테의 땅에 들어간 것과 같다.

폐경과 거의 때를 같이 하여 밤잠을 설치게 되고 혼자 성찰하는 시간이 늘어나며 '세상 사이를 가리는 베일'이 점점 투명하게 보이는 현상이 나타난다. 죽음으로 끝날 인생의 마지막 단계에 들어갔음을 아는 것은 어쨌건 주요한 방향 전환으로, 사후 세계에 대해 질문하는 것이 적절해지는 때다. 폐경을 넘긴 여성은 사람들이 자기를 약간 이상하게³⁾ 생각할지도 모른다는 염려에 더는 시달리지 않기 때문에 심령술사로서의 자신의 세계를 기꺼이 드러내고 싶어 한다. 그리하여 드디어 문을 열고 나올 때 헤카테가 동행하고 있을 것이다.

여성이 심령술을 계발하고 그 능력에 따라 일을 하면 그 일은 그녀에게 중요해질 수 있다. 사람을 조정하거나 정보를 오용하는 것, 착취당하는 것, 불가해한 힘에 빠져드는 것은 여러 가능성 중에서도 부정적인 것이다. 신비한 능력과 통합하면서 성숙해 갈수록 심령술 능력을 잘 발휘하게 된다. 나는, 젊은 여성들이 헤카테의 내면적 지혜를 가슴에 품은 채 할머니가 될 때까지 그 능력의 계발을 유보하는 것을 본 적이 있다. 헤카테는 심령술사 능력을 지닌 여성들에게 그런 능력을 감추고 신중하게 사용하라고 경고한다. 이것은 의사들도 귀담아들어야 할 경고다. 의사에게 심령술사의 재능이 있으면 진단을 내리고 치료하는 능력이 향상될 수 있지만, 이 사실이 다른 사람에게 알려질 경우 의사의 명성에 해를 미칠 수 있기 때문이다. 어떤 이들은 손에 치유 능력이 있음을 안다. 또 어떤 이들은 장기 주변의 에너지 파장을 읽거나 어떤 치료법이 적절할지 알아차리고, 환자와 텔레파시가 통하기도 한다. 그런 것들이 신비할 정도로 잘 들어맞는다면 한 발짝 물러나서 '전문가의 직관'이라고 설명하라.

두려움의 대상 마녀 헤카테

헤카테에게는 하늘, 땅, 바다를 통괄하는 힘이 있다고들 한다. 이 영역을 모두 지배하는 권력을 가졌다는 의미가 아니라 멀찍이 선 채로 영향을 미칠 수 있다는 의미다. 사람들은 주문을 외거나 악마의 힘을 빌어 마술을 걸 것 같은 나이든 여성들에게 초자연적인 힘이 있다고 생각했다. 헤카테는 신비한 힘과 황혼과의 연관성 때문에 마녀의 원형이 되었다. 인류가 삼위일체 여신을 억압하는 바람에 할머니 단계가 가장 신비스럽고 위엄 있음에도 불구하고 나이든 여성들은 두려움의 대상이 되고 말았다.

여자들이 마녀라고 불리는 것을 두려워하는 데에는 그럴 만한 역사적인 이유가 있다. 1252년 교황 인노켄티우스 4세 때부터 시작하여 1816년 교황 피우스 7세가 이를 폐지할 때까지 종교 재판은 550년이라는 장구한 세월 동안 공식 승인된 고문 제도였다. 1560년에서 1760년 사이가 마녀로 처형당한 여자가 가장 많던 때다. 페미니스트들은 이 시기를 '여성 대학살의 시대'라고 부른다. 이때 처형된 여성이 십만에서 팔백만에 이르는 것으로 추정한다.

두려움과 존경을 받는 여자들이 가장 많이 처형되었다. 처형대로 끌려간 첫 대상은 조산사와 치료사들이었다. 이들은 출산의 고통을 덜어 주고 분만을 도왔으며, 약초 사용법을 알았고, 관찰과 경험에서 나오는 힘을 가지고 있었다. 권위와 독립성과 지식을 가진 여성이나 괴짜 여성, 재력 있는 여성(대개는 과부)들이 고발당하여 (자기가 마녀라고) 실토하도록 고문당하다가 결국 처형대에서 스러져 갔다. 가난한 여성, 쫓겨난 여성, 힘이 없는 여성, 치매 증세를 보이는 여성 등 할머니 나이의 여성은 모두 초자연적인 힘을 가질 수 있는 요주의 인물로 비쳤기 때문에 마녀로 몰려 박해를 받았다. 심지어 그런 늙은 여자들이 무에 그리 위험하겠냐는 말만 해도 이단으로 몰렸다. 할머니 나이가 되면 누구든 생명이 위태로워졌다. 살아남으려면 나이든 여성들은 눈에 띄지 말아야 했고 특출해서는 더욱 안 되었다. 오직 '눈에 띄지 않는' 여성만이 살아남았던 것이다.

마녀와 마법에 대한 정보를 모은 바버라 G. 워커의 백과 사전4)은 특히 할머니를 위시하여 여성을 박해하고 병적으로 두려워한 역사를 적은 오싹한 보고서이다. 마녀는 '약초를 모으는 사람,' '악의 눈을 가진 사람,' '날카롭게 울어대는 부엉이,' '연고를 보관하는 자,' '지혜로운 여성,' '마술사,' '독을 쓰는 사람,' '여자 예언자,' '악을 행하는 자'로 일컬어졌다. 이탈리아에서는 마녀를 스트레가 혹은 야나라 불렀는데, 야나라는 야나(유노)의 여사제를 가리키는 말이었다. 영국에서는 마녀를 해그나 페어리라 불렀다.

마녀에 따라붙는 여러 별명 가운데 '빗자루 타는 사람'이란 것이 있다. 빗자루가 마녀와 연결된 것은, 여성들이 이교도들의 결혼과 출생 의례에서 빗자루를 사용했기 때문이다. 로마에서는 빗자루가 헤카테의 여사제, 조산사의 상징이었다. 아이가 태어나면 악령이 아이를 해칠 수도 있다고 해서 집 앞을 빗자루로 쓸어 냈다. 오래된 결혼 관습에는 빗자루에 올라타는 것이 있는데 이는 집시 결혼과 19세기 미국 노예들의 비공식적인 결혼식에도 남아 있었다. 사람이 탄 빗자루는 특히 남근의 상징이었으며, 여성이 올라타거나 '위'에 있는 행위는 변태 성욕이나 권력 도착증으로 간주되었다.

지금 같으면 나이든 여성이나 그들의 힘을 두려워하는 종교 재판관들이 정상이 아니라는 진단을 받을 것이다. 유산이 되거나 성적으로 기능을 하지 못하는 등 일이 잘못되기만 하면 무엇이든 다 마녀로 지목된 여자 탓이라고 주장했다. 일반적으로 사람들은 마녀가 악마와 성교한다고 생각했다. 재판관들의 지침서에는 성지 주일에 축성한 소금 주머니를 몸에 지니고 다니되 마녀의 눈을 쳐다보지 말 것이며 마녀가 나타나면 즉시 성호를 그으라는 지시가 있었다. 고문당한 여성들이 그들 앞에 나타나면 재판관들은 그들에게 옷을 다 벗은 채 절대 재판관들을 쳐다보지 말고 뒷걸음질쳐서 오라고 명했다.

재산을 빼앗거나 경쟁자를 없애려고 마녀라고 고발하는 경우도 있었다. 예컨대 조산사를 고발한 자들은 의사들이었다. 탐낼 만한 것을 가진 과부는 여지없이 고발당했다. 종교 재판 자체에도 탐욕이 있었다. 마녀로 찍혀 화형에 처해지는 여성의 재산은 수감 비용, 고문과 화형에 들어가는 비용 명분으로 몰수되었다.

그러니 눈에 띄거나 시기나 두려움의 대상이 되는 것은 위험천만한 일이었다. 여성에게 있는 특이한 능력은 악마의 비법이라 하여 즉시 문책당했다. '뉴베리의 마녀'는 강에서 '서핑'하는 방법을 안다는 이유로 군인들에게 살해당했다.

시골 여자들 가운데서 명색이 그리스도교인이라 하더라도 하지와 동지, 춘분과 추분을 관찰하고 달의 기울기에 따라 곡식을 심고 동물의 행동을 보고 겨울이 얼마나 추울지 예측하며, 배운 교인보다 더 많은 지식을 가지고 있으면 악령이 사람으로 변했다 하여 마녀 판결을 받고 화형에 처해졌다. 이 모든 것은, 그들의 약초 처방이 어떤 이들에게는 마술처럼 잘 들어맞을 뿐 아니라 그들이 계절의 주기를 알았기 때문이다. 계절의 주기를 아는 지식은 여신을 숭배하는 옛 신앙의 산물이었던 것이다.

가톨릭 교회는 교회 정책을 비판하는 여성이라면 누구든 마녀로 간주했다. 가령 14세기 개혁 프란치스코 수도회원들과 동맹했다가 이단으로 몰린 여자들은 마녀로 간주되어 화형 당했으며, 악마의 꼬임에 넘어간 것으로 여겨졌다. 유대 탈무드의 학자들도 여성을 비슷한 시각으로 보았다. 워커가 인용한 바에 따르면, 유대 학자들은 이렇게 썼다. "여자들은 본래 마법을 거는 경향이 있다." "여자들이 많으면 많을수록 마법이 성행한다."

마녀로 지목 당하여 고문대나 화형대로 끌려가던 시대는 이미 지나갔다. 그러나 아직도 위험한 징조가 있다. 1980년대 시애틀에서 개최된 여성 영성 대회에 긴장이 감돌았다. 여러 신문에서 그 대회뿐 아니라 저술가이자 마법의 스승인 스타호크에게 특히 부정적인 관심을 집중적으로 보였다. 회의장 바깥에서 우리는 "요술쟁이 여인은 살려 둘 수 없다"(출애굽기 22:18)는 종교 재판을 지지하는 성서 구절이 적힌 전단을 나누어 주는 남자들을 만났다. 전단에는 '마녀 스타호크'의 작고 지저분한 사진도 있었다. 길을 가던 스타호크는 그 전단을 나누어 주는 사람을 피하기는커녕 그 전단을 보면서 친절하게 말을 걸었다. 그녀는 자신을 소개하면서 마법의 신념에 대해 몇 분 동안 그 남자와 이야기했으며 그 전단을 읽은 소감도 말했다. 그녀의 조용한 용기와 태도에 나는 큰 감명을 받았다. 아마 그 남자는 그 전보다 좀더 시안이 넓어지지 않았을까.

좀더 최근에도 유사한 사건이 발생했다. 그 일은, KKK단의 경고로 사용하는 불타는 십자가를 보았을 때와 같은 충격을 주었다. 캘리포니아 북부에 사는 한 여성 성직자의 차고에 "마녀를 화형에 처하라"는 글이 스프레이로 씌어 있었던 것이다. 그녀는 1990년대 초 중서부 지역에서 열린 「다시 상상해 보는 하느님」 회의에 참석하고 왔는데, 그녀는 그리스 도교 예배에 여성적인 이미지를 들여온 그 회의에 참석한 수백 명 가운데 한 사람일 뿐이었다. 그 회의에 참석한 여성 대다수가 교단에서 견책을 당했고 공격적인 편지를 받았으며 직위가 위태로워졌다. 마녀라는 비난 은 아직도 교회 권위에 도전하는 여성들에게 (비공식적으로) 사용되고 있다.

헤카테는 진실의 순간을 관장한다

"태양신에게 갑시다, 그는 하늘에 있으니 페르세포네에게 일어난 일을 보았을 겁니다. 우리에게 진실을 이야기해줄 것입니다." 헤카테는 데메테르에게 이렇게 말했다. 결정의 기로에서 모르는 채로 있거나 부인하는 것이 아니라 진실을 찾으려는 것, 침묵을 지키는 것이 아니라 진실을 말하는 것이 중요하다.

당신이 누군가에게 진실을 말할 때마다, 특히 그 진실 때문에 기본 전제가 위태로워진다면, 진실을 말하는 그 순간은 언제나 갈림길이다. 당신이 진실을 추구할 때 헤카테는 당신으로 하여금 들을 준비를 갖추게 하는 내면의 지혜다. 당신을 곤경에 빠뜨리는 일이 일어나거나 그런 말을 들을 때 당신은 예기치 않게 헤카테의 갈림길에 서게 될 것이다. 그것은 당신이 공식적으로 발언해야만 하는 순간일 수도 있다. 즉, '침묵은 곧 동의'하는 것이나 다름없음을 알기에 지금 이 순간은, 어렵더라도 자신에게 진실하라고 당신에게 요구하는 진실의 때임을 당신 혼자서만 인식할 수도 있다. 당신이 그런 상황 자체에 영향을 줄 수도 있고 주지 못할

114

수도 있겠지만, 그런 진실의 순간은 영혼의 모습이 빚어지는 순간이다.

때로 당신이 하려는 것이 '이단'으로 비칠 수도 있을 것 같아서 설명할 길 없는 두려움에 휩싸이고 "마녀를 화형에 처하라"는 외침이 날아올 것 같은 예감이 들기도 한다. 이것은 여성의 정신 세계 아래에 깔린 초인격적인 두려움으로서, 마녀로 분류되어 처형당할지도 모른다는 깊은 두려움이다. 이러한 두려움을 제거하려면 용기가 필요하다. 이러한 집단 두려움에 직면하는 여자들이 많아질수록 그것이 다른 형태로 바뀌기는 더 쉬워진다.

페르세포네가 지하 세계에서 돌아오자 헤카테는 그때부터 그녀를 따라다녔다. 이것은 우리에게도 마찬가지다. 헤카테의 지혜는 우리가 인생 경험을 통해 얻는 것이며 그때부터 오래도록 우리와 함께 살아간다. 헤카테가 함께하면 나이가 들수록 대개는 점점 더 현명해진다.

명상의 지혜를 가진 여신

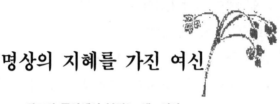

화로의 중앙에서 불타는 헤스티아

그리스 여신 가운데 가장 중요한 여신 중 하나는 인격체도 아니고, 조각이나 그림에서 볼 수 있는 육신을 가진 존재도 아니다. 그녀는 헤스티아로 화로와 신전의 여신이며 본래 열두 올림포스신 중에서도 가장 연장자이다. 헤스티아는 제우스, 데메테르, 헤라, 포세이돈, 하데스의 누나이고 아르테미스, 아폴론, 헤르메스, 아레스, 아프로디테, 아테나에게는 고모가 된다. 그녀의 모습은 보이지 않지만 모든 집의 중앙에 있으며 모든 신들의 신전에서 가장 좋은 제물을 받으며 예우 받는다.

여신 헤스티아는 화로 주변 중앙에서 불타오르는 신성한 불이어서 불길 속에, 불붙은 숯 속에 존재하며 빛과 온기의 근원이다. 원형 헤스티아는 고요한 정점, 정신 세계의 중앙이며 많은 이들이 자기^{self}로 생각하는 부분이다.

혼자 있고 싶은 마음이 강하게 들 때는 당신이 헤스티아와 같이 있고 싶어졌기 때문이다. 그때는 고독이 성소이며 당신의 영혼은 당신의 존재 중앙에 있다. 헤스티아의 상징적 불이 당신의 정신과 육신을 따뜻하게 데워 주고 빛을 밝혀 주는 내면적 존재이자 영혼의 중심이라는 것을 안다면 당신은 자신에 대해서, 그리고 세속에서나 신성한 세계에서 편안해질 것이다.

성인이 되고 나서 거치는 삶의 단계 가운데서 헤스티아를 위한 최고의 단계는 초승달 단계에 있다. 이런 '의미의 원형'은, 다른 사람을 보살피려는 노력, 혹은 특별한 관계나 특별한 사람을 원하는 마음이 더 이상 삶의 중앙을 차지하지 않을 때 온다. 스스로 온전하다고 느끼는 많은 나이든 여성들이 자기 충족적이 될 수 있듯 여신 헤스티아 역시 자기 충족적이었다. 지혜로운 여성들은 그들을 완성시켜줄 대상이 바깥에 따로 있으리라는 욕구나 환상을 뛰어넘었다. 그들은 그들 자체로 평화롭다.

『우리 속에 있는 여신들』과 『우리 속에 있는 지혜의 여신들』 두 책에서 따로 한 장씩 할애된 여신 원형은 헤스티아뿐이다. 다른 올림포스 여신들은 세상에서 성공하거나 아내와 어머니 등 전통적 역할을 맡는 등 분명한 모습을 띨 뿐 아니라 여성의 정신 세계에 강한 힘으로 작용하지만 헤스티아는 그렇지 않다. 삶 전반을 지배하는 원형으로 헤스티아를 둔 여성은 자신의 다른 측면을 계발하지 않으면, 그래서 자신이 내면적으로 어떤 인간인지를 알아보고 이를 존중하면서도 세상에서 자기가 있을 곳을 찾아냈다가 노년에 다시 자기 자신의 모습으로 돌아가지 않으면, 자신이 무능력하고 갈팡질팡한다고 여길 것이다.

헤스티아의 화롯불

샌프란시스코 북쪽 타말패스 산기슭 내가 사는 곳은 폭풍우로 정전이 되어 전깃불 없이 일해야 하는 경우가 종종 생긴다. 전기가 다시 들어올 때까지 한참 걸릴 때도 있다. 밤에는 사방이 깜깜하고 실내에 있어도 춥다. 이럴 때 (화롯불을 지피면) 나는 불이 얼마나 심오한 차이를 만들어 내는지 깨닫고 헤스티아의 신성한 불이 집을 가정으로 바꾸고 건물을 신전으로 만든다는 것을 새삼 실감한다.

어둠 속에서 화롯불 가까이 앉아 있으면 여름 캠프도 떠오른다. 모닥불은 우리가 모인 곳 둘레에 열기와 빛을 뿜어 주는 중심이었다. 그래서 「불길아 솟아라」라는 노래를 부르면서 조심스럽게 예를 갖추어 불을 지핀다. 불쏘시개에서 작은 나뭇가지로, 나중에는 장작으로 불이 옮겨 붙으면서 어둔 밤 정겨운 빛의 섬을 만들어 간다.

수천 년 동안 불은 어둠을 밝히는 빛의 근원이었으며 음식을 익히는 유일한 방법이자 겨울 난방의 유일한 수단이었다. 그것은 야수들을 멀리 쫓아 주고 사람들을 모았다. 불이 있다는 것이 어떤 의미였을지 생각해 보라. 불이 없으면 얼마나 춥고 음산하고 황량하고 위험했겠는가. 가정과 화롯불은 떼려야 뗄 수 없는 것이었다. 화롯불은 모든 이들이 온기와 안전을 찾아 모이는 중앙이었다. 장작을 장만하고 석탄을 재어 놓고 불을 꺼뜨리지 않는 것은 그 집단의 생존이 걸린 막중한 책임이며 성스러운 일이었을 것이다.

고대 그리스에서 헤스티아는 남신과 여신을 모신 모든 대리석 신전에 있었다. 어느 신전이든 그 신전의 둥근 화로에서 불타는 불은 헤스티아에게 그곳에 오라고 청하는 것이었다. 육신 또한 신전이기에 몸속에도 분명 온기와 빛의 근원이 있다.

헤스티아 불러오기

당신의 몸이 신전이라고 상상하라.
가슴 한가운데가 신전의 중심.
바로 그곳 둥근 화로에는 환한 불이 타오르고 있네.
느껴 보라, 이 불의 빛과 온기가
당신의 몸을 따스한 내면의 빛으로 가득 채우고 있음을.
손을 여기로 가져가라.
그런 다음 평온하게 공기를 들이 쉬어라.
잠시 숨을 고른 후 고요한 상태를 유지하라. 그런 다음 천천히 내뱉어라.
평온하게 숨을 쉬고 잠시 멈추었다가 다시 평온하게 내뱉어라.
이제 고요 속에 헤스티아가 있네.

헤스티아 신화

그리스 신화에서 헤스티아는 올림포스의 제1세대 티탄 부모인 레아와 크로노스 사이에서 태어난 맏이였다. 초기에는 올림피아 열두 신에 속했으나, 주신 디오니소스가 유명해지면서 그녀의 자리를 차지하는 바람에 헤스티아는 열두 신에서 빠지게 되었다. 그래서 남신 여섯과 여신 여섯으로 구성되던 올림피아 판테온은 남신 일곱과 여신 다섯이 되었다. 헤스티아는 그리스 신화에서 인격체를 가지지 않은 유일한 신이다. 그녀는 특징적인 이미지도 없고 특정한 포즈를 취하지도 않으며 그림에 나타나지도 않는다. 그리스 신화의 많은 부분이 갈등이나 에로틱한 짝짓기에 할애되어 있지만 헤스티아는 그런 사건에 전혀 등장하지 않는다. 그런데도 헤스티아는 인간이 바치는 제물 중 가장 좋은 것을 받으며 대단한 예우를 받는다. 그녀는 로마인에게는 베스타로 알려져 있었다.

바다의 신 포세이돈과 태양의 신 아폴론이 헤스티아를 갈망했으나 그녀는 둘 다 거부하고 영원히 처녀로 남아 있겠다고 맹세를 하여 강력한 두 경쟁자가 일으킬 갈등을 사전에 무마했다. 이에 탄복한 제우스는 그녀에게 모든 집의 중앙에 있을 권리, 모든 신들의 신전에서 예우 받으며 첫 번째 제물을 받을 특권을 부여했다.

헤스티아 의례

다른 그리스 남신이나 여신들과 달리 헤스티아는 이야기꾼이나 예술가들의 칭송을 받는 신은 아니었다. 대신 그녀는 의례에서 신성한 불로서 예우 받았다. 고대 그리스에서는 남녀가 결혼을 하면 신부 어머니가 자기 집 난로에서 횃불을 새로 지피고 신랑, 신부는 그 횃불 뒤를 따라 신혼집으로 들어갔으며 신부 어머니는 신혼집의 화로에 새 불을 댕겨 주었다. 그렇게 함으로써 그 집이 상서로워졌다. 이 의례는 여신 헤스티아를 집의 중앙에 있게 한다는 상징적 의미를 지녔다. 그 불이 어머니에게서 딸로 전해져서 여러 세대를 이어 내려가기 때문에, 모든 여자들은 화로를 지키고 횃불을 전달하는 자가 됨으로써 여신의 모계 중심적 연속성을 상징적으로 지켜 나갔다.

두 번째 의미 깊은 의례는 아이가 태어난 후에 행하는 것이었다. 아이가 태어난 지 닷새 되는 날 손님들을 초대한다. 그들이 지켜보는 가운데 아이를 화롯불 가까이 데려가는 의례가 치러졌다. 그것은 아이가 헤스티아의 빛과 온기 속에서 식구로 인정받는 의례였다.

집집마다 헤스티아가 사는 난로가 있듯 모든 시나 도시 국가 차원에서도 주요 신전이나 특정한 공간에 신성한 화로가 있었다. 집을 새로 지을 때처럼, 새로운 식민지를 개척할 때면 어김없이 공동의 난로에서 신성한 불을 가져다가 새 지역으로 옮겨갔다. 어머니 불에서 딸의 불로 세계 곳곳으로 퍼져 갔던 것이다. 그런 식으로 헤스티아는 오래된 집과 새집을, 도시와 그것의 식민지를 연결해 주었다.

로마에서 헤스티아는 여신 베스타로 추앙 받았다. 베스타의 신성한 불은 모든 로마 시민을 한 가족으로 묶어 주었다. 신성한 불은 베스타의 처녀들이 관리했는데 그들은 여신의 익명성과 처녀성을 지키면서 살았다.

처녀 여신

그리스 신화에 헤스티아는 올림피아 처녀 여신 중 한 명이었다(나머지 둘은 아르테미스와 아테나). 그들에게만은 에로스의 화살이나 아프로디테의 사랑의 주술이 통하지 않았다. 헤스티아는 갈등, 권력 싸움 등 신화에 많이 나오는 각종 경쟁에 전혀 관여하지 않았다. 그녀는 집과 신전에 있는 것으로 충분했던 것이다. 처녀 여신의 원형인 헤스티아는 '자기 충족적인 자'이지, 누군가가 있어야 완성되는 존재는 아니었다. 남편, 자식, 애인 그 무엇도 필요치 않았다.

『사랑의 이해 : 달 신화와 여성의 신비』에서 에스더 하딩이 서술한 대로 처녀 여신의 원형은 남을 기쁘게 하거나 사랑과 인정을 받으려는 욕구보다는 자기 내면의 가치에 따르려는 욕구에 따라 동기가 부여된다.

여성이 자족적일 때는 자기 스스로 의미 있는 일을 하므로 남들이 어떻게 생각하든 흔들림이 없다. 대개 나이가 들수록 더 쉽게 그렇게 할 수 있게 된다. 때때로, 여성이 상처와 슬픔을 계기로 내면에서 영적 세계의 풍요로움을 발견하고 난 후에야 헤스티아가 그 여성의 정신 세계에 들어오기도 한다.

명상

많은 사람들이 명상으로 영적인 수행을 하고 나서 헤스티아를 알게 된다. 라틴어로 '화로'는 포커스*focus*다. 많은 사람들이 명상으로 수행해야 비로소 이 내면의 초점에 이르게 된다. 헤스티아의 명상은 지금 여기에 초점을 맞추는 것, 마음을 비우고 감정을 고요하게 하는 것이다. 페르소나와 에고, 비교, 비판, 과거와 미래에 관한 온갖 생각, 제 자신이나 다른 사람을 한 가지 방식으로만 바라보게 만드는 집착, 이 모든 헛된 것들은 평정한 마음을 가질 때 다 떨어져 나간다. 이것을 이루기 위한 수행 방법으로 명상은 많은 사람들에게 효과가 있다.

대개 이런 마음의 상태는 명상을 통해서만 얻을 수 있는데 헤스티아의 원형을 내면에 간직한 여성에게는 그것이 자연스럽게 찾아온다. 이런 여성에게는 집안일을 하는 것이 마음을 집중하는 활동이 되며 집을 정돈하는 것이 곧 자기 자신을 정돈하는 방법이다. '난로의 지킴이'인 그녀는 외부의 정돈을 통해 내면의 조화를 찾는다. 헤스티아와 함께 하면 조급함도 없고, 시계를 쳐다볼 일도 없고, 내면의 비판자도 없다. 그녀는 집안일 하는 것을 즐거워하며, 명상할 때 호흡에 집중하는 것이 몰두하는. 데 도움이 되는 것과 마찬가지로 집안일 하는 것은 그녀를 몰두하게 만든다.

그녀가 빨래를 분류하고 갤 때, 다림질을 하고 난장판이 된 집안을 말끔히 치울 때, 꽃꽂이를 할 때, 저녁 준비를 할 때, 서랍장을 정돈할 때 그녀는 온전히 지금 이 순간에 있다.

이 시간 동안 어떤 생각이나 감정이 마음에 떠오를 수 있는데, 그 순간의 생각이나 느낌은 명쾌하고 초연하다. 헤스티아는 명상의 지혜로 갈 수 있게 해 준다. 그 지혜는 참된 자기와 조화를 이룰 때 우리에게 오는 직관이다.

종교 공동체에서 노동, 예식, 의례는 누군가가 성소를 청소하고 식탁이나 제단을 준비하면서 시작된다. 한 여성이 주변을 정돈하고 아름답게 조화를 이루어 낼 때마다 그곳은 그녀의 손에 의해 성소가 된다. 이런 식의 노동을 하거나 이런 식으로 가꾸어진 장소에 들어갈 때에는 양분이 되는 뭔가를 얻는다. 선사 시대 동굴 시대부터 중앙의 화로에 담긴 불은 빛과 온기를 줄 뿐 아니라 한 가족이라는 인식을 키워 주었다. 사람들은 불 주변에 모여 앉아 그 불로 요리한 음식을 나누어 먹었다. 불과 음식을 나누는 것은 호의가 있음을 의미했다. 이제 헤스티아는 마음을 따뜻하게 하고 영혼을 살찌우며 사람들로 하여금 다른 사람을 따뜻하게 영접하게 만든다.

헤스티아의 공간

헤스티아 원형은 눈에 보이지 않는 여성다움의 현존을 의미하기도 하고, 어느 상황이나 장소, 어느 정신 세계에 스며들어 그곳을 신성한 곳으로 전환시키는 기운을 의미하기도 한다. 헤스티아의 화롯불은 영혼과 집과 관련된 것으로, 행위보다는 존재와 관련된 것이다. 그녀의 지혜는 중심에 집중하는 지혜이며, 소유욕이 없는 관대한 마음에서 우러나오는 온기가 있다. 헤스티아는 충만한 정신, 또는 마음 한가운데 있는 고요한 지점과 관련 있는 원형이다.

헤스티아는, 어떤 관계나 상황에 변화를 직접 불러일으키는 일이나 말을 하지는 않지만 주변 사람들에게 미묘한 방식으로 영향을 미쳐서 그들을 변화시키는 원형이다. 그녀는 그녀 자체가 평온하므로 누군가를 벼랑으로 몰지 않는다. 그녀가 있어서 한결같이 유지되는 신묘한 분위기 속에 함께 들어가 있기만 하여도 사람들은 진정한 자신이 될 수 있다. 헤스티아의 공간에 들어설 때는 경쟁하거나 비교하려는 욕구를 문 밖에 걸어 두고 빈 마음이 된다.

헤스티아와 셰키나

화로의 여신 헤스티아와 유대교 신의 여성적 측면인 셰키나는 닮은 구석이 있다. 셰키나 역시 보이지 않고 인격화되지 않았다. 헤브라이어로 '슈키나'는 '거주지'라는 뜻인데, 아마 '신이 사는 곳'을 의미했을 것이다. 셰키나는 금요일이 되면 유대인의 집으로 들어온다. 금요일은, 여자들이 안식일 식사를 위해 촛불을 켜는 날이요, 안식일이 시작되는 날이다. 유대인들이 노동을 멈추고 집을 신전으로 간주하면서 안식일을 지키는 동안 셰키나는 집안에 있다.

다도 또한 헤스티아의 성소다. 그 일은 단지 손님에게 차를 대접하는 것이지만 내면의 고요함과 시간이 멈춘 공간으로 사람들을 인도하는 예술로 승화한다.

인생의 세 번째 단계의 특성

누군가의 욕구의 대상이 되는 것, 뭔가를 만들어 내는 것, 혹은 매력적인 상태를 계속 유지하는 것이 주요 관심사인 한, 정신 세계에 헤스티아가 들어설 자리는 없다. 억지로 하는 일이 아니더라도 우리가 일과 관계에 매달리고 책임져야 할 일까지 있다면 시간을 다 긁어모아도 모자랄 듯하다. 그러니 내면의 삶을 영위할 시간을 찾지 못할 것은 불을 보듯 뻔하다. 세 번째 인생 단계로 들어가기 전까지 혼자만의 시간을 가지기는 쉽지 않다. 그러나 그것은 시간이 있고 없고의 문제만은 아니다. 언제라도 혼자서 영혼을 만족시키는 뭔가를 찾는다면 그 원형이 함께 있기 때문이다.

헤스티아가 중요한 원형으로 등장하면, 여성은 그 전에 지나쳐 버린 가치를 소중하게 여기게 되고 좀더 객관적인 시각으로 자신과 남을 바라보게 된다. 사방을 비춰 주는 화롯불처럼 여성의 삶에서 모든 측면이 더욱 명료해지고 다양한 측면이 서로 조화를 이루면서 내면의 중심 주변으로 모인다. 헤스티아는 통합과 내면의 지혜의 원형이다.

자기만의 장소, 그곳에 머물 시간에 대한 열망이 헤스티아라고 나는 생각한다. 실재하는 공간이든 상상의 공간이든, 헤스티아의 공간은 누가 옆에 있든, 다른 사람의 감정이나 소유물에 방해받지 않는다. 그것은 우리가 되돌아가서 다시 보아도 떠날 때의 모습을 그대로 간직하고 있는 곳이다. 혼자 있고 싶은 욕구가 제 모습을 드러낼 때 여성들은 그러한 성소에 대하여 환상이나 꿈을 가지기 시작한다.

명상으로 영적 수행을 하는 여성들은 자기 속의 헤스티아를 지향한다. 그들에게 고독과 침묵은 풍부함과 집중을 주는 힘이다. 어른이 되고 나서 처음으로 혼자 생각에 잠기거나 자기 감정을 들여다보는 시간을 가질 수도 있다. 그들은 가족이나 결혼, 직업에 대해 거리를 두고 보기 시작하는데 아직은 그런 것들이 그들 삶에서 대단히 중요하지만, 헤스티아가 활동을 시작하면 내면에서부터 뚜렷한 변화가 생긴다.

왕성한 활동을 벌이는 와중에, 수도원 피정에 참가하거나 수녀회에 입회하거나 안개를 뚫고 전설 속의 아발론으로 가는 환상이 시작된다면, 자기 내면에 집중하고 고독을 추구하고자 하는, 혹은 영성이 드높은 다른 여성과 함께 있고 싶은 내면의 욕구가 솟아난 것이다. 마치 밝고 따뜻한 불에 이끌리듯 삶에서 새로운 무엇인가에 끌린다면 그것은 헤스티아가 불을 지피기 때문이다. 또 그것이 의미의 근원이 될 수 있기 때문이다.

내밀한 과도기

폐경 무렵의 특징인 수면 장애, 한밤중 잠에서 깨기, 홍조 따위를 겪으면 갖가지 변화에 주목하지 않을 수 없다. 감정의 기복이 심해지고 시를 쓰고 싶어지며 갑자기 어떤 기억이 불쑥 튀어나오기도 한다고 많은 여성들이 말한다. 이러한 폐경의 현상 때문에 여성들은 사춘기 때처럼 정체성 위기에 직면하거나 호르몬 변화에 다시 적응해야 한다.

이때 여성들은 헤스티아 공간으로 되돌아가서 혼자만의 시간을 찾고 내면의 불길을 다스리며 이러한 변화를 즐기고 명상하면서 변화에 이르고 싶어 한다. 마치 신체의 변화와 잠재적인 변형의 시기를 거치면서 진정한 자기를 고치처럼 잣기 위해 내밀한 과도기를 마련하려는 마음이 생기는 것 같다. 이런 과도기 단계를 거치면서 지혜로운 할머니가 되어 다시 나타난다면 그녀 내면에 그녀의 성소가 자리잡는다.

내면의 위원회에서 내면의 서클로

『우리 속에 있는 여신들』에서 나는 우리의 복잡한 성격을 위원회에 비유했다. 우리 성격의 각 측면을 대표하는 내면의 원형들이 우리 안에서 서로 경쟁할 때도 있다. 남성도 있고 여성도 있으며 젊은 원형도 있고 나이든 원형도 있지만 대부분 여성들 속에서는 여신 원형이 주요 패턴의 토대다. 우리의 내면이 제대로 작동한다면, 유능한 에고는 '그 위원회 의장직'을 맡아서 누구 말에 귀 기울이고 주목할 것인지를 결정하고, 질서를 지키고, 결정적 행동을 하기 전 충분한 토론으로 유도한다. 상황이 달라짐에 따라 원형 또한 다른 것이 새로 부상할 것이므로 그때를 위해 우리 속에 있는 원형이나 특성들이 '자기 순서를 기다리고' 있어야 한다.

　가장 두드러진 원형이 우리를 지배한다. 그 원형이 좌절되면 고통스런 강박 관념으로 이어질 수 있는 반면, 충분히 실현될 경우 그 원형은 의미가 생성되는 근원이 되기도 한다. 믿을 만한 배우자나 건강한 아이, 혹은 애인 갖기를 삶의 의미로 삼든, 쟁쟁한 실력가나 승리자가 되는 것을 삶의 의미로 삼든, 그 의미는 젊은 시절과 중년 시절에 강력한 동기로 작용한다. 그러다가 호르몬의 변화와 함께 폐경이 오면서 강렬함의 기세가 한풀 꺾인다. 에고도 그랬지만 지배적인 원형도 전성기가 끝난 것이다.

폐경을 거친 여성은 나이를 더 먹을 뿐 아니라 무엇보다 자신의 기쁨과 슬픔, 성취와 상실로 원숙해져야만 한다.

지혜로운 여성 즉 할머니는 내면 세계에서 일련의 전환을 경험한 여성이다. 에고보다는 자기^{Self}가 인성의 중심이 된다. 그렇게 되니 위원회 모임은 그 동안의 의장인 에고를 중심으로 진행되는 것이 아니라 헤스티아 화로를 중심으로 서클로 만난다. 헤스티아가 구심점 역할을 하는 원형이 되면, 내면 위원회 위원들은 불 주변에 둘러앉아 해당 상황에 대해 분명한 것이 떠오를 때까지 서로 의견을 말하고 경청하는 토론 분위기가 잡히는 것 같다. 당신이 하는 일, 살아가는 방식이 내면의 합의를 거치면서 고결해진다. 바깥으로 드러나는 행동은 내면의 또 다른 얼굴이 되는 것이다. 한 가지 덧붙이자면, 내성적인 사람이 세상에서 매우 활동적이고 효율적일 수 있다는 말이다. 할머니 나이가 되어야만 그것을 알 수 있다. 글로리아 스타이넘은 자기 자신에 대해 이렇게 말했다.

"누가 상상이나 했겠습니까? 한때 가장 외향적인 편에 속하던 내가 이제 혁명의 도구로 명상을 생각하게 될 줄을요. (자기 중심의 권위가 없다면 어떻게 외부의 권위에 맞설 수 있겠어요?) 내면의 공간을 탐색하는 것이 외부 공간을 탐색하는 것보다 더 중요하다고 생각하리라고 누가 상상했겠습니까? 권력도 내면에 있는 것이라고 말해서 몇몇 페미니스트들까지도 실망시키리라고 누가 짐작이나 했겠는지요?"[1]

그녀의 이름은 지혜

헤스티아가 함께하는 가운데
목격자 헤카테와 함께,
소피아의 그노시스를 신뢰하고
메티스의 지혜로운 자문에 귀 기울여라.

상상력을 활용하여 헤스티아 불러오기

고요한 방, 사원, 신성한 공간,
혹은 숲 속 어느 정결한 곳으로 들어가라.
둥근 화로 중앙에서 이글거리는 불을 보고
더 가까이 다가가라.
불을 보라.
따뜻하고 안전하다고 느껴 보라.
헤스티아가 여기 있다.
당신은 그녀가 함께 있음을 감지할 수 있네.
불 속에서 그녀의 모습이 보일지도 몰라.
마음 한가운데서 그녀를 찾아보라
그리고 편안해져라.

상상력을 활용하여 헤카테 불러오기

새벽 혹은 황혼.
낮도 밤도 아닌 때.

두 세상이 서로 엇갈리는 신비로운 경계에 선 시간.

당신은 시골길 혹은 오솔길에 있다.

세 갈래가 만나는 길목에 곧 이르게 된다.

이제 당신은 갈림길에 왔구나.

두 길 중 하나를 택해야 한다.

어느 방향을 택할까?

헤카테가 여기 있다.

당신은 그녀를 보거나 그녀가 있음을 감지하네.

그녀가 해야 하는 말에 귀 기울여라, 느껴라.

그녀는 당신을 잘 아는 지혜로운 여성.

그녀는 깊은 직관의 지혜이므로

당신이 마음을 열기만 하면 얼마든지 그 지혜를 이끌어낼 수 있네.

바른 질문을 던지고

그녀의 대답이 나오기를 기다려라.

이 갈림길은 무엇인가?

당신은 무엇을 선택하는가?

이 길 혹은 저 길은 어디에 이르는가?

상상력을 활용하여 소피아 불러오기

상상하라.

통로나 현관이 열려 있다.

혹은, 길목이다.

당신이 소피아를 만날 곳은

소피아는 당신 속에 있는

그노시스다.

그녀는 안다.
당신이 인간의 길을 걸어가는 영적인 존재임을.
그녀는 안다.
당신이 영혼과 목적을 가졌다는 사실을.
그녀는 안다.
당신이 거대하고 아름답고 의미 있으며
가시적이면서 비가시적인 우주의 일부임을.
그녀는 안다.
신이 당신 내부에 거주하며 그것이 여성임을.
당신은 이 길목을 건너면서
그녀를 알아보는가,
그녀가 아는 것을 알아보겠는가?

상상력을 활용하여 메티스 불러오기

메티스에게 말을 걸어라.
그녀의 모습을 떠올려라.
그녀에게 안내를 요청하고
그녀가 답할 시간을 주어라.
내면의 지혜로운 상담자는
최고의 전략가.
위험천만한 경험과 앙갚음을 통해 배웠으니.
용감함과 참을성을 알게 되었으며
불가피한 변화에 적응할 줄 알지.
특별한 기술을 개발하며
인간일 수도 있는, 그녀가 다루는 소재와

깊숙이 친숙해진다네.

그녀는 기예를 익히거나 도구에 숙달하거나

집안 살림을 도맡거나 사무실을 운영하거나

아이를 기르거나

군대를 호령하거나

과학자 아니면 학자라네.

그녀가 이 세상에서 무엇을 하든,

설령 그녀가 대단한 성공을 했다 하더라도

그것은 다만 에고를 넘어 더 고귀한 지혜를 얻기 위한

배움의 터전이었지.

메티스는 기술, 경험, 지혜를 겸비한다네.

무엇이 가장 현명한 길이겠는가를

(어떻게 목표를 성취해야 하는지에 대해서만이 아니라)

알고 싶으면

그녀에게 자문을 구하라.

당신은 지혜를 알 수 있다

여기 있으면서 집중하라.

기억을 관찰하되 직관에 의존하라.

직감으로 알고 있는 바를 신뢰하라.

지혜가 당신을 인도하게 하라.

2부

그녀는 <u>분노, 쾌활</u> 그리고 <u>자애</u>

그리고, 모든 금지된 것들 중 여자들에게 금지된 것은 분노다.
반면 누군가의 삶을 통제하고 휘두르려는 욕망이 있다면 이를 만천하에 공개해야 한다.
(이는 다른 사람들의 삶을 누르고 지배하는 권력을
어느 정도 인정한다는 의미이기도 하다)
결국 여자들의 달라진 삶의 특징은 웃음이 될 것이라고 나는 확신한다.
웃음은 새로운 종류의 삶으로 접속하는 확실한 열쇠다…
여자들이 함께 터뜨리는 웃음은
통찰과 사랑, 자유로움을 스스로 깨달았다는 의미심장한 증거다.
— 캐럴린 G. 해일브런

개혁 지향적인 정치학의 핵심,
즉, 다른 사람의 고통을 자신의 고통인 양 느끼는 능력이 영성의 특성이다.
— 캐럴 리 플린더스

2부에서는, 여성의 인생이 제3단계로 접어들고 나서야 충분히 발현되는 여신들을 소개할 것이다. 이 여신들은 지혜로움으로 균형을 잡고 지혜와 함께 있어야 하는 — 종종 그 여성을 위하여, 때로는 다른 사람을 위하여 — 원형적 특성을 상징한다. 나는 이들을 세 범주로 나누어 보았다. 그것은 변화를 일으키는 분노의 여신, 치유의 웃음을 터뜨리는 여신, 자비의 여신이다. 이 세 범주에 속한 여신들의 기운을 받으면서 지혜를 겸비하고 있다면 당신은 내면의 자유를 향유하는 멋진 할머니다.

나와 동시대를 살면서 늙어 가는 사람들 중 특히 멋진 여성들이 눈에 띈다. 그들 한 사람 한 사람을 특별하게 만드는 것은 그들이 고유한 자기 자신으로 존재한다는 점인 것 같다. 물론 그들이 공통적으로 가지고 있는 특성들도 있다. 모두 '나는 이런 사람'이라는 자기 수용에 도달했다. 그러니까 자신에게 중요한 것에 대해서는 강렬한 열정을 가지고 있다. 자신을 위해서 혹은 다른 누군가를 위해서 행동을 취할 수 있다. 그들은 또한 자연스럽다. 그들의 꾸밈없는 웃음이나 낄낄거림은 주위에까지 그 유쾌한 기분이 퍼지게 한다. 그리고 멋진 할머니들은 모두 자애롭다. 이러한 특성이 지혜와 똑같은 것은 아니지만 지혜와 함께 존재한다. 그 여성들은 지혜롭기도 하기에 이 특성들이 이들을 더 멋지게 만들어 준다.

그녀의 이름은 분노

분노는, 용납되지 않는 상황을 변화시켜야겠다는 목적을 가진 건강한 화다. 생애 첫 단계와 두 번째 단계 동안 여성을 힘들게 한 좌절과 불안은 대개, 화나 무력감을 느끼면서도 그것을 표현하면 상상만으로도 또는 실제로 나쁜 결과가 생길까봐 그 감정을 너무나 잘 틀어막는 바람에 그것이 분노라는 걸 인식하지 못해서 생긴 것이다. 훌륭한 사람 또는 '착한 여자 아이'는 화를 내지 않아야 한다거나, 거만한 사람이나 사나운 사람들만 화를 낸다고 부모나 다른 사람들에게 배웠던 여성들은, 이제 세 번째 단계가 되면 이러한 과거의 강요에서 벗어난다.

개인적으로는 좌절해 본 적도, 억압을 당해 본 적도 없다가 세 번째 단계에 접어들어 자신의 상황 너머의 것까지 보게 되면서 화가 치솟는 경우도 있다. 불의, 어리석음, 자기 도취, 중독, 부주의, 약자에 대한 잔혹 행위, 제도와 정치인들이 지나쳐 버리는 사회악에 분노를 느낄 수 있다.

이때가 바로 '더는 못 참아!' 원형이라고 내가 이름 붙인 것에 근접하는 순간이다. 이것은 변화로 이어지는 분노, 변화의 강력한 대리인인 여신들이 가진 기운이다. 그들 중 단연 돋보이는 여신은 사자 머리를 한 고대 이집트 여신 세크메트, 힌두교의 여신 칼리다. 사람들은 변화가 필요할 때 이 여신들을 불렀다. 이 여신들은 신화에서 인간이 아닌 모습을 하고 나타난다. 특히 악인을 향한 분노가 치솟을 때는 소름끼치는 모습으로 변신하며 꼭 피를 보아야 한다. 세 번째 단계로 들어갈 즈음 여성이 지혜를 얻은 상태라면, 그래서 자비로움과 유머가 나올 근거지가 있다면, 충동적으로 행동하거나 한쪽으로 치우치거나 분노로 정신을 잃어버리는 일은 없을 것이다. 세크메트와 칼리는 분노에 치중하여 행동의 방향타를 잡지만 할머니 여신들로 구성된 '내면의 위원회'에서 의견 일치가 있어야만 분노가 행동으로 옮겨질 수 있다.

의도와 상상력을 활용해 세크메트나 칼리의 사나움과 힘을 불러올 수 있다. 영화 「프라이드 그린 토마토」에서 케시 베이츠가 그렇게 했다. 그녀는 고분고분하고 조신하게 걷는 여자였다가 아마존 여왕 트완다를 불러낸 후로는 함부로 얕잡아볼 수 없는 진정한 자아로 변신한다. 베이츠는 "트완다!"를 외치면서 그 전에는 감히 생각지도 못한 것을 실행한다. 그것은 깊은 내면 세계 — 신화에 나오는, 원형적 기운을 깨우는 변형의 힘 — 를 일깨우는 소리였다.

세 번째 단계에 들어선 여성들이야말로 진실한 인간 — 멋진 할머니 — 이 될 수 있는 능력이 있다. 진실한 인간은 자신이 무엇을 느끼는지 알고 있으며 원하면 그 느낌에 따라 살아간다. 또한 상상력과 의식의 차원에서 활용할 수 있는 도구를 가지고 있으며 다른 사람과 다른 원형의 지지를 받고 있다. 헤카테와 메티스의 지혜는 강박적인 행동을 자제하게 하며 분노를 막아 준다. 헤스티아가 가진 오랜 시간의 집중력, 소피아에게서 나오는 영적인 의미에 고취된 여성은 이런 원형이 빠질 수 있는 분노에 압도되기보다는 효과적으로 행동할 수 있을 때까지 자제할 수 있다. 그러려면 분노가 먼저 그녀의 의식 안으로 들어와 있어야 한다. 그래야 나중에 변화가 가능하기 때문이다. 더는 못 참겠다는 지점에 도달했으면서 지혜

그녀는 분노, 쾌활, 그리고 자애 137

와 자비, 유머를 겸비한 여성은 변화를 일으키는 어마어마한 힘 자체다.

그녀의 이름은 쾌활

유머 감각은 어려운 상황에서 우리에게 힘이 되어 준다. 고대 일본 여신 우즈메는 지상에 비칠 햇빛을 되찾게 해 주었다. 그리스 신화의 하녀 바우보는 슬픈 침묵에 잠긴 데메테르를 웃게 했다. 쾌활과 춤, 음란함과 몸이 이 원형에서 연결된다. 우리 몸은 변화하여 더 이상 우아하지 않지만 유머를 통해 소박한 자연스러움과 현실감으로 한데 묶인다. 문제가 발생하면 저속한 유머가 도움이 된다. 블랙 유머와 슬픈 유머 속에는 지혜가 있다. 그 유머는 각자 고통을 감당하면서 겪어 내는 외로움을 서로 연결해서 위로해 주고 달래 준다. 삭막하던 분위기가 웃음 덕분에 금세 달라진다. 목젖이 보일 정도로 웃는 것이 진짜 웃음인데, 여자들은 종종 남자들이 도저히 판단할 수 없고 들을 수도 없는 웃음을 뱃속에서부터 터뜨린다.

쾌활의 여신은 현실을 솔직하게 바라보는 관점과, 다른 사람에게 인색하지도 않고 그들을 비웃지도 않는 현명한 유머가 있다. 지혜와 자비가 없는 유머는 가학적이고 잔인하여 누군가를 제물로 삼아 우월감을 느끼려는 것에 불과하다. 동료들 사이에서 신랄한 풍자로 지적 재능과 언변을 과시하는 것도 쾌활은 아니다. 우즈메나 바우보가 활성화된 여성들은 자신의 몸이 점점 늙어 가는 것을 인정하며 그러한 변화를 보면서 서로 웃을 수 있는 여성들이다. 자유롭게 웃으려면, 남들에게 잘 보이고 싶어 하고 예의 바르게 처신해야 한다는 마음을 버려야 한다. 그러니 할머니가 되어서야 자유로운 웃음을 터뜨릴 수 있다. 교양 있는 숙녀는 무릎을 붙이고 앉아야 하고 목젖이 보이도록 웃으면 안 되기 때문이다.

그녀의 이름은 자비

나이가 들어가면서 점점 현명해지는 여성들은 자비롭기도 하다. 자비를 배우지 않고서는 정서적으로 성숙했다고 볼 수 없다는 것이 내 생각이다. 젊었을 때 우리는 할머니가 된 지금보다 더 혹독한 잣대로 다른 사람과 자신을 판단하기가 예사였다. 젊을 때는 자신에게 남을 판단할 자격이 있다고 생각하면서 사람들의 겉모습만 보고 단정한다. 또 현실에 부딪쳐야만 얻을 수 있는 교훈을 아직 몰라서, 또는 겸손함이 없어서 제대로 보지 못하기도 한다.

여자 인생의 첫 번째와 두 번째 단계에서는 친절함과 관대함이 유아적인 특성이라고 평가 절하된다. 쉽게 속지 않도록 해야 한다거나 관대한 태도는 악용될 수 있다는 경고를 받기도 한다. 냉소적인 어른들은 친절하게 행동하는 우리를 비웃기도 했을 것이다. 자선 단체의 기부금 요청이 홍수처럼 밀려오는 것도 우리의 자비심을 약하게 만들었을 것이다. 그게 아니면 약자를 경멸하는 가부장제의 태도를 답습했을 수도 있다.

그리스 신화에는 자비의 신이 없으나 동양 종교와 신화에서 자비의 여신은 아주 두드러지는 신이다. 불교의 관음보살, 티벳의 타라가 자비의 여신이다. 가톨릭에는 동정녀 마리아가 있다. 미국인들에게는 자유의 여신상이 있는데 이 여신은 자비의 여신으로 인식되지 못하는 것 같다. 이들은 고통 받는 중생, 힘없고 가난한 자들에게 어머니처럼 자비를 베푸는 여성 원형이다.

당신에게 없는 원형

현명한 할머니에게는 '상반되는' 듯 보이는 특성들을 간직하는 지혜가 있다. 현명한 할머니는 분노할 수도 있고 자비를 베풀 수도 있으며, 사나울 수도 있고 부드러울 수도 있다. 숭고할 수도 있고 음란할 수도 있다. 또 혼자 있기를 좋아하면서도 세상 속에서는 활동가일 수 있다. 그녀는 자족적이면서도 다른 사람에게 깊이 헌신할 수 있다. 그녀는 독특하고도 진실하다. 그녀에게 여러 측면이 있지만 그것을 함께 아우르는 고결함이 있기 때문이다. 그녀는 자기 내부의 다양성을 통합한다. 그것이 그녀가 완벽하거나 '이제 한물간' 여성이 아니라 총체적인 인간인 까닭이다.

할머니 단계는 자기 인식의 시기여서 내부와 외부의 삶이 전부 변화를 겪는다. 그러니까 변화와 활기의 근원이 되는 새로운 원형을 찾을 수도 있다는 말이다. 이때는 자기 삶에 대한 성찰과 명상이 필요한 시기이자 자신이 '해온 작업'을 반추하는 때이기도 하다. 2부에 나오는 여신들은 대개 익숙지 않은 이름들이다. 그러나 그들은 이미 당신 안에서 활동하는 당신의 일부일 수도 있다. 이제 당신은 그들을 알아보고 그들에 대하여 더 잘 알게 될 것이다. 그들 중 하나가 '빠져 있다는 것'을 발견한다면 그것이 무엇인지 생각해 보라. 그럴 만한 가치가 있을 것이다. 세크메트, 우즈메, 관음보살이 당신의 정신 세계에서 의식의 차원에 있었다면 당신의 삶은 어떻게 달라졌을까? 지금 그들을 알아본다면 당신의 삶은 앞으로 어떻게 달라질까?

변화를 일으키는 분노의 여신

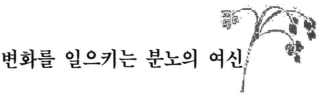

고대 이집트의 사자 머리 여신 세크메트
힌두교의 파괴의 여신 칼리

변화를 불러오는 분노의 여신들은 우리가 앞에서 만난 지혜의 여신들과는 사뭇 다르다. 더는 못 참아 하고 선언할 때, 상황이 더는 용납할 수 없게 되어 이를 바꿀 만한 행동을 취할 때가 되었을 때, 분노의 여신이 등장한다. 남신이나 인간 남성이 악을 물리치기에는 힘에 부쳐서 안절부절못하고 있을 때, 강력한 여신만이 그 일을 할 수 있을 때, 사람들은 분노의 여신을 부른다. 변화를 주도하는 분노의 여신 가운데 가장 특출한 여신은 인간이 아닌 모습을 하고 있다. 이집트 여신 세크메트는 머리는 사자요, 몸은 여성이다. 힌두교의 여신 칼리도 몸은 여성인데 무서운 얼굴에 팔이 여럿 달려 있다.

　내가 이들을 할머니 원형에 포함시킨 이유는 여자의 삶이 할머니 단계가 될 때 이들이 들어오기 때문이다. 글로리아 스타이넘은 여자들이 나이를 먹으면서 더 급진적이 된다고 자주 말했다. 남자들은 젊을 때 급진적이고 노년에는 보수파가 되기 쉽다. 할머니들이 개인적으로나 정치적으로 자신이 알고 느끼는 바를 행동으로 나타낼 때 급진적인 것처럼 보인다. 할머니들은 오래 참아 온 결혼 생활을 끝낼 수 있다. 권위만 앞세우는 전문가를 해고하고 의료나 재정 부문을 자기 손으로 처리할 수 있다. 그들은 정치판의 남자들이 부도덕함에는 관용을 베풀면서 정작 고통받는 자들에게는 무관심할 때 크게 분노한다. 세크메트/칼리가 그들 내부에서 되살아나면서 변화를 위한 결단에 불을 지핀다.

이러한 변화의 분노 원형은 지혜로 균형을 잡을 때 가장 효과가 크다. 지혜가 없으면 분노는 당사자나 다른 사람들을 파멸로 이끌 수도 있다. 지혜가 없는 분노는 스스로 확대 재생산하기 때문에 결국 자신이 미쳐버리거나 스스로 통제할 수 없게 될까봐 두려워하게 만든다. 실제로 그렇게 되는 사람들도 있다. 폭력에 시달리던 어느 아내는 남편의 침대에 기름을 붓고 불을 질러 잠자는 남편을 죽게 했다. 성폭력을 당한 아들의 어머니는 법정에 총에 들고 가서 가해자를 쏘았다. 이런 것은 극단적인 예다. 특히 평생을 수용하고 순응하면서 살아왔을 경우 강렬한 분노와 적의가 떠올랐을 때 그 감정과 맞대면해야 한다는 것 자체가 참으로 심기를 불편하게 헤집는 일이다. 그러나 그런 일이 할머니 여성에게 일어나면 그 거친 감정을 조화롭게 잡아줄 강한 원형이 있다.

지혜가 있으면, 변화의 분노를 품고 있는 여신이 충동적으로 행동하지도 않을 뿐더러 분노를 갑자기 터트리지 않는다. 지혜와 함께 하면, 분노는 변화를 도모하는 곳에 활용되고 최선의 길을 선택하여 결단 내리도록 도와준다. 지혜가 있으면, 진리에 직면하거나 화를 내야 할 순간 질책이나 수치심 때문에 주춤거리거나 관심을 분산시키는 일은 일어나지 않는다. 현명한 전략과 분노가 함께 어우러지면 나이든 여성은 만만치 않은 할머니로 변신한다.

사자 머리 여신 세크메트

그리스 신화에는 세크메트의 특성과 힘을 가진 여신이 없다. 세크메트는 악을 행하는 자와 범죄자를 응징할 힘과 능력을 갖춘 파수꾼이다. 이집트 남신과 여신은, 아름다운 인간의 모습을 한 고대 그리스 신들과는 달리 동물 머리를 갖고 있거나 동물의 형상을 하고 있다. 세크메트는 머리는 사자요, 몸은 여성이다. 그녀는 분노의 여신이자 평화의 여신이었다. 그녀의 이름은 '강력한 자'라는 뜻이다.

세크메트는 남편 프타하와 아버지 태양신 라와 함께 멤피스의 강력한 신 셋 가운데 하나였다. 멤피스는 기원전 3000년 경 남북 왕조가 통일된 후 이집트의 행정 수도가 되었다. 파라오들은 세크메트를 전투에서 결코 물러서지 않는 용맹의 상징으로 삼았다. 그래서 세크메트는 파라오의 적들, 파라오에게 대항하는 자들을 향해 불을 토해 내면서 파라오의 분노를 대신 내뿜는 모습으로 그려졌다.

고대 이집트의 신들 중 세크메트만큼 웅장하고 인상 깊고 수적으로도 많은 신상으로 표현된 신은 없다. 카르나크에 있는 세크멘트 신상만도 600여 개가 되고, 아멘호테프 3세(기원전 1411-1375년, 18대 왕조)의 재임 기간 동안에는 테베에서 나일강 근처에 이르기까지 엄청나게 많은 세크메트 상이 세워졌다. 세크메트 상은 현무암이나 검은 대리석으로 만들었다. 둘 다 불같은 바위로 — 화산의 마그마가 굳은 것이므로 — 사납거나 불같은 여신 이미지에 딱 들어맞았다. 신화를 보면 세크멘트가 먼저 갈등을 유발하는 일은 없다. 그러나 권위가 위태로워진 신이 그녀에게 도움을 요청하면 그녀는 새끼를 보호하는 암사자의 야수성을 노골적으로 드러내면서 응답했다.

세크메트 상 가운데 남아 있는 것은 대부분 박물관에 있다. 나는 카르나크 고대 신전 자리에서 세크메트 상을 하나 본 적이 있다. 그 신상은 매일 이리저리 몰려다니는 방문객들의 방문 예정지 목록에는 끼지 않을 듯한 평범한 건물 안에 있었다. 여신상이 있는 작은 방에 들어서자 우뚝 서 있는 세크메트 상에서 눈을 뗄 수 없었고 마치 강력한 보호막 역할을 하는 어떤 인물이 옆에 있는 듯한 느낌을 받았다. 나는 여자들 몇 명과 함께 여행하고 있었는데 다른 사람들도 모두 그때 성소에 들어선 것 같은 느낌을 받았다고 했다.

이 세크메트는 검고 부드러운 현무암으로 만들어진 키가 큰 조상이었다. 그녀는 흙으로 돋운 기단 위에 서 있었으며 우리 중 가장 키가 큰 사람도 신상의 어깨에 닿지 않을 정도였다. 그녀의 사자 머리는 평화롭고 부드러웠다. 머리에는 권력의 상징, 즉 고개를 든 코브라(뱀 모양의 휘장)가 그려져 있는 태양 원반 모양의 큼직한 조형물이 씌워져 있었으며, 몸은 젖가슴이 작고 날씬한 여자였다. 오른손으로는 영생의 상징인 앙크(위에 고리가 붙은 T자형 십자)를 들고 있었고, 몸 앞으로 쭉 내민 왼손은 북 이집트의 상징 식물인 키 큰 파피루스의 줄기를 쥐고 있었다. 그 신상이 있는 작은 방에 다른 장식품은 아무것도 없었다. 천장에 난 작은 창을 통해 태양 빛이 어둔 방으로 들어오고 있었다. 다른 조명 장치는 없었다.

우리가 그 방에 들어가자 태양의 위치에 따라 달라지는 강렬한 빛이 세크메트 앞을 가로질러 비치고 있었다. 처음에 햇빛은 세크메트의 얼굴을 비추더니 시간이 지나면서 몸 아래로 내려갔다. 우리 일행 중에는 어릴 때부터 돌봐주는 이 없이 컸던 이가 있었다. 폭력을 휘두르는 알코올 중독자 가정에서 보호해 주는 이 하나 없이 자란 사람이다. 그녀는 본능적으로 세크메트의 발에 앉더니 몸을 기울였다. 그렇게 앉아 있으니 햇빛이 그녀의 머리카락을 쓸어 내리는 듯했다. 그녀는 어린아이처럼 보였고 고요 속에서 그녀와 세크메트가 그림 같은 장면을 연출하고 있었다. 그녀는 한동안 그렇게 가만히 있었다. 나중에 그녀는 그때 어린아이로 돌아갔고 안전하다는 느낌이 들었으며 그 자리를 떠나고 싶지 않았노라고 했다.

　나는 이렇게 세크메트를 처음 만났다. 세크메트는 고요하면서도 강한 여성적 존재로, 어린아이들을 안전하게 지켜 주는 모성을 가진 보호자로 보였다. 그러나 사자 머리를 하고 있는 걸로 보아 그녀의 난폭함 또한 충분히 상상할 수 있다. 실제로 세크메트는 난폭한 것으로 더 유명하다. 가장 강한 남신도 어찌해볼 수 없을 때 세상의 균형을 잡기 위해, 또 질서를 위협하는 파괴적이고 악한 힘을 극복하기 위해 사람들은 여신 세크메트를 불렀다. 세크메트의 신화 중 가장 유명한 '인류의 파멸' 이야기는, 한번 그녀의 난폭함에 불이 붙으면 폭포 같은 분노가 악인을 향하여 마구 쏟아지다가 급기야는 잔악한 공격성으로 발전한다는 것을 잘 보여준다. 세크메트가 발작성 난폭함과 광기에 굴복 당해 버리면 그녀의 난폭함을 잠재울 사람은 아무도 없다. 결국 그녀는 속임수에 걸려 만취하고서야 제정신으로 돌아온다. 여기서 내가 재구성한 이야기는 세크메트를 설명하는 자료에 공통적으로 나오는 것인데, 그중 로버트 마스터스의 책1)에서 도움을 가장 많이 받았다.

세크메트 신화와 인류의 파멸

신들이 인간에게 힘을 준 것은 인간이 땅 위에서 번성하고 위대한 존재가 되도록 하기 위해서였다. 그런데 인간들은 그런 선물에 감사하고 신들을 경배하기는커녕 신들을 전복하려고 계략을 꾸몄다. 인간들은, 다른 고대 신들은 말할 것도 없고 생명이 있기 전 태초의 바다에서 태어난 태양신 라에게까지 불경죄를 저질렀다. 사악한 사제들과 마술사들은 신들에게서 받은 바로 그 힘을 사용하여 신들을 파괴하려는 음모를 꾸몄다. 라는 그들의 계획을 듣고 어떻게 해야 할지 결정하려고 신들을 소집했다.

신들은 '어떤 힘보다 앞선 힘을 가진' 세크메트가 지상에 내려가서 반역에 종지부를 찍어야 한다는 결론에 이르렀다. 신들은 세크메트에게 사악한 생각과 음모를 꾸미는 자들을 처벌하라고 했다. 그래서 그녀는 악을 행한 자들 사이로 걸어 들어가서 그들을 처단했다. 불같이 화가 난 사자의 난폭함으로 살육하고 인간의 몸을 찢어발기고 그들의 피를 마셨다. 대학살은 계속되었다. 그녀의 분노는 점점 커졌으며 그녀는 인간의 피에 중독되어 갔다. 그때 신들은 인간을 다 죽이기 전에 멈추게 해야 한다는 것을 깨달았으나 그녀를 제지할 힘을 가진 이는 아무도 없었다.

그래서 라는 어떤 약초를 가져오게 해서 강력한 진정제를 발효시킨 다음 그것을 세트키 신에게 보냈고 세트키는 이것을 맥주와 붉은 석간주(그림 물감의 원료)를 섞은 혼합주에 부었다. 세트키는 이 혼합주를 아주 커다란 병 7천 개에 담아 세크메트가 지나갈 자리에 둔 다음 이번에는 그 혼합주를 넘치게 부어 땅으로 흐르게 했다. 그렇게 하니 들녘에 피가 가득 찬 듯 보였다. 세크메트는 피에 굶주려 있었으므로 그것이 피인 줄 알고 배가 부르게 마셨다. 그러자 그제야 마음이 가라앉았다. 그 다음부터는 살육을 좋아하지 않게 되었다.

세크메트는 라의 환영을 받으면서 신들이 모여 있는 곳에 다시 합류하였는데 이때 라는 그녀에게 '평화롭게 오는 자'라는 이름을 부여했다.

세크메트는 불같은 성격뿐만 아니라 질병을 막는 힘도 가지고 있는 것으로 인식되었으므로 치유와도 관련이 깊다. 세크메트를 모시는 사제는 환자 치료에서 중요한 역할을 했다. 의사가 환자의 몸을 치료하는 동안 사제는 세크메트에게 드리는 기도문을 외웠는데, 그것은 치료에서 빠뜨릴 수 없는 부분이었다. 세크메트는 죽음과도 친밀하였으므로 사람들은 환자의 목숨이 위태로울 때, 특히 생사가 걸린 전쟁터에서 전사 여신인 그녀가 함께 있기를 간구하는 기도를 올렸다.

그녀는 인정이 많으면서도 공격적이었다. 치유의 여신이면서 악역을 맡기도 했다. 그녀는 질서를 수호하지만 전쟁의 여신이기도 했다. 그러나 그녀의 가장 큰 특징으로 알려진 것은 가공할 파괴력이었다. 이런 역할을 통해 그녀는 위대한 여신의 창조·유지·파괴의 세 기능 가운데 파괴의 측면을 실현한다. 그리스 신화 이후 서구 신화에서 파괴자인 위대한 여신이나 강력한 여신의 이미지가 사라졌고 심지어 그러한 이미지에 대한 기억조차 남아 있지 않지만, 고대 그리스 신화가 씌일 무렵만 해도 파괴하는 여신 이미지가 세 운명의 여신 속에 희미하게 살아남아 있었다. 그들은 인간의 목숨 줄을 손에 거머쥔 늙은 여자들로 그려진다. 한 명은 생명을 의미하는 실을 잣고 있고 다른 한 명은 손에 그 실을 쥐고 있으며 나머지 한 명 — 파괴자 — 은 그 실을 끊어 버린다. 스칸디나비아 노르넨(운명의 세 여신)과 세 명의 위어드 자매(운명을 의미하는 튜트어 위르드에서 유래함)^{wyrd}가 이들과 매우 흡사하다. 죽음과 생명을 관장하는 그들의 힘은 두려움의 대상이었다. 가부장적 신화에서 각기 미미한 인물로 전락했으나 인간의 상상 속에는 이들이 여전히 남아 있었던 것이다.

위대한 여신은 기울고 차는 달이 아니라 계절이 순환하는 지구를 신으로 표현한 것이다. 그녀는 새로운 생명을 잉태하는 창조자요, 그 생명을 보존하는 담지자이자 그것을 파괴하는 자다. 여자들은 나이를 먹으면서 여신의 어두운 파괴자 측면을 종종 깨닫게 된다. 타인을 돌보는 전통적인 역할을 맡아 온 여자들은 나이와 질병의 어마어마한 파괴력을 실감하게 된다. 즉 몸과 함께 인격과 영혼, 마음까지 피폐해지는 것을 느낀다. 나이 들어갈수록 이런 현실이 더 잘 보인다. 인생은 인간 본성의 그림자, 다른 사람과 우리 안에 있는 파괴적인 요소와 어두운 측면을 까발려 보여주기도 한다. 다음 세대를 방임하고 학대했기에 고통스런 결과가 발생하는 것을 목격할 정도로 오래 살면, 실은 수많은 아픔을 미연에 방지할 수도 있었음을 알게 된다. 더 나은 방향으로 변화의 물길을 터보겠다고 단단히 결심한 자, 가치와 사람들을 맹렬한 기세로 혹은 격분한 상태에서 보호하는 자로서 세크메트를 불러오려면 이렇게 긴 안목에서 나오는 관점이 필요하다.

그러나 분노하는 세크메트에 기선을 제압 당하여 지혜와 자비의 측면을 잃어버린 여성은 (분노에) 사로잡혀 버리므로 다시 회복되려면 약이 필요하다(많은 정신 치료제는 라가 세크메트를 위해 만든 약물과 똑같은 역할을 한다). 이런 강한 치료제는 세크메트 원형을 잠재우고 여성을 유순하게 만드는 약물로 사용될 수도 있다. 이 치료제는 스스로 통제하도록 도와주기도 하지만, 화가 난 상태로 뭔가를 결심하도록 만들 수도 있다. 늘 그랬던 것처럼 우울해지는 것이 아니라 (마침내) 화가 나기 때문에 행여 자기가 미쳐 가는 것은 아닌지 두려워하는 여자들도 있다. 그들이 "더는 못 참아"라고 이야기하면 친구들은 대개 그들이 제정신인지 의심하지만 그게 그들의 진심이다.

가부장적인 성격이 강하거나 근본주의적인 종교 색채가 짙은 가정에서는 여자들이 화를 내거나 공격적인 행동을 하면 벌을 받거나 창피를 당한다. 이런 환경에 적응하려면 눈과 귀를 막고, 자기가 보고 느끼는 바를 억누르는 것은 물론, 권위와 갈등하는 상황에 대해서도 함구해야 한다. 그러나 이제는 이런 권위적인 제도에 서서히 균열이 생기고 있으며 여성을 마구 내리누르는 것이 쉽지 않게 되었다. 세크메트는 나이든 여성의 정신 세계에 변화의 힘으로 등장할 수 있다.

힌두교의 여신 칼리

힌두교의 여신 칼리는 세크메트와 비슷한 색깔의 신화를 통해 전승되고
있다. 칼리 숭배자들은 인도에 있는 칼리 여신 사원에서 오늘도 참배하면
서 그녀를 칼리마 혹은 마칼리, 즉 신성한 어머니로 숭배한다. 칼리도
사나운 보호자다. 서구인이 보기에 칼리의 모습은 세크메트보다 더 낯설
고 기괴하며 무섭다. 칼리는 피부가 검고 치아는 유난히 희며 혀가 늘어져
있고 입에서는 피가 흐른다. 이마에 눈이 하나 더 있으며 팔이 네 개다.
대개 왼쪽의 한 손에는 칼을 쥐고 있고 다른 손에는 피가 흐르는 거인의
머리를 들고 있다. 오른쪽 손은 둘 다 빈손이다. 한 손으로는 두려움을
쫓아 주고 나머지 한 손으로는 그녀를 경배하는 자들에게 축복을 내린다.
칼리는 벗은 몸 위에 무시무시한 장식물을 걸치고 있으며, 시바 신의
흰 몸 위에서 춤을 추고 있다. 세크메트가 평화로운 모습으로 그려진다면
칼리의 조형물은 그녀의 사나운 본성을 강조하며 칼리가 악마들을 어떻
게 물리치게 되었는지, 또 어떻게 피로 물들게 되었는지를 상기시킨다.
　힌두교 신들의 계보와 신화는 복잡하다. 입에서 입으로 전해지면서
더욱 복잡하고 다양하게 전개되는 구전 신화가 흔히 그러하듯, 칼리와
악마들 이야기 역시 구체적으로 전개될수록 다양한 내용으로 나뉜다.
이 이야기는 엘리자베스 U. 하딩의 『칼리』에서 인용했다.[2]

칼리와 악마에 관한 신화

신들이 사악한 악마들의 대왕인 들소 악마 마히샤수라를 중심으로 결집한 군단과 전쟁을

치르느라 지쳐 있었다. 사악한 무리에게 신들이 대패했다. 마히샤수라가 이기면 신들이 죽을 것이고 세상은 혼란에 빠질 것이다. 악마들이 이긴 것은 마히샤수라의 큰 장점 덕분이다. 그 대왕과 견줄 만한 상대는 없었다. 그런데 한 여성은 예외였다. 그래서 신들은 마히샤수라를 이길 목적으로 두르가를 창조했다. 이 여신은 초승달로 장식을 한 아름다운 금으로 된 여성이었다. 그녀는 팔이 열 개였고 사자를 타고 다녔다. 그녀는 브라흐마, 비슈누, 시바 신의 입에서 나오는 불길에서 태어났다. 그녀의 열 개 손에는 무기와 상징들이 있었는데 그것은 각각 특정 신에게서 받은 권력의 상징이었다.

두르가는 마히샤수라와 싸워 승리를 거두었다. 그렇지만 그러한 두르가조차 나머지 세 악마인 숨브하, 니숨브하, 락타비라를 누르는 것은 힘에 부쳤다. 두르가의 사자를 보고 그녀의 입술에서 나오는 소리를 듣기만 해도 악마의 군단은 무너졌으나 이번에는 상황이 불리하게 돌아가자 두르가는 불같이 화를 냈고 그녀의 찡그린 이마에서 무서운 여신 칼리가 태어났다. 거대한 사자에 올라탄 칼리가 그녀의 검과 입술에서 나오는 소리로 무장한 후 숨브하와 니숨브하, 그리고 그들의 군단을 무찔렀다. 그러나 세 번째 악마 락타비타는 천하무적인 듯했다. 그의 몸에서 땅으로 떨어지는 피 한 방울 한 방울이 셀 수도 없이 많은 악마로 다시 태어난 것이다. 칼리가 이 악마를 이길 수 있는 방법은 한 가지뿐이었다. 그를 땅에서 높이 들어올려 검으로 그에게 치명상을 입힌 후 떨어지는 피를 모조리 마셔서 피가 한 방울도 땅에 떨어지지 않게 하는 것이다.

그런 다음 칼리는 칼로 전투를 계속하면서 악마들을 섬멸하는 데 앞장을 섰다. 그녀는 코끼리와 말들을 죽이면서 적들의 피에 도취되어 갔다. 시바 신만이 그녀를 멈추게 할 수가 있었는데 그 방법이 참으로 기이한 것이었다. 그는 자신의 아름다운 나체에 재를 묻히고 시체들 사이에 미동도 않고 누워 있었다. 피에 중독된 채 칼리는 시신들을 가로질러 비틀거리며 가다가 마침내 완벽한 한 남성의 흰 몸 위에 서게 되었다. 그녀가 놀라 아래를 내려보다가 그녀의 남편 시바와 눈이 마주쳤다. 칼리는 자신의 남편이자 신인 시바를 밟았다는 것을 깨닫자 정신이 들었다.

하딩의 해석에 의하면 칼리의 당혹스럽고 무시무시한 외모, 악마를 섬멸한 모습은 뭔가를 상징하는 듯하다. 그러니까 이 전설은 모든 인간의 내면에서 들끓는 전쟁, 우리 안의 신성과 악마적인 본성 사이의 전쟁을 의미한다. 칼리의 모습과 불쾌감을 주는 그녀의 장식은 상징으로라면 충분히 이해할 수 있지만 칼리와 동일시하는 것을 께름칙하게 만든다.

그러나 이 원형의 다듬어지지 않은 난폭함을 느끼는 여성이라면 칼리의 야수적이고 무시무시한 외모가 적절하다는 것을 알 것이다. 칼리가 남편 시바와의 관계로 돌아왔을 때 정신이 들었다는 것 역시 충분히 일어날 만하다. 칼리에 사로잡힌 여성이라면 융의 용어로 말해서 칼리 콤플렉스에 사로잡혀 있는 것이다. 그런 여성은 자신이 깊이 좋아하는 누군가가 자신을 잡아 주기를 바란다. 또한 그녀의 분노가 정당한 것이라 하더라도 그녀는 자신이 난폭한 분노 그 이상의 존재라는 것을 기억할 수 있도록 누군가가 도와주기를 바란다.

차이나 갤런드가 『여성들간의 유대』에서 설명하는 것에 따르면3) 위대한 여신 두르가가 악마들과 싸우면서 자신의 분신 칼리를 탄생시켰고 칼리는 백척간두의 위기에서 세상을 구원한다. 칼리가 더는 필요치 않게 되자 두르가는 칼리를 다시 집어삼키면서 약속을 하나 한다. "걱정하지 마라. 세상이 다시 파멸의 위험에 빠지면 나는 돌아오리라." 여성 내면에는 맹렬한 여성 전사가 살고 있어서 그 전사를 통해 우리는 전투, 특히 참을 만큼 참고 나서 벌이는 전투를 치러낼 수 있다. 또 나중에라도 그 전사를 다시 불러내서 안심하고 그에 맞는 직분을 맡길 수 있다는 점에서 우리 내면의 전사는 두르가와 닮았다.

우리는 칼리를 무시무시한 존재로 보지만, 칼리는 숭배자들에게는 친절함과 호의로 모습을 드러내는, 전혀 두렵지 않은 존재다. 숭배자에게 칼리마, 즉 맹렬하면서도 모성을 지닌 존재로 다가선다. 사람들은 현무암으로 된 칼리 상에 꽃을 바치고 사원 주변에 있는 나무에 기원의 리본을 단다. 그녀는 세상에 산다는 공포를 아는, 또 그들을 위해서나 그들의 기도에 응답해 잔인해질 수도 있는 힘을 가진 여성 데비, 즉 여신이다.

칼리/세크메트 원형

칼리 여신이 사람이라면 우리는 그녀를 '경험으로 다 알고 있는' 사람이라고 말할 수 있을 것이다. 그 말은, 칼리가 이미 엄청난 역경을 딛고 일어섰기에 이 세상에서 그녀가 이해할 수 없을 만큼 끔찍하고 두려운 것이란 없다는 뜻이다. 우리가 칼리 원형을 불러내어 그 실체를 감지한다 해도 늘 칼리가 분노의 형태로 자기를 해소하는 것은 아니다. 칼리는 우리를 우리나 타인의 어두운 면으로 데려간다. 내면에서 칼리와 만나는 것은 특히 자신의 부정적인 감정을 잘 은폐해 왔으며 자신을 괜찮은 사람으로, 이것보다는 좀더 진화한 사람으로 생각해 온 사람에게는 일종의 충격이다. 자신이 칼리에 버금가는 분노와 환상을 가질 수 있다는 것을 아는 것 자체가 매우 유익한 일이다. 자신도 몰랐던 자신의 어떤 측면을 발견할 뿐 아니라 분노를 행동으로 옮기는 사람들을 더 잘 이해할 수 있게 된다. 칼리를 불러내는 것은 여자 인생에서 어느 때나 일어날 수 있다. 그런데 가장 흔하면서도 무섭게 칼리가 일깨워지는 일은 세 번째 인생의 단계로 들어갈 때, 혹은 남편이 젊은 여자와 살겠다고 이혼하자고 할 때 발생한다.

　세크메트/칼리 원형을 만나면서 심리적으로나 영적으로 해야 할 일은 분노와 지혜라는 상반되는 태도를 유지하는 것이다. 실연 당하거나 모멸감을 느낄 때, 형편없는 대우를 받을 때, 신체나 언어로 공격을 받을 때 즉각 보복하고 싶은 충동이 일어난다. 이때 지혜는 분노를 진정시키고 사나운 사자나 피에 굶주린 칼리를 제압한다. 지혜는 보복이 갈등을 더 확대하는 결과를 낳는다는 것을 안다. 게다가 보복은 영혼에 매우 나쁜 영향을 준다. 받은 만큼 되돌려 주면 그들과 똑같이 될 위험에 빠진다. 분노와 적개심에 가득 차, 세크메트와 칼리가 그랬듯이 분노에 '사로잡힐' 수도 있다. 이럴 때는 분노를 억제하면서도 그것의 핵심을 뚜렷한 목적을 가진 행동으로 바꾸어 내야 한다. 이것이 당장 풀어야 할 과제다.

이것은 분노를 억압하거나 자기 자신에게로 방향을 틀어서 우울해지는 것과는 다르다. 분노를 억누르거나, 왜 화가 나는지 그 이유를 망각하고 부인하고 이윽고 건강하지 못한 공의존 상태^{codependency}에 빠지는 것하고도 다르다. 우울, 공의존, 희생은 분명 세크메트나 칼리의 속성은 아니지만 이 원형의 이면이기도 하다. 세크메트/칼리의 난폭성은 마구 억누르거나 맹목적인 분노로 분출하기보다는 재갈을 물려야 한다. 그렇게 되면 칼리는 문제에 직면하여 꾸준히 풀어 보려는 인내심을 발휘할 것이며 세크메트 역시 왜곡되지 않은 채 계속 존재하면서 찬찬히 생각하는 힘을 기르게 된다. 아이의 욕구가 학교 제도에 의해 무시될 때 해결책 찾기를 거부하지 않으면서도 상황이 바뀔 때까지 견디는 어머니가 그 예다. 「음주 운전에 반대하는 어머니 모임」이 여기에 속한다. 인생의 세 번째 단계인 할머니 단계에 들어선 여성들의 관심은 종종 자기 가족을 너머 더 큰 지역 사회로 확대된다. 사회에는 분노할 것이 많다. 그녀가 곳곳에서 무능력이나 업무 상 과실, 권력 남용 같은 상황을 만나면 한 손에 칼을 든 칼리가 된다. 성공적으로 일이 완수되면 다른 한 손에는 악인이나 그쪽 우두머리의 잘린 모가지가 들려 있을 것이다.

버니 시겔 박사에 따르면 사자는 토템에서 '예외적으로 인내심 있는' 동물로 숭앙 받는다. 칼리가 활성화된 여성이라면 암 환자의 처지일지라도 자기 권리를 포기하지 않는다. 이런 여성은 의사의 지시에 고분고분

따르는 편이 아니기 때문에 대개 의사들이 '까다로운' 환자라고 부를 만하다. 그녀는 정보를 입수하고 어려운 질문을 던지고, 어떤 검사나 치료를 권하는 이유가 무엇인지, 왜 다른 치료법은 권하지 않는지 알려고 한다. 그녀는 의사가 지시하는 것과는 다른 제2의 선택 안을 가지고 있어서 그 안이 그녀에게 최선이라는 확신이 들면 의사를 갈아 치운다. 그녀는 대안을 탐색하며 스스로 중요한 결정을 내린다. 그녀는 치유를 위해 할 수 있는 것은 모두 서슴지 않고 한다. 시겔이 이야기하듯 이런 것은 완쾌할 승산을 높이고, 차도가 생겨서 병을 낫게 할 가능성을 높이는 것들이다.

2000년 어머니날 「백만 어머니 행진」에 75만 명이 참가하여 워싱턴에서 총기 규제를 요구하는 시위를 할 때, 시위 군중 속에 그리고 연단 위에 세크메트가 있었다. 이들은 총기 규제 완화는 죽음과 고통의 시작이라고 주장하고, 「전미 총기 협회」세력이 의회에 영향을 미쳐서 총기 규제 법안 통과를 저지하는 것을 비판했다. 미국 공중위생국장을 지낸 안토니아 노벨로는 이런 말로 끝을 맺었다. "우리는 참는 데에도 지쳤습니다!" 아홉 살짜리 옆집 아이의 총격으로 열세 살 난 아들을 잃은 캐럴 프라이스가 절규로 응답했다. "다시는 이런 일이 일어나서는 안 됩니다!" 세크메트의 분노는 배우 수전 서랜든에 의해서 극적으로 표현되었다. 그녀가 "진저리 난다!"고 하자 청중은 자발적으로 "진저리 난다!" "진저리 난다!" "진저리 난다!"고 했으며 그 열기와 분노는 점점 더 뜨거워졌다.

수메르 여신 에레슈키갈

중병에 관한 책 『뼛속까지』에서 나는 수메르 여신 이난나에 대해 설명한 바 있다. 이난나가 문을 하나씩 통과하여 지하 세계로 내려가는 것은 환자가 페르소나와 심리적인 자기 방어 체계를 잃어버리는 경험과 비슷하다. 생명을 위협하는 중병은 영혼이 명부로 내려가는 것, 혹은 하데스와 플루토(지하 세계 신의 로마식 이름으로 '지하의 갑부'를 의미한다)의 영역, 즉 페르소나 혹은 집단 무의식의 세계로 들어가는 여행이라고 나는 생각한다. 그런 하강을 경험할 때 우리는 가장 지독한 두려움을 만난다. 버려졌던 우리의 일부와 우리가 떨어져 나왔던 강력한 원형을 찾아낼 수도 있다. 신화4)를 보면 하늘과 지상의 여왕인 이난나는 분노의 여신 에레슈키갈과 대면하게 되는데, 에레슈키갈은 세크메트와 칼리와 원형적 성격이 비슷하다.

이난나는 벌거벗은 채 몸을 낮게 구부린 자세로 일곱 번째이자 마지막 관문을 통과하여 위대한 지하의 여신이자 죽음의 음울한 여신 에레슈키갈을 만나게 되었다. 에레슈키갈은 이난나를 쳐서 험악한 몰골로 죽게 한 다음, 고리에 그녀의 시체를 매달았다. 사흘이 지나도 이난나가 돌아오지 않자 그녀의 부하 닌슈부르는 도움을 구했으며 그 결과 이난나는 다시 살아났다. 그러나 그녀는 그 전의 그녀가 아니었다. 그녀는 에레슈키갈의 속성을 물려받은 것이다. 그녀의 치마에 매달린 악마는 그녀가 지목하는 사람은 누구든지 데려갈 태세였다. 지상으로 돌아온 이난나는 그녀의 죽음을 슬퍼한 사람과 슬퍼하지 않은 사람을 구분할 수 있었으며 누구를 지상에 남겨둘지, 누구를 악마에게 넘겨주어 지하 세계로 보낼지를 결정했다. 이난나는 닌슈부르가 도와주지 않았더라면 자신이 소생할 수 없었으리라는 것을 알았다. 그래서 악마가 닌슈부르를 보고 "데려갈까요?"라고 물었을 때 이난나는 "절대 안돼!" 하고 말했다. 또 이난나는 아들들이 상복을 입고 이난나의 죽음을 슬퍼하는 것을 보고 아들들도 악마에게 넘겨주지 않았다. 그 다음 왕실로 들어왔더니 남편 두무지가 화려한 옷을 입고 왕좌에서 뒹굴고 있었다. 한눈에 봐도 이난나를 애도하고 있지 않았다. 그녀는 분노의 손가락으로 그를 가리키며 악마에게 이렇게 말했다. "그를 데려가라!"

에레슈키갈을 만났기에 지하 세계에서 돌아온 이난나는 변했다. 이는 여자들이 죽음을 감지하거나 그와 유사한 것을 만날 때 변하게 되는 것과 비슷하다. 많은 여자들이 이렇게 말했다. "암 덕분에 공의존증을 극복했어요." 암에 걸렸기에 그들은 정이라고는 없는 친구들이나 자기 도취에 빠진 가족과 친척들을 자세히 살펴보았고, 자기 삶에서 즐거움이 결핍되었다는 것을 성찰하였으며, 분노하되 명쾌하게 행동하는 기회를 가질 수 있었다. 이난나처럼 그들은 누구와 계속 관계를 유지하며 누구를 소중하게 여길지, 누구를 골라내야 할지 알게 되었다.

어느 강의에서 『뼛속까지』의 발행일이 1996년 10월 2일로 정해졌다고 이야기했더니 10월 2일생인 한 여성이 그날은 로마 가톨릭에서 수호 천사 기념일이라고 했다. 나는 그 말을 듣고 기뻤다. 사람들이 다시 태어나도록 돕기 위해 이 책을 썼던 만큼 이러한 목적과 책 발행일의 동시성이 확인되는 것 같았기 때문이다. 게다가 그 책 '기도에 관한 장'에서 나는, 어떤 사람을 위해서 기도를 할 때 그 사람에게 수호 천사를 보내서 그 사람 어깨 위에 수호 천사가 앉는 상상을 하기 좋아한다고 썼던 것이다. 이런 일치 때문에 그 강의를 듣던 사람들은 이 책의 출간 날짜가 1996년 10월 2일이라는 것을 기억했으며 바로 이런 인연으로 나는 카일 캠벨이라는 독자에게 편지 한 통을 받았다. 이 날짜와 폐경, 암, 칼리가 서로 얽히고 설켜 있는 그녀의 편지는 이랬다.

첫째, 제 생일은 10월 2일이랍니다. 둘째, 나는 1996년 생일을 기념했어요. 그날은 '칼리 사원으로 순례를 떠났다가 성공적으로 돌아온 후' 새로워진 자아로 살기 시작한 날이었거든요. 나는 유방암 방사능 치료를 막 끝냈답니다. 칼리와 관련한 비유는 내가 여러 풍상을 겪어오면서 개발한 것인데

156

당신이 여기에 관심이 있을 것 같았습니다. 당신은 패기만만하고 건강하던 사람들이 실은 자신이 무척 약하다는 것을 알게 되면서 겪는 충격적인 감정을 잘 묘사했더군요. 나는 이것을 칼리와의 만남이라고 설명하고 싶어요. 10월은 폐경이 되는 달이기도 했습니다. 그래서 뭔가 변화가 필요하다고 느끼고 있었지요. 예상보다 더 일찍 죽을 수도 있다는 생각에 비유가 급하게 필요해졌던 것입니다. 나는 예전에 그림 그릴 때 칼리를 도입한 적이 있기 때문에 칼리가 떠올랐습니다. 피 흘리는 여신의 그 극적인 이미지가 마음에 들었답니다. 내가 걸어가는 이 위험한 길을 강렬하게 표현하고 싶었어요. 실제로 생과 사가 갈리는 상황이었으니 생사의 생생한 은유가 필요하기도 했고요…

칼리 사원으로 들어간 자들은 그녀의 무시무시한 지하 세계로 들어가 그곳에 머물면서 죽음의 얼굴을 직면한 후 새 인간이 되어 그곳을 떠나야 한다는 것을 알게 됩니다. 병원의 방사능 센터는 미로 같은 복도를 끝까지 따라가면 있는 곳입니다… 내 눈에 그곳 환자들은 처참해 보였습니다. 머리카락 한 올 없이 불구의 몸을 이끌고 가는 이들 중에는 정말 죽음을 목전에 둔 이들도 있습니다. 내가 두려워하는 사람들이지요. 나도 이들 중 한 사람이라는 것을 인정하고 싶지 않았습니다. 여기가 칼리 사원이다 싶었습니다. 그 사원으로 들어가서 나 역시 그곳 사람이 되어 그곳 사람들을 만나고 아폴론이 보내 주는 치유의 에너지를 받은 후 치유되어서 암을 이긴 사람들 무리에 입회한 후… 그곳에서 걸어 나와야 한다는 생각을 굳혔지요.

이 편지를 쓴 여성이 묘사했듯 진단과 치료라는 어두운 영역으로 하강하면 심리 변화나 신체 변화를 겪을 수 있다. 죽음과 분노, 변신과 치유라는 어둠의 여신을 만나고 나서 다시 일상 생활이라는 지상 세계로 돌아오면 당신은 달라져 있다. 세크메트나 칼리, 에레슈키갈, 혹은 이름 없는

그녀는 분노, 쾌활, 그리고 자애 157

그 어떤 원형을 만난 후에는 당신은 더 이상 과거의 당신이 아니다.

까마귀 어머니 / 모리건

까마귀 어머니는 호피족(미국 애리조나 주에 거주하는 아메리카 원주민) 보호지역 상품 판매대 위에 놓여 있는 많은 카치나 인형들 중에서 찾을 수 있다. 까마귀 어머니를 보자마자 나는 그것이 변형의 분노를 의미하는 원형임을 알아보았다. 카치나 인형은 매년 6개월간 호피족 사이에서 사는 영적인 존재인 카치나의 재현이다. 이 인형은 한 쪽에 크고 검은 까마귀 날개가 달린 청록색 헬멧을 쓰고 있다. 헬멧의 앞부분은 흰색의 테두리가 쳐진 검은 역삼각형에 붉고 검은 줄이 그어져 마감이 된 모양이다.

이 역삼각형은 보통 여성의 골반을 상징하며 여신의 출산력과 연관된 모양이다. 나는 까마귀 날개를 보자 여신이 까마귀일 수도 있겠다는 것을 깨달았다. 고대 아일랜드의 삼위일체 여신은 처녀 아나,^{Ana} 어머니 밥드,^{Babd} 할머니 마차^{Macha} 혹은 모리건^{Morrigan}인데 모리건은 전투에 갈가마귀 모습으로 나타났다. 까마귀나 갈가마귀가 삼위일체 여신의 무시무시한 파괴자 단계를 어떻게 상징하는지 깨닫고 나자 할머니나 할머니 여신에 대한 두려움과 존경의 이름 혹은 상징이 모두 얼마나 형편없이 평가절하되고 있는지를 상기할 수 있었다. 여성을 '늙은 까마귀'라고 부르는 것은 한때는 '신성한 여성'이라는 의미였으나, 이제는 마녀라는 뜻의 '해그'라고 부르는 것만큼이나 모욕적인 말이다.

제2호피 메사(지질학 용어로 우뚝 솟은 대지)에서 나는 뱀족의 연장자이자 카치나 인형의 전문가이기도 한 알프 세카쿠쿠에게 까마귀 어머니에 대하여 좀더 이야기 해달라고 청했다.[5] 까마귀 어머니는 초록의 유카(백합과에 속하는 실난초 등) 채찍을 한 다발 들고 다니는데다가 그녀가 맡은 특별한 의례적 역할의 이름을 따서 '채찍의 어머니'라고도 불린다고 세카쿠쿠는 말해 주었다. 카치나 혼령들이 호피족의 초대를 받고 나타나는 2월, 채찍을 휘두르는 사람들(무서운 남성 카치나)은 마을 사람들이 도덕과 미덕의 기준을 준수하고 있는지 평가해서 상벌을 주려고 마을에 나타난다. 채찍의 어머니와 채찍질하는 사람들은 어린아이들을 호피의 신앙과 문화에 입문시키는 중요한 역할도 한다. 입문식은 키바라 불리는 곳에서 거행되는데 그곳은 호피 마을에서도 신앙 생활의 근거지가 되는 영역의 중앙에 마련된 둥근 지하 방이다.

채찍질하는 사람들과 까마귀 어머니는 초록 유카 채찍을 들어서 불순한 것이나 악귀를 내쫓는다. 그녀는 공격적이며 분노로 가득 차 있다. 나는 그녀가 사람들을 채찍질하여 영적으로나 도덕적으로 성숙해지게 할 수 있다고 생각한다.

'채찍의 어머니'는 '겉이 번지르르하다'고 다가 아님을 안다. 그녀는 이웃과 연대하여 마약업자들을 길에서 내모는 여성들 안에 있는 원형이다. 채찍의 어머니는 노동자를 조직하여 열악한 노동 조건을 폭로하는 여성 안에 있다. 그녀는 여성 성기 훼손, 어린이 성 매매, (화재 사고를 가장하여) 지참금이 적은 신부를 불 태워 죽이는 것에 반기를 든다. 까마귀 어머니는 모든 계층에 있는 힘 있는 할머니다. "더는 못 참아!" 하고 말하며 '채찍 군단'을 거리로, 선거장으로, 법정으로, 언론사로 이끈다. 채찍의 어머니, 세크메트/칼리, 혹은 에레슈키갈에게서 수업을 받은 이가 "더는 못 참아" 하고 선언하는 순간 그 선언으로부터 내면의 힘과 책임감이 뿜어 나올 것이다. 이들 중에는 이런 문제는 남자들이 해결해야 한다는 생각을 젊은 시절에 가졌던 사람들도 있을 것이다. 50세 이상의 여성들은 개인적 차원에서건 집단적 차원에서건 변화는 자신에게 달려 있다는 것을 깨달아 간다.

사자의 가슴을 지닌 여성들

칼리/세크메트의 원형적 에너지는 '여성성에 내재한 사나운 열정'으로 표현될 수 있다. 이는 차이나 갤런드6)가 우리 시대의 크나큰 악들에 대항하는 여성들 안에서 발견한 것이다. 그들은 내가 '사자의 가슴'이라고 생각하는 특징을 지녔다. 암사자의 분노는 보복에 가까운 반응을 보이면서 자식을 보호하는 어머니의 분노다. 칼리는 사자 위에 올라타고 악마를 무찌르는 여신이고, 세크메트는 그녀 자신이 암사자이자 여성이다. 그들은 자신들이 신성하게 받드는 것을 넘어뜨리려 하거나 파괴하겠다고 위협하는 악에 맞서서 온 마음으로 불타오르는 분노의 화신이다. 강력한 권위에 맞서 분노하고 대항하는 여성이 되려면 용기가 필요하다. 용기 ^{courage}는 '마음'을 뜻하는 쾨르 ^{coeur}에서 나온 말이다. 아르헨티나의 「마요 광장의 어머니들」은 1977년부터 매주 시위를 하고 있다. 이들은 속박과 위험을 피부로 느끼면서도 군사 독재 시절 사라진 사랑하던 이들의 생사를 확인하고자 함께 모여 맹렬한 기세를 떨치고 있다. 이들이 바로 사자의 가슴을 가진 여성들이다. 그들은 모두 적어도 한 명의 자녀를 잃었거나 실종된 가까운 친지가 있다. 일 년에 한 번 어머니들은 「사라진 자들의 할머니들」과 다른 인권 단체 회원들과 함께 만난다. 그들은 아르헨티나의 양심이 되었다. 갤런드는 어린이 성 매매 국제 조직을 근절하는 데 노력을 기울이는 여성들 속에서도 동일한 맹렬함을 보았다.

사자의 가슴을 지닌 지혜로운 여성

가슴 깊숙이 반응하고 동정할 줄 아는 능력은 가족을 돌보고 우정을 키우는 여성들의 자질이다. 그들은 성기가 절단되는 소녀들, 매춘 시장으로 팔려 가는 어린이들, 근친 강간, 방임과 학대에 노출되는 아이들을 위해 행동을 취하자고 여성들을 자극한다. 이런 사악한 일이 소녀들에게만 치명상을 입히는 것은 아니지만 그들이 일차적인 주요 희생자다(이런 상황을 눈감아 주는 가족이나 문화는 여러 세대에 걸쳐 크나큰 후유증에 간접적으로 시달린다). 여성이 몸으로나 인격적으로 그런 대우를 받을 경우, 자신을 무감각하게 만들거나 감정을 아예 무시하고 오직 머리로만 살 수 있는 능력으로 무장하지 않는 한 철저하게 무기력해질 뿐 아니라 무방비 상태에 빠진다. 이러한 상황을 본능적으로 혹은 논리적으로 상상하는 일은 심기가 불편해지기는 하지만 결코 하기 어려운 일이 아니다. 기분 나쁘거나 무시무시한 경험을 한 적이 있다면 이런 상상을 더욱 구체적으로 할 수 있다. 어릴 때 길을 잃은 적이 있거나 혹은 남자가 자기 성기를 보여 줘서 두렵고 혼란스러웠던 적이 있다면, 신체적인 고통을 당하거나 강간을 당했다면, 이런 것을 상상하기는 손바닥 들여다보듯 쉬운 일이다. 그러나 세크메트/칼리의 원형이 없다면 야수성과 취약성은 결국 말 한마디 못하고 수동적으로 고분고분해지는 식으로 찌그러진다. 사악함을 극복할 행동을 취하려면 연민과 용기, 분노와 인내심을 동시에 가진 사자의 가슴이 필요하다. 사자의 가슴은 오직 어둠의 여신 원형에만 있는 것이기에 여성들은 특히 서로를 지지할 필요가 있다. 사라진 자들의 어머니와 할머니처럼 많은 수가 모이는 것 자체가 일종의 방어가 된다. 특히 뭔가에 저항하거나 어떤 행동을 취하거나, 반대 세력이나 거부 세력을 만날 때마다 그들이 열의를 잃지 않고 노력을 지속하려면 서로 뭉쳐야만 한다.

그리스와 서구 문명의 역사를 보면 가부장적 법과 제도는 여성을 남성의 소유물이 되게 함으로써 여성들 안에 있는 취약성을 제도적으로 강화해 왔다. 19세기 말이 될 때까지 미국 상황도 마찬가지였다. 정신 세계에서 보자면, 의식 층으로 올라오지 못하도록 억압되는 것은 두려움의 대상이 된다. 이러한 현상은, 여성들이 동등권 확보를 위해 애쓸 때마다 왜 그토록 엄청난 두려움이 깔린 다분히 감정적인 저항에 부딪치는지 그 이유를 설명하는 데 도움이 된다. 남자들이 여자의 보복과 분노를 그토록 두려워하는 것도 집단 무의식의 원형 층에 세크메트/칼리가 있기 때문이다. 여자들도 자신이 화를 낼까봐 두려워한다. 이것은 문화적으로 강화된 두려움(여자가 화를 내면 벌을 받고 사람들도 그런 여자를 멀리한다)을 학습한 것이며, 원형에 대한 더 깊숙하게 자리 잡은 모호한 두려움이다. 이 두려움이 상당 부분 옅어지고 있다.

"더는 못 참아" 하고 선언하는 여신들은 그 이름도 우리에게 익숙하지 않고 인간의 얼굴을 하고 있지도 않지만 그들의 힘과 분노는 낯설지 않다. 지혜와 성숙함은 세크메트/칼리의 특성을 지닌 사람들 안에서 최고의 지지를 받는다. 세크메트/칼리의 분노가 지혜와 성숙함을 동반할 때 효과적인 실천으로 연결되는 것이다. 여성들이 이렇게 할 수 있다면 그들은 사자의 가슴을 지닌 지혜로운 여성이 될 것이며, 그들의 분노는 우리의 제도와 문화를 변화시킬 것을 약속한다.

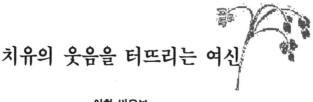

치유의 웃음을 터뜨리는 여신

야한 바우보
일본의 쾌활함과 춤의 여신 우즈메

그리스 신화에서 덜 중요한 신에 속하는 바우보는 고대 일본의 골격을 이루는 신화에서 대단한 역할을 맡은 일본 여신 우즈메(아메노 우즈메)와 닮은 구석이 있다. 이들은 무시무시한 상황에 치유의 웃음을 던진다. 한쪽 신화에서는 우스꽝스러운 이야기가 나오지만 다른 신화에서는 춤추고 북 치는 장면이 나오지만, 웃음을 자아내는 특별한 행동은 양쪽 신화에서 동일하게 그려진다. 바우보와 우즈메 둘 다 치마를 들어올려 자기 성기를 보여 준다. 이 행동과 이 행동으로 촉발된 웃음은 어머니 여신의 양육의 능력을 되살리고 햇빛을 지상으로 도로 가져온다. 그것은 적의에 찬 조롱의 웃음도 아니고 음란한 생각을 하며 킥킥거리는 웃음도 아니다. 깊고 심오한 의미를 지닌 뭔가가 드러난 것이다.

　자기 자신을 있는 그대로 받아들여서 편안한 여성들은 특히 서로 어울려서 많이 웃는다. 『바우보의 변신』을 쓴 윈프레드 밀리우스 루벨은 이렇게 적었다. "바우보를 언급하는 것만으로도 대개는 특별한 특성을 가진 웃음이 터진다. 그것은 낄낄거리는 것이며 역설과 동정이 묘하게 뒤섞인 유머이자 여자들끼리 공유하는 경험이다… 그것은 바우보의 신성한 뱃속에서 나오는 웃음이다." 바우보(이암베라고 부르기도 했다)는 데메테르와 페르세포네의 신화에서 하찮은 역할을 맡은 하녀에 불과했다. 그러나 그녀는 진지하고 재미있고 열정적이며, 지혜로운 여성들의 할머니 정신을 사로잡았다. 탁월한 고고학자 마리자 짐부타스는 바우보가 "중요하면서도 거의 알려지지 않은 신이지만 수백만 년 동안 인간의 정신 세계를 감동시킨 신"이라고 설명했다.[1]

야한 바우보

데메테르는 하데스가 제우스의 허락을 받고 자기 딸 페르세포네를 납치했음을 알고는 이루 형언할 수 없는 상실감에 빠져들었다. 그녀는 신들과 더불어 있기를 거부하고 올림포스를 떠나 더 이상 출산할 수 없는 여인으로 변장하여 여신의 아름다움을 감추고 지상을 방황했다. 어느 날 그녀는 엘레우시스에 나타났다. 그녀는 엘레우시스의 통치자인 켈레오스의 딸들이 물을 길러 온 우물 옆에 앉아 있었다. 그들은 이 낯선 자가 누구인지 궁금해 그녀에게 말을 걸었고 그녀가 유모 일을 할 만한 자리를 찾는다는 것을 알게 되었다. 그들은 막 사내아이를 출산한 어머니 메타네이라의 집으로 데려가 그녀를 만나게 해주었다. 여신이 현관에 들어서면서 천장에 머리가 닿자 그 순간 현관이 신령스러운 빛으로 가득 찼다. 무릎에 아기를 앉혀 놓고 있던 메타네이라는 깜짝 놀라서 즉시 데메테르에게 자신의 화려한 의자와 가장 좋은 포도주를 제공했으나 여신은 거절했다. 어머니와 아이가 함께 있는 것을 본 여신은 잃어버린 딸에 대한 기억과 간절함으로 마음이 흔들렸던 것이다. 데메테르는 곧 말이 없어지고 눈을 아래로 깐 채 서 있었다. 그때 하녀 바우보가 그녀에게 간편한 의자를 주었다. 여신은 그 의자에 앉아, 하도 깊어서 한번 빠지면 아무도 다시 건져낼 수 없을 듯한 깊디깊은 슬픔의 침묵으로 침잠해 들어갔다. 그때 바우보는 야한 유머로 여신을 즐겁게 했다. 그녀의 농담이 미소를 불러왔고 그 다음 그녀가 치마를 들어올려 자기 몸을 보여 주자 데메테르는 웃음을 터뜨리면서 기운을 차렸다. 그런 다음 보리와 민트가 섞인 차를 마시고 아이의 유모가 되어 주기로 했다(신화의 중간 부분에 나오는 일시적인 위안의 장면이다).2)

바우보의 농담이 모든 세대를 관통하는 것은 아니지만, 여성이라면 그녀가 지금 말하고자 하는 것을 직감적으로 이해한다. 상실과 배반의 한가운데서 한 여성이 울고 흐느끼고 욕하고 토하기까지 하면서 슬픔과 분노에 어찌할 바를 모르고 있을 때라도 바우보가 (마음에) 나타나기만 하면 그녀는 그 상황에서도 웃음 섞인 눈물을 보여줄 수 있다. 우리는 웃다가 서로 용기를 북돋우게 되고 우리가 힘든 상황을 견뎌 낸 생존자임을 알 때가 있다. 함께 웃을 수 있기에 우리는 서로의 힘을 확인한다. 바우보의 농담과 행동은 역경에 빠진 여자들 사이에 뱃속에서 나오는 야한 유머를 불러올 수 있다. 좋은 친구는 극도로 열악한 상황에서도 웃음을 자아내는 말을 할 수 있으며 그렇게 하여 치유는 시작된다.

　고대 그리스 신화는 바우보가 농담을 하고 치마를 들추어 제 성기를 보여 주었다고 전한다. 그것은 그리스 종교서에서 아나-수로마이$^{ana\text{-}suromai}$ (문자 그대로 '치마를 들추다'라는 의미다)라고 부르는 행위다. 이 행동은 음란하고 웃음을 자아내지만 그 이상의 의미가 있다. 루벨은 이 행동이 가부장제가 들어오기 이전 초기 모권 시대의 희미한 흔적이라고 본다. 모권 시대 여신의 성기는 모든 생명이 출현한 성스러운 문이었으며 따라서 역삼각형은 신성한 상징이었다. 치마 들추어 성기를 보여 주는 바우보의 행동은 구석기에서 중세에 이르기까지, 고대 유럽과 이집트에서 시베리아를 거쳐 아메리카에 이르기까지 각종 예술 작품에서 재현되었다.

고고학자들이 발견한 점토로 된 작은 '바우보' 상은 웃음을 자아내게 한다. 그것은 배 위까지 치마를 들어 올려서 다리와 배만 보이는 여자 모습이다. 때로 실제로 웃는 얼굴이 배 위에 그려지기도 한다. 두 다리 사이에 수직으로 갈라진 성기를 부드럽게 앞으로 내밀고 있는데 이것은 V자 모양으로 오목하게 들어간 부분이다. 바우보와 이러한 상들은 고대 그리스의 올림포스 신들의 대리석 조각들과 비교하면 보잘것없지만 그녀의 기원이 가부장제 시대 이전으로 거슬러 올라가기 때문에 그녀가 이렇듯 가냘프면서도 형편없는 모습으로 남아 있는 것을 이해할 만하다. 여성의 성과 출산력을 표현한 그녀의 이미지는 신성한 것이지, 음란한 것이 아니다. 음문이 여신의 몸으로 들어가는 입구였기에 틈이 있는 동굴 입구를 존경의 의미에서 황토로 칠하던 때도 있었다.

　　루푸스 C. 캠파우젠 역시 『요니 : 여성적 창의력의 신성한 상징』에서 고대 유물을 조사하면서 이러한 상징이 출현한 지역이 지리적으로 광범위했으며 이 상징이 활용된 시대도 구석기에서 현대까지 걸쳐 있다는 것을 확인했다. 요니는 산스크리트어로 여성의 성기를 말하는데 '음문,' '자궁,' '기원,' '근원'으로 번역된다. 캠파우젠은 '요니'라는 말이 의학 용어나 포르노적인 함의를 담고 있는 용어가 아니라, 여성 성기가 위대한 여신의 신성한 상징으로 간주되던 문화와 종교 전통에서 나온 말이기 때문에 자신이 이 말을 사용한다고 밝혔다.

　　여자 성기나 젖가슴, 임신한 여성을 표현한 조각, 동굴 벽화, 기타 예술품들은 구석기와 신석기 시대 사람들이 여신을 숭배했음을 입증하는 고고학적 증거다. 가부장제가 생기면서 음문은 숭배의 대상에서 금욕적이면서도 입에 담을 수 없는 '더러운' 신체 부위로 전락했다. 그것은 여신의 상징이었지만 여성을 가장 낮추어 부르거나 적대적으로 쓸 수 있는 말이 되었다.

루벨은 바우보의 의미를 찾다가 여성의 웃음과 성이 균형의 회복과 연결되어 있음을 알게 되었다. "바우보 웃음의 자연스러움은 옛 폐허를 가로지르는 그래피티(건축물에 당시 사람들이 남긴 글씨나 그림)와 같이 번쩍인다. 그녀의 농담은 사라지지만 그녀의 엉뚱하고 반짝이는 제스처와 그러한 우스꽝스러움에 대한 기록은 남아 있다. 많은 이들이 여성들 사이에 퍼지는 웃음은 여성의 성의 감추어진 측면이라고 생각한다. 이런 종류의 웃음 — 종종 우스꽝스러운 모양새와 출산력이 연결된 — 은 긴장된 상황을 완화하기 위한 것으로서 신성하고 즐거운 의례에서 사용되었다. 그 웃음의 목적은 고통스러운 상황을 전체적 관점에서 다루어 균형을 회복하기 위한 것이기도 하다. 그녀는 불경하면서 신성하다."[3]

바우보는 엘레우시스에서 행해지던 신비 의례에서 일정한 역할을 맡았음이 분명하다. 엘레우시스는 아테네 북서쪽에 위치하여 395년 붕괴되기까지 약 2,000년이라는 장구한 세월을 지켜낸 국가이다. 호메로스의 『데메테르 찬가』를 보면, 페르세포네가 지하 세계에서 돌아온 후 데메테르는 인간들에게 신비 의례를 전해 준다. 전수자들에게만 전해지는 비밀 의례와 일반인들을 위한 의례, 두 가지가 있었다. 남자와 여자 모두 엘레우시스 신비 의례에 참여했다. 이런 의례에 적대적이던 그리스도교 주교의 글을 통해 우리는 이런 의례를 빙산의 일각이나마 알게 된다. 알렉산드리아의 클레멘스(150-215)가 쓴 글에 따르면 이 신비 의례 동안 바우보는 "옷을 들어 올려서 아주 특이한 방식으로 알몸을 보여 주었다."[4]

바우보는 엘레우시스의 이런 엄숙한 의례보다는 씨앗을 뿌리는 가을 10월경 엘레우시스에서 사흘간 열리는 여자들만의 축제인 테스몰피아 *Thesmorphia* 의례에 더 어울린다. 여자들은 함께 모여 여신과 함께 딸을 잃어

버린 것을 슬퍼하면서 데메테르를 위로한다(이 의례에서 그들은 페르세포네의 납치를 재현하는 가운데 슬픔을 공유하면서 카타르시스를 느낀다). 엄숙한 의례와 공동의 애도가 끝나면 농담과 춤, 음담패설과 노래로 시끌벅적한 신나는 잔치가 이어졌다.[5]

쾌활함과 춤의 일본 여신 우즈메

불경스러우면서도 신성한 치유의 웃음을 터뜨리며 치마를 들어 올리는 모습은 지리적으로 그리스의 반대편에 위치한 일본의 신화에서도 찾아볼 수 있다. 이번에는 일본의 주요 신화에 나오는 슬퍼하는 여신, 아마테라스다. 그녀는 태양의 여신이자 일본 왕의 조상이다. 그녀가 동굴로 들어가 버리자 끝없이 밤만 계속되었다. 춤과 쾌활함의 여신 아메노 우즈메가 농담을 하면서 치마를 걷어 올리기 전까지는 아무도 아마테라스를 바깥으로 끌어낼 수 없었다. 이 신화는 훨씬 이전부터 구전되어 오다가 8세기 경 『고대기』와 『일본기』에 기록되었다. 루벨[6]과 멀린 스톤은 『여성성을 비추는 고대 거울』[7]에서 다음의 이야기를 전하고 있다.

아마테라스 신화

아마테라스 오미카미는 천상에서 빛나는 존재, 정오를 소유한 위대한 여신, 천상의 평원을 지배하는 자로 불리며 땅과 논을 지켰다(그리스 곡식의 여신 데메테르와 닮았다). 아마테라스는 위대한 천상의 베 짜는 방에서 베를 짜고 있는 여성들을 관장하기도 했다.

그녀의 오빠인 스사노(분노의 신이라 일컬어진다)는 바다와 폭풍의 신이었는데, 그녀가 더 강한 권력을 가지고 있는 것에 분개했다. 어느 날 그는 자기 어머니를 방문한 자리에서 자신의 계획을 발설함으로써 아마테라스의 천상의 영역에 접근할 권리를 얻었다고 공포했다. 그는 누이가 모를 심어 놓은 천상의 논을 짓밟아 버렸다. 그리고 아마테라스의 신전 안을 말끔하게 치운 다음 하늘의 망아지 한 마리를 데려와서는 죽였다. 그런 다음 그녀의 베 짜는 방으로 침범하여 신성한 비단 베틀 사이로 피 흘리는 시체를 던졌다. 그로 인하여 베 짜는 여사제들 사이에 엄청난 소요가 일어났다.

(다른 판에서는 여사제가 직조기의 북으로 죽임을 당하거나 아마테라스가 북에 의해 처녀성에 상처를 입거나 오빠에게 강간을 당한다.)

분노와 두려움에 가득 찬 아마테라스는 하늘의 동굴로 도망가서 거대한 문을 단단히 걸어 잠근 뒤 자신의 빛과 온기를 세상에서 거두어 갔다. 끝이 없는 밤만 이어졌다. 아마테라스가 없이는 지상에 아무것도 자랄 수가 없었다. 8백 명의 신들이 그 동굴 앞으로 와서 그녀를 밖으로 나오게 하려고 애를 썼으나 헛수고였다.

마침내 쾌활함과 춤의 여신 아메노 우즈메가 작전을 짜서 나타났다. 우즈메는 커다란 통을 거꾸로 세워서 북처럼 울리게 한 다음 그 위에 올라가서 다리로 장단을 맞추면서 황홀한 춤을 추기 시작했다. 그녀는 하의를 벗어 8백 명의 신들의 시선을 한꺼번에 집중시킨 다음 기모노를 들어올려 자신의 성기를 드러내 보였다. 신들은 웃고 손뼉을 치면서 소리를 질러 댔다. 여러 신들이 몰려들어 환호를 지르니 동굴 속 아마테라스의 귀에까지 닿을 수밖에. 그녀는 호기심에 동굴 밖을 내다보다가 동굴 입구에 놓아둔 청동 거울과 마주치게 되었다. 자신에게서 반사되는 빛이 너무 밝아서 앞을 볼 수 없게 된 아마테라스는 동굴 밖으로 나와야만 했다. 그 순간 그녀가 나오도록 지키고 있던 신들이 문을 닫았다. 일단 아마테라스가 동굴 밖으로 나오자 햇빛이 다시 지상에 비쳤고 낮과 밤이 돌아왔고 지상은 다시 윤택해졌다.

세상에 빛과 생명이 다시 돌아오는 이 신화는 일본에서 매년 거행되는 신사 의례에서 기념되고 있다. 의례에는 우즈메의 '가구라,' 즉 웃음을 자극하는 음란한(서구식으로 보면) 춤이 포함되어 있다. 일본에서 가장 신성한 신사인 아마테라스 이세$^{(伊勢)}$ 신궁에는 가장 신성한 거울이 보관되어 있다. 일본은 서구도 아니고 청교도적인 문화도 아니어서 우즈메가 존경받을 수 있다. 장단을 맞추는 그녀의 춤 스텝, 농담, 자신의 성기를 보여 주는 것은 이 주요한 일본 신화에서도 핵심 요소이다.

『북 치는 자가 여성이었을 때』에서 레인 레드몬드는 기원전 6000년까지 거슬러 추적하면서 여성들이 신성한 의례의 도구로 북을 사용했다는 것을 밝혔다. 고대 아나톨리아(터키)의 한 신전에서 그런 그림이 발견되었다. 북은 다양한 영적 경험으로 인도하는 도구다. 현란한 리듬이 의식을 고양하며 출산을 용이하게 하고 황홀경이나 예언자의 상태로 인도한다. 고대 유럽의 신성한 동굴에서부터 로마의 신비 의례를 거치면서 여자들은 춤을 추고 북을 쳤으나 초기 교회 사제들이 그것을 금지했다.[8] 레드몬드는 북 치는 것이 인간 맥박의 진동, 자궁에서 들리는 리듬에서 시작했으며 북소리에 공명하는 뇌파는 자연의 기본적인 리듬이라는 생각을 피력한다. 여자들에게 북 치는 법을 가르치기도 하고 여자들로 이루어진 북 치는 동아리의 일원이기도 한 레드몬드는 여자들이 그들만의 고유한 문화 유산과 전통, 독특한 정체성을 박탈당한 것이 분명하다고 주장한다.

치유의 웃음

치유의 웃음은 긴장을 풀게 하는 위안이요, 기쁨과 경쾌함의 표현이다. 야한 유머는 인간의 본성, 식욕, 결점을 성적인 언어로 옮긴 솔직하면서도 생생한 유머다. 유머가 줄 수 있는 가장 큰 효과는 쾌감 후에 오는 여운이다. 웃음을 공유하고 나면 취약성과 강함에 대한 공유 의식이 생긴다. 상스러운 말을 하거나 그런 말에 웃음으로 대꾸하면서 여자들은 자신의 성과 성적 경험을 인식한다. 또한 그들은 남자들의 성적 허영이나 습관, 성향을 다른 사람들 앞에서 이야기하기도 하는데 그건 남자들이 제일 두려워하는 것이기도 하다.

폐경을 겪은 여성이 바우보/우즈메가 되려면 나이든 자신의 몸을 편안하게 여기면서도 동시에 이를 너무 의식해서도 안 된다. 성적 에너지는 열정과 생명력의 구성 요소다. 바우보의 영감을 받는 여성은 늙었다는 이유만으로 그녀의 존재를 부정하려는 사회적 통념을 받아들이길 거부한다. 그녀는 늙었어도 여전히 웃고 춤추는 감각적이고 성적인 여성이기 때문이다. 좋은 유머와 경험은 솔직한 섹스를 위한 강장제다. 쉰 이후 벨리 댄스를 시작하는 것이 바우보의 전통이라고 보아도 좋다. 실제로 신나게 흔들어 대는 벨리 댄서들 가운데 많은 이들이 폐경을 넘긴 여성들이다.

지혜의 원형으로 바우보를 평가하는 것이 다소 무리인 듯이 보일 수도 있겠지만 사실 그녀는 지혜의 원형이다. 그녀의 지혜는 여자들만이 감상할 수 있다. 여자들은 월경을 시작으로 임신과 폐경을 거치고, 우아하지는 않아도 심오한 의미를 띤 무수한 경험을 몸으로 겪으면서 성장하기 때문이다. 여자가 생물학적으로 거쳐가는 과정을 농담 삼아 웃으며 이야기할 때 우리는 야한 바우보가 될 수 있다. 그런 이야기를 나누는 것은 때로 성 경험, 유산, 낙태, 불임 등 상실에 대한 이야기로 더 민감하고 진지하게 이어질 수 있다. 이야기를 하는 것은 치마를 들추는 것에 비유될 수 있다. 우리는 치마를 들춰서 우리의 힘의 근원과 그 아래 있는 취약한 부분을 드러낸다. 여자들 각자가 털어놓는 이야기는 거울이 되어 다른 여자들로 하여금 자기 모습은 물론 그들이 가진 신속한 회복력을 들여다보게 한다. 고통과 웃음을 나눔으로써 이러한 변화와 유머의 치유력을 경험하면서 우리는 현명하게 "그게 인생이지" 하는 결론에 이른다.

바우보는 위대한 여신의 음란한 측면이 그리스 신화에 남은 것이다. 바우보가 치마를 들어 올려 벗은 몸을 데메테르에게 보여 주었을 때는, 한때 팽팽한 처녀였고 풍만한 가슴의 여인이었지만 이제는 음모도 가늘어지고 가슴도 처진 할머니 몸을 드러낸 것이다. 각 단계는 순환의 부분이며 삶의 춤을 표현한 것이다. 우리가 죽을 운명이라는 사실과 우리의 신령스러움을 함께 기억한다면, 지금 일어나는 모든 것이 삶의 한 부분이고 우리의 존재 자체가 신성한 춤의 일부임을 알게 된다. 죽을 존재라는 것만을 기억하면 이것을 망각하고 만다. 인간 세상에 있을 때 데메테르는 슬픔 속에서 외롭게 있었으나 바우보가 치마를 들어 올려 그녀를 웃게 했다. 아마 이것을 계기로 데메테르는 자신의 상실을 다른 각도에서 보는 데 도움을 받았을 것이다. 또 여성으로서, 출산의 여신으로서 자신이 가진 창의적인 힘과 성적 힘을 상기했을 것이다. 바우보는 이미 늙어서 한창때가 벌써 지난 모습이고 가임기도 지났지만 신선하면서도 생명력 넘치는 여성이다. 데메테르의 슬픔에 대한 유쾌한 동정이 여신의 웃음을 자아냈다. 성이 자연스럽고 유쾌할 때에만 섹스가 발랄함과 한데 섞인다.

이런 원형이 현대에는 어떤 모습을 띠고 있을지 생각해 보니 베트 미들러 — '쾌활한 여신'을 뜻하는 「여신 미스 M」(그녀의 데뷔 앨범) — 가 떠올랐다. 이 발랄하고 음란한 코미디언은 처음에는 에이즈가 창궐하기 전 뉴욕의 게이 욕탕에서 일하는 것으로 시작했지만 솔직하고 성적이면서 재미있는 특성을 지금도 끊임없이 살려내고 있다. 또 하나의 현대적 흔적은, 치마를 들어 올리는 아나ー수로마이 제스처다. 이것은 다소 본능적인 것처럼 보인다. 어린 여자 아이들이 이 행동을 하지 않으려면 훈련을 받아야만 할 정도다. 두서너 살 된 여자 아이에게 치마를 입혀보라. 그러면 충동적으로 치마를 들어 올렸다가 내리면서 자신의 팬티를 '보여 준다.' 그녀의 기뻐하는 표정 속에 순진함은 있지만 부끄러움은 없다(우리는 그들에게 부끄러워하라고 가르쳐야 한다). 성인 여성들이 주말 동안 '여행을 가서' 음담패설을 주고받는다는 이야기도 들어봤을 것이다.

여자들이 서로 끄집어 내놓는 치유의 유머는 자발적이며 자연스럽다. 전염성이 강한 웃음소리에 자기도 모르는 무의식이 깨어나는 바로 그 순간을 감상하기 위해서는 '거기에 있어야만' 한다. 그 장면을 말로 옮긴다 한들 제대로 맛이 살아날 리가 없기 때문이다. 치유의 유머가 충분히 성숙하면 소란스럽기도 하거니와 쉰 소리가 나기도 하며 감정적으로는 활기차고 촉촉해진다. "너무 웃어서 울었다," "너무 웃어서 오줌을 지렸어" 하는 것처럼. 유머가 특히 성에 대한 것이라면, 혹은 그렇지 않다 하더라도 이런 종류의 웃음은 오르가슴과 비슷하다. 그렇게 웃으면, 통제가 안 될 만큼 즐겁고 몸의 긴장이 풀리고 편안해지면서 힘이 쫙 빠지는 느낌이 든다. 이것은 면역 체계에도 좋으며 엔도르핀을 만들어 내기도 한다. 엔도르핀은 신체 치유 효과가 있는 물질이다. 그러나 내가 웃음의 치유력 중에서 가장 중요하다고 보는 것은, 고독감을 해소하고 삶을 감사하게 여기는 마음이 동시에 들게 한다는 점이다. 생기에 차고 발랄한 할머니들은 이 원형을 잘 안다. 생명의 본성에 대해 지혜로우며, 삶의 어리석음과 고통에 대해서는 자애로운 유머인 것이다.

남자들은 여자들더러 유머 감각이 없고 농담의 요점을 파악하지 못한다고 비아냥거리지만, 여자들은 그런 농담을 재미있다고 생각하지 않을 뿐이다. 프로이트는 유머가 적대감을 위장하는 것이라고 주장했다. 특히 장모 이야기나 멍청한 금발 미인 이야기 같은 남자들의 우스갯소리에서 그 점은 분명히 드러난다. 농담 대상을 비웃으면서 적대감을 드러내는 것은 같이 낄낄거리며 우월감을 느끼는 사람들끼리 일시적으로 한통속이 되게 한다. 이런 웃음에는 가학적인 측면이 있다. 바우보나 우즈메의 치유의 유머는 상처를 입히는 이런 유머와 딴판이다. 아마테라스의 햇살과 데메테르의 웃음처럼 이들의 유머는 희망과 부활을 가능케 한다.

자비의 여신

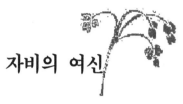

**중생의 울음에 귀 기울이는 관음,
동정녀 마리아, 자유의 여신**

자비심은 지혜와 마찬가지로 삶의 경험을 통해 성장한다. 그러나 늙는다
고 반드시 지혜가 생기는 것이 아닌 것처럼 자비심도 마찬가지다. 자비심
은 사전적 의미와 영적 차원에서의 뜻이 같다. 즉 그것은 곤경에 처한
다른 사람에 대한 진심 어린 공감이며, 고통을 줄이고 싶은 소망에 의해
그 깊이가 배가된다. 여자들은 어머니 역할 혹은 돌보는 자의 역할을
통해 다른 사람의 상처와 고통에 대해 잘 알게 된다. 그리고 여자 친구와
함께 자신감을 공유하고 또 남자들이 진심을 — 다른 남자보다는 여자에
게 더 털어놓기 쉬운 그런 주제에 대하여 — 드러내는 것을 듣게 되기
때문에 그렇기도 하다. 물론 우리가 늙어가기 때문이기도 하다. 우리가
중년이 되고 노년에 이르면 우리 부모는 더 늙고 의존적이 되기 쉽다.
우리가 부모에게 화난 상태라 하더라도 이제는 부모가 예전 같지 않기
때문에 그 분노도 달라진다. 이런 조건에서 여자들은 나이가 들어감에
따라 사람들의 삶이나 주변 환경에 대해 진실을 알 기회가 더 많아진다.

또한 다른 사람들의 심정을 느끼고 사려 깊게 생각하여 감응하면 자비심은 세월이 갈수록 깊어질 것이다. 그러나 용서와 돌봄이 늘 자비와 이타주의의 표현은 아니다. 공의존증일 수도 있기 때문이다.

많은 여성들이 공의존증을 자비심이라고 착각한다. 이 두 가지가 모두 다른 사람의 고통에 대한 감정이기 때문이다. 공의존증은 심리적 중독에서 유래하는 현상으로, 어떤 부부 관계의 패턴을 주시하다가 발견한 심리 현상이다. 알코올 중독자는 이기적인 욕구와 무책임한 행동으로 상대방을 지배하며 난폭하게 화낼 수도 있다. 공의존적인 파트너는 끊임없이 잘못을 빌고 또 용서한다. 학대가 계속되면 공의존증 여성은 감정적으로 무감각해져서 자기 몸이나 자신의 이익을 챙길 수 없게 된다. 공의존증은 극도로 자기 중심적인 사람을 우선순위에 놓고 자기 자신은 그 다음 자리로 배치하는 것이기도 하다. 상대는 알코올이나 일에 중독된 사람일 수도 있고 다른 무엇인가에 사로잡힌 사람일 수도 있다. 이들이 — 자기애에 빠진 자와 공의존자 — 배필로 맺어진다면 당연히 천생연분하고는 거리가 멀다. 오히려 이것은, 공의존자가 자신의 인식이나 느낌이 정말 중요하지 않다고 학습하게 되는 역기능적 관계가 될 뿐이다.

공의존자 내면에서 자비의 여신 원형이 활성화된 경우에만 현명한 할머니가 되어 공의존과 자비의 명백한 차이를 알아본다. 지혜 없는 자비는 공의존이라고 간단히 말할 문제는 아니다. 지혜와 자비심을 가진 여성은 상황을 분명하게 보고 어떤 과정을 거쳐야 할지 알지만, (세크메트가 없다면) 활동력이 없어서 아직 조용하게 침잠해 있을 수도 있다. 자비의 여신들이 가진 긍정적인 측면과 동일시하려고 하다 보면 순교자가 되거나 다른 사람의 최대 약점을 이용할 가능성이 커진다.

자비심의 계발은 심리적인 것이기도 하고 영적인 일이기도 하다. 다른 모든 인간의 능력과 마찬가지로 자비심 역시 본성(타고난 것)과 양육(습득되는 것)의 영향을 같이 받는 것이기에 더 쉽게 습득하는 사람이 있고 그렇지 않은 사람도 있다. 젊은 여자들은 자비심을 가지라는 가르침에 익숙하지만, 젊은 남자들은 남에게 자비를 베풀지 않도록 조심하라는 가르침을 받는 경우가 많다. 위계 질서, 권력이나 이익을 확보하려는 전쟁에서, 혹은 지배권을 거머쥐기 위해서는 잔혹한 수단도 마다하지 않는 가부장적 문화에서 자비는 약점으로 통한다. 그리스인들에게 자비의 신이 없는 것은 전혀 이상하지 않다. 올림포스 신들은 여자와 여신들을 강간했다. 그리스 신화에서 강조하는 것은 자비가 아니라, 강박 관념에 사로잡히고 소유욕으로 가득 찬 성적 욕망이다. 그래서 나는 자비의 원형을 찾기 위해 다른 곳을 뒤져야만 했다. 다른 신화에 나오는 자비의 원형은 여성 혹은 양성적 인물에서 발견되었다.

관음, 자비의 동양 여신

관음은 '중생의 울음소리에 귀 기울이는 이'라는 뜻이다. 관음보살(관세음보살)은 수천 년 동안 중국과 한국, 일본에서 자비의 여신으로 숭배되고 있다. 사람들은 관음보살이 자신의 슬픔에 귀 기울인다고 믿는다. 그런 일반 대중에게 관음보살의 위안이 얼마나 중요하고 심대한지를 중심으로 비교해 보자면 관음 보살은 로마 가톨릭의 동정녀 마리아와 같은 위상이라고 할 만하다. 관음이든 동정녀 마리아든 신화적인 전통으로 보자면 둘 다 여신은 아니다. 그러나 사실상 이 두 존재는 존귀한 존재로 신격화되어 기도의 대상이 되고 있다. 심리학 차원에서 보아도 그들은 비슷한 원형이다.

관음과 동정녀 마리아는 몸을 가리는 옷을 입고 있다. 이들을 보는 사람들은 이들의 얼굴에 서린 우아함에 마음이 쏠린다. 대조적으로 성애의 여신 아프로디테의 조형물은 옷을 대충 입고 있거나 아예 나신으로 있다. 아프로디테는 신과 인간들이 사랑에 빠지도록(혹은 사로잡히도록) 유발하는 강한 힘을 가졌으며 결과를 고려하는 태도나 자비심은 전혀 보이지 않는다.

관음은 떠 있는 연꽃에 서 있거나 건너편 강을 응시하면서 바위에 앉아 있는 자세로 그려진다. 관음상은 우아하다. 나이를 가늠할 수 없는 얼굴에 옷을 입은 그녀는 때로 한 손에는 자비를 상징하는 '감로수' 병을, 다른 손에는 그녀의 자비에 호소하는 자들의 머리 위로 이 감로수를 흩뿌릴 버들가지를 쥐고 있다. 우아한 옷과 보석으로 치장한 관음은 천상의 여왕인 마리아로 착각할 만하다. 어떤 형태의 것이든 그녀의 주된 특성은 "순수하면서도 마를 줄 모르는 자비다. 또 자만이나 복수심과는 거리가 멀고 인생의 혹독한 맛을 보아야 정신을 차릴 사람들에게조차 응분의 조치를 취하려고 하지 않는 것"이다.[1]

한 원형이 그리스, 로마, 노르웨이 등지의 신화에 다른 이름으로 등장하고 약간씩 특징이 다르듯 관음보살도 동양의 여러 나라에서 다르게 불린다. 일본에서는 관음사마, 베트남에서는 콴암, 티벳에서는 타라로 알려져 있다. 타라는 아름다운 여신인데 사람들을 도와주기 위해 스물한 가지 형태로 모습을 바꿀 수 있다.

동양 종교의 대가인 존 블로펠트는 『자비의 보살』에서 관음이 여러 방식으로 형상화되어 이해되고 있다고 설명했다. 공산주의 사회가 되기 전 중국에서는 전국 방방곡곡 강 가까이 혹은 호수나 바다가 내려다보이는 곳에 관음을 모시는 절이 있었다. 사람들은 사악한 소원이 아닌 이상, 관음에게 도움을 구하기만 하면 관음이 도와줄 것이라 믿었다. 경건한 의례나 엄격한 격식이 필요한 것도 아니었다.

블로펠트는 어떤 이들은 관음을 정신적 개념으로, 또 다른 이들은 여신으로 간주하고 있다는 것을 알게 되었다. 관음을 어떻게 보는가는 그 사람의 기대와 마음의 태도에 달려 있다. 관음의 좀더 철학적 개념은 보살인데 이는 블로펠트가 융의 원형 개념과 비슷한 것이라고 설명한 것이다.

미국 선불교 승려인 타이겐 다니엘 레이톤은 관음과 여러 보살을 원형이라고 분명하게 설명했다. 그가 『보살 원형』에서 설명하기를, 보살은 우리 내면과 모든 존재 안에 있는 불성의 상징이다. 보살은 모든 사람이 성불하도록, 즉 깨달음에 이르게 하려고 헌신한다. 보살은 고해에서 허덕이는 중생을 인도하고 힘을 실어 주는 존재로서, 모든 사람이 의미 있는 영적 삶에 접근할 수 있게 도움을 준다. 보살의 자비심은 산스크리트어로 아바로키테슈바라이며 관음이 자비의 보살로 유명하다. 보살의 자비심과 연관된 특성은 친절, 부드러움, 응답, 공감, 도움을 주는 것 등이다. 사람들이 원하는 것, 사람들에게 필요한 것을 주는 것이 관음의 특성 중 하나다. 레이톤은 이것이 전염성 강한 관대함이어서 다른 사람에 대한 배려를 키워 주며 이기심을 버리게 한다고 말한다.

자비로운 행동을 하려면 자기 자신과 다른 사람에게 자비심을 느낄 수 있어야만 한다. 정의와 사랑이 있고 아이를 소중하게 여기는 곳에서 자랄 때, 또 연민과 자비가 규범으로 학습되는 가정 환경이나 문화에서 자랄 때 자비심이 가장 자연스럽게 마음속에 자리 잡는다. 『종교 제례로의 부름: 이상주의를 목격하다』의 저자인 로버트 콜스도 이렇게 말했다.

"친절한 대우를 받으며 자랐으며 다른 사람과 잘 지낼 수 있는 아이는 다른 사람들이 무시무시한 곤경에 처할 때 더 민감하게 반응한다."[2]

"다른 사람의 신을 신고 단 하루만이라도 걸어 보라"고 조언하는 속담이 공감에 대해 전하는 교훈이라면, "당신이 받고 싶은 그대로 다른 사람에게 행하라"라는 황금률은 자비로운 행동의 핵심을 꿰뚫는 보편적인 메시지다. 폭력적인 가족과 제도는 고통이나 사회 정의에 대해서는 도무지 관심을 두지 않다 보니 사랑보다는 두려움을 가르치게 되고 폭력적이고 무관심한 태도와 행동을 영속시킨다.

티벳, 중국, 대만, 몽고, 한국, 일본, 베트남에서 불교의 흐름을 주도하는 대승 불교는 보살을 이상형으로 본다. 보살은 중생이 깨달음을 얻어 고통에서 벗어나도록 도와주고 나서야 자신 역시 완전히 해탈한 부처가 되어 세상에서 물러나겠다고 맹세했다. 레이톤은 보살이 종교, 문화를 초월하여 모든 인간의 내면에 있는 특성으로서 마틴 루터 킹, 테레사 수녀, 글로리아 스타이넘, 밥 딜런 등 이런 특성을 공유하는 동시대인들을 여러 분야에서 찾아 열거하고 있다.

실존 인물인 부처는 기원전 6세기경 인도 사람 싯달타 고타마였다. 관음보살, 즉 자비의 보살은 그 어떤 보살보다 독특한 모습을 띤다. 자비의 보살에는 남성적 이미지와 여성적 이미지가 공존하며 많은 보살상들이 양성적 외모를 띤다. 또 이 자비의 보살을 묘사하는 상은 7상에서 108상까지 다양하다. 티벳에서 관음보살의 이름은 첸레지그^{Chenrezig}다. 제14대 달라이라마는 첸레지그의 현신으로 간주된다.

1989년 노벨 평화상을 수상하기 전 달라이라마는 자비로운 실천에 관한 토론에 참여한 적이 있다. 7명의 심리학자와 정신 분석학자 — 나도 거기 있었다 — 들이 3일에 걸쳐 열기로 뜨거운 대중 앞에서 토론을 이어 가는 자리였다. 그 자리에서 그는 자비에 대한 내 생각을 바꾸어 놓았다. 그 전에 나는 자비는 공감*empathy*과 같은 것이라고 생각했지만 그는 진정한 자비란 고통을 줄이기 위해 뭔가를 하려는 책임감이 자발적으로 드는 것이라고 지적했다. 노르웨이의 노벨상 위원회는 달라이라마가 매일 음송하는 시 한 편을 인용했다. 그 시에는 보살의 맹세 가운데 중요한 주제가 담겨 있다.

우주가 머무는 한
중생이 있는 한
그때까지 나 역시 머물 것이네
그리하여 세상의 번뇌를 쫓아 버리겠네.

자비는 남성이나 여성, 어느 쪽에 의해서든 보살의 방식으로 실천된다. 심리학적으로 보면 나이를 더해감에 따라 남자든 여자든 양성적으로 변해 간다. 자비가 인간의 진화된 성품이다 보니 자비의 보살을 표현한 그림이나 조각품들을 보면 한결같이 보살이 여성인지 남성인지, 연배가 어느 정도인지 추정할 수 없다. 자비는 남녀에게 모두 있는 특성이며 나이도 초월한다. 많은 어린이가 자비심을 타고나지만 살면서 놓쳐 버리기도 한다. 고행을 거치고 나서야 자비심이 계발되는 사람도 있다.

자비는 보편성을 가진 특성이므로 남녀노소를 불문하고 누구에게나 발견될 수도 있지만 나는 관음보살을 할머니 원형이라고 본다. 관음보살을 의식 수준에서 깨달으려면 할머니 나이가 되어야 하기 때문이다. 나이 든 여성들은 그러한 의식의 깨달음을 흔히 경험한다. 젊을 때는 부모를 판단하려 들고 용서가 되지 않는 측면도 있었지만 이제는 부모에 대해 자비심을 가지게 되면서 관계도 새롭게 설정한다. 젊을 때는 상당히 고약하고 사나운 편이었으나 지금은 그때와는 다른 사람이 되었다고 스스로 평하는 사람들도 있다. 자기와는 다른 사회 계층, 종교, 인종, 동성애자 등을 자기가 얼마나 무시하거나 두려워했는지를 되돌아보는 사람들도 많다. 그들은 과거에 자기 자신에게조차 자비심을 갖지 못했다고 하면서 이렇게 말한다. "이제는 나 자신을 그리 호되게 대하지 않습니다." 관음보살이 함께 있다면 우리는 자신이나 다른 사람에게 더욱 관대해지고 푸근해진다. 나이를 먹고 현명해진다는 것은 관대해지는 것과 분명 연관되어 있는 듯하다.

수년 전 캔사스시의 넬슨 아트킨스 박물관에서 나는 기가 막히게 아름다운 관음보살상을 보게 되었는데 그것은 11세기나 12세기 초에 만들어진 목상이었다. 이 관음보살상에는 고요함과 힘, 아름다움과 우아함이 공존하고 있었다. 뭐라고 해야 할까, 어떤 것, '그런 것' 혹은 영적인 기운이 이 고요한 상에 부드러움과 고요함을 더해 주고 있었는데 그러한 성질은 상 바로 뒤 벽에 그려진 고대 벽화와 비슷한 색감과 선의 흐름 때문에 더 강렬하게 느껴졌다. 이 관음보살은 왕좌를 상징하는 곳에 앉아 있었다. 도움이 필요한 사람에게 응답하기 위해 쉽게 일어설 수 있을 것 같은 곳이었다. 그 우아한 보살상은 여성이 아니라 남성이라고 할 수도 있을 만큼 양성성이 강했다. 그렇다고 유약한 남성도 아니고 남성화된 여성도 아니다. 강함과 우아함, 고요함과 강렬함이 이 관음보살상에서 흘러나와 나를 끝도 없는 명상으로 이끌었다.

이러한 특별한 관음보살상을 보았기에 나는 중생의 고통에 귀 기울이는 이 원형을 쉽게 이해할 수 있었다. 이 원형은, 판단하거나 방어하지 않고서 상대의 감정과 그 사람 자체를 받아들이고 공감하면서 귀 기울이는 능력이다. 이 원형은 타인의 고통과 분노, 고통을 견디면서 들어주는 능력으로, 그렇게 하는 것만으로도 고통을 완화하는 데 도움이 된다. 그것은, 실천으로 옮겨지지는 않는다 할지라도 **느낌과 행동**이 포함된 책임 있는 행위다. 그것은 치유력을 가진 대응이기도 하다. 자신에게 일어난 일 때문에, 혹은 자신이 자초한 상황 때문에 자신이 소외된다고 느끼는 사람들이 그러한 느낌이 어째서 생기는지를 어렵사리 이야기하다가 스스로 치유되게 한다. 용기를 내어 이런 비밀을 말하는 것과 관음보살의 자비로 그런 비밀에 귀 기울이는 것은 치유 과정을 구성하는 양 측면이다.

자비의 원형은 회복 집단 모임, 심리 분석 모임, 마음과 영혼의 상처를 치유할 수 있는 도구가 될 만한 여러 관계들에서 나타난다. 이야기하는 것만큼 듣는 것에도 위험이 따른다. 그 이야기에 개인적으로 휘둘리지 않은 채 자비심으로 귀 기울여 듣고 증인이 되는 것은 어려운 일이기 때문이다. 공감하면서 들은 것은 우리의 상상력과 가슴, 몸과 영혼에 새겨진다. 우리가 경험하지 못한 것 혹은 이해하지 못하는 것을 듣게 되면 우리는 예전의 우리보다 '더 대범해져서' 우리가 듣고 느끼는 것을 받아들일 수 있어야 한다. 그럴 수 있는 기회이자, 그래야 하는 임무가 우리에게 주어진 것이다. 우리는 우리가 들은 이야기에 공감했기에 심한 상처를 입을 수도 있고, 듣기가 곤혹스러울 때는 감정적인 거리를 둘 수도 있다. 관음보살은, 우리 자신의 고통과 다른 사람의 고통을 들을 수 있고 견딜 수 있고 자비를 가질 수 있도록 우리가 요청하는 원형이다.

동정녀 마리아

로마 가톨릭 교회에서 예수의 어머니 마리아는 '축복 받은 어머니'다. 2천 년 가까이 마리아는 서구 문화와 종교, 예술에서 독보적인 여성상으로 군림했으며 전 세계의 중요한 건축물에 영감을 주기도 하였다. 11, 12세기에 유럽 전역에 세워진 성당들, 가령 샤르트르 성당이나 노트르담이 마리아를 위하여 축성된 곳이다. 가부장적 일신교는 삼위일체의 남신을 강요했지만 여신은 마리아를 통해 계속 이 세상에 존재했던 것이다.

마리아는 처녀, 어머니, 할머니의 측면을 지닌 삼위일체 여신으로 변형된다. 마리아는 고결한 처녀였으며 대천사 가브리엘이 그녀에게 나타나 수태를 일러주었다. 그녀는 처녀 잉태하여 예수를 낳은 어머니인 만큼 그녀를 가장 잘 드러내는 형상은 무릎에 아기 예수를 보듬고 있는 성모 마리아다. 또 십자가에 못 박힌 그리스도를 애도하는 어머니로, 이때 마리아는 할머니 단계를 실현하고 있다.

사람들은 자비와 위안을 구하는 기도를 마리아에게 드린다. 그녀를 어머니로 혹은 슬픔과 고통을 아는 여성으로 여기기 때문이다. 고대 그리스 엘레우시스 제전에서 마리아와 비슷한 처지에 놓인 여신은 어머니 여신이자 곡식의 여신이면서 딸이 납치되는 불운을 겪은 데메테르다. 마리아 역시 당신의 아들이 십자가에 못 박히는 슬픔을 겪었다. 엘레우시스의 삼위일체, 즉 페르세포네-데메테르-헤카테, 혹은 처녀-어머니-할머니에 대응하는 여성 삶의 세 단계가 마리아 안에서 발견된다.

사람들이 간청하고 기도하는 대상은 젊은 처녀 마리아도, 어린아이를 품에 안은 젊은 성모 마리아도 아니다. 고통을 몸소 겪은 늙은 할머니 마리아다. 이것은 미켈란젤로가 「피에타」에서 묘사한 그 마리아로서, 죽은 장성한 아들을 품에 안고 있는 어머니다. 사람들은 의식적으로든 무의식적으로든, 마리아의 고통과 자신이 겪는 고통을 연결하면서 자비를 베풀어 달라고 마리아에게 기도를 올리는 것이다.

그리스도교 시대의 여신 마리아

『아발론의 안개』에서 마리온 짐머 브래들리는, 여신이 사라지고 여신의 영토인 아발론도 세상에서 사라지고 가부장제와 그리스도교가 그 자리를 차지한 때로 시대 배경을 설정한 다음, 그 이야기에 나오는 여자들의 관점에서 아더왕의 전설을 다시 서술한다. 이 책을 읽는 독자들은 집단 무의식에 자극을 받는다. 여성 독자들은 마치 기억 상실증에 걸린 사람들처럼 뭔가 익숙한 것이 있었다는 것은 알겠는데 여신이 있던 그 시절은 도무지 기억하지 못하는 상태로 책을 읽어 내려간다(이 책은, 나의 자서전적 저서,『아발론으로 건너가며 : 한 여성의 중년 순례기』를 쓰게 된 계기를 마련해 준 책이다). 책 말미에 몰개인 — 아서의 배다른 누이이며 나중에 여신의 마지막 여사제가 된 주인공 — 이 아발론을 지나면서 절망에 빠지지만 글랜스톤베리에 도착하여 새로운 그리스도교 수녀원을 방문하면서 비록 아발론은 안개 속으로 사라지지만 여신은 아직 이 땅에 있음을 깨닫는다.

몰개인은 젊은 여자가 성당의 작은 문으로 들어가는 것을 보고 따라갔다. 빛의 왕관과 베일을 쓰고 품에는 아이를 안고 있는 여인의 조각상 앞에 사과꽃이 만발해 있었다. 몰개인은 가쁜 숨을 고른 후 여신 앞에 머리를 조아렸다.

몰개인은 브리지드상을 올려 보았다. 그녀는 그곳에서 어떤 힘이 거대한 물결처럼 몰아쳐 나와서 성당 전체를 휘감는 것을 감지했다… 패트리커스는 브리지드가 그리스도교 성인이라고 생각할지 모르지만 그게 아닐 것이라는 생각이 그녀의 뇌리를 스쳤다. 브리지드는 아일랜드에서 숭배되는 바로 그 여신이다… 그들이 아무리 여신을 추방해도 여신은 이길 것이다. 여신은 결코 인류사에서 사라지지 않을 것이다.[3]

마리아는 원형, 혹은 신적 존재로 여신을 대체했을 뿐 아니라 문자 그대로 여신이었다. 마리아에게 봉헌된 성당이나 교회는 여신을 모시던 신성한 곳에 세워졌다. 바버라 G. 워커가 이런 말을 했다. "로마에 있는 산타 마리아 마조레 성당은 마그나 마터^{大母神}의 신령스러운 동굴 위에 세워졌다. 가피톨리노 언덕 위 아라코엘리의 산타 마리아는 그 전에 여신 타닛의 신전이었다. 이탈리아 전역에 마리아에게 봉헌된 교회는 유노, 이시스, 미네르바, 디아나, 헤카테의 성전 위에 세워진 것이다. 6세기경 필래(이집트) 이시스를 위한 대사원이 마리아에게 다시 봉헌되었다. 키프로스의 아프로디테 신전은 마리아 교회가 되었는데 키프로스 사람들은 아직도 아프로디테의 이름으로 기도를 올린다."[4]

심리적으로나 원형 때문에 일반 사람들은 예수보다는 마리아에게 자비를 구하면서 예수나 아버지 하느님과 연결해 달라고 요청하기가 더 쉽다. 우리는, 아버지보다는 어머니가 이야기를 더 잘 들어주고 더 잘 용서하고 위안을 주고 이해하고 수용하리라는 기대를 가지고 있다. 자신의 어머니가 그렇지 않다 하더라도 좋은 어머니의 원형을 보면서 이러한 특성을 모성적 인물의 속성으로 투사한다.

돌아온 여신 마리아

가톨릭 신자들은 신약 성서에 마리아가 그렇게 적게 나오는 것에 놀라곤 한다.『마리아를 찾아서』를 쓴 샐리 쿤닌은 이렇게 말한다. "복음서 이야기에서 충격적인 것은 마리아 이야기가 거의 없다는 점이다. 있을 만한 장면과 인물들이 그럴 만한 대목에 등장하지 않는다. 대신 그렇게 빠진 부분들은 세월이 흐르면서 전설이나 미술, 기도 속으로 흡수되었다. 가령 성녀 안나에 대한 이야기가 그렇다. 신약 성서는 마리아의 계보에 대해서도 함구한다. 부활 후 예수는 어머니 앞에 나타나지도 않는데 이것은 도무지 받아들이기 힘든 부분이다."5)

복음서에서 마리아에 대해 언급한 사람은 마태오와 루가뿐이지만 그것도 예수의 잉태와 유년기 시절에 연관될 때만 해당된다. 마르코는 자신의 복음서를 예수의 세례부터 시작한다. 신약 성서는 마리아에 대한 언급이 스물다섯 번도 되지 않을 정도로 마리아를 소홀히 대한다. 마리아가 성서에서 맡은 역할이 예수의 생모에 한정되다 보니 개신교에서는 그녀의 중요성이 이게 전부라고 생각한다. 개신교에서는 삼위가 일체를 이루는 구조(가령 성부, 성모, 성자)를 제외하고는 마리아의 흔적이 남아 있지 않다. 그러나 이 삼위일체의 구조도 지금은 아버지, 아들, (남성적) 성령으로 바뀌었다. 20세기 후반에 이르러 여성적인 측면이 개신교 주류 교회에 등장하기 시작했다. 여성 사제와 성직자가 개신교 교단에서 배출되었으며 여성·남성을 통합하는 양성적 언어가 수정된 전례에 점점 더 많이 채택되고 있다. 신을 '그'라고만 부르는 것이 아니라 '그녀'라고 부르기도 한다. 성령을 여성적 이미지로 보는 사람들은 신학을 재조명하려고 노력한다. 신약 성서에서 성령은 비둘기의 형상으로 나타난다. 비둘기는 고대 그리스 신화의 아프로디테와 연결된 고대 여신의 상징이자 여성성의 원형이다.

한편 로마 가톨릭에서 동정녀 마리아는 삼위일체에 합류하여 사위일체를 이룬다고 말할 수 있을 정도로 상당히 드높여졌다. (특히 로마 가톨릭 교회에 속하지 않은 외부 사람들은) 여신이 마리아를 통해 문화 안으로 귀환한다는 말을 할 만하다. 교회에서는 마리아의 신성을 인정하지 않지만 보통 사람들은 그리스도교 문화가 자리 잡기 전에 여신을 숭배했듯 마리아를 경배한다. 로마 가톨릭의 신학과 교리 내부에서 마리아의 신격화가 진행 중에 있는 것 같다.

마리아는 431년 3차 에페소스 공의회에서 성모로 선언되었다. 1854년 교황 피우스 9세는 무염시태^{無染始胎}를 선언했다. 그 개념에는 마리아는 그리스도의 어머니로 하느님이 선택했기 때문에 원죄가 없다는 내용이 포함되어 있다. 1950년 교황 피우스 12세는 교황의 무류성^{無謬性}과 성모 몽소 승천을 발표했다. 성모 몽소 승천이란, 마리아가 육신과 영혼 모두 하늘로 들어 올려졌다는 것이다.

가톨릭 내부에는, 이해심 많은 교황으로 하여금 무류성 권력을 한번 더 행사하여 마리아가 "공동의 속죄양, 하느님을 믿는 사람들의 옹호자, 모든 은총의 중개자"임을 선포하게 하자는 큰 움직임이 있다. 이러한 움직임이 성공하면 신학자들은 이를 두고 '고결한 마리아 신학'^{high Mariology}이라 부르게 될 것이다. 그것은, 마리아가 당신 아들이 속죄를 결행할 때 함께 참여한다는 것, 예수 그리스도의 고통과 죽음에서 나오는 모든 은총이 그리스도와 더불어 마리아의 중재를 통해서만 부여된다는 것, 이 지상에서 신앙을 가진 이들이 올리는 모든 기도와 탄원이 마리아를 통해야 한다는 뜻이다. 신학자들의 말대로 이런 것이 선포된다 하더라도 마리아가 신이 되는 일은 없을 것이다. 그러나 그녀에게 기도를 올리는 사람들의 마음과 그 기도 속에서 그녀는 어머니 신이다.

세계 곳곳에서 가장 사랑받고 존경받는 마리아의 이미지는 검은 피부의 마돈나인데, 이는 로마 제국 시절이 도래하기 직전의 흑인 마리아 이시스다. 이시스는 이집트 여신으로, 남편 오시리스가 갈가리 찢겨 죽고 그 시체마저 뿔뿔이 흩어지자 고통스러워했다. 이시스 성전과 사원이 로마에도 세워지고 그리스의 신성한 섬 델로스에도 세워졌다. 그믐의 여신은 검은색이었으며 여신의 할머니 단계의 색도 검은색이고 이제 21세기 멕시코 과달루페 성모, 스페인 몬세라의 흑인 마돈나, 스위스의 아인시델른, 교황 요한 바오로 2세가 사랑한 폴란드 체토초바의 흑인 마돈나 등 흑인 마돈나에 대한 존경과 숭배가 거대한 물결로 일렁이고 있다. 사람들은 특히 흑인 마돈나의 그림에서 어머니 신의 자애로운 얼굴을 본다.

마리아의 의미가 이렇게 커지는 것은 세계 곳곳에 마리아가 발현하거나 마리아의 계시가 증가하는 것으로 나타난다. 20세기만 해도 400여 건의 마리아 발현이 보고되었다(『뉴스위크』 1997년 8월 25일자). 마리아의 현시, 흑인 마돈나에 대한 관심, 점증하는 마리아 신학의 움직임은 여신이 문화에 복귀하는 것을 가톨릭 언어로 표현한 것이며 자비에 대한 열망이라 하겠다.

자유의 여신

미국판 자비의 여신이 있다. 어느 날 새벽이 되기 전 배를 타고 자유의 여신상을 지나다가 나는 불현듯 이 사실을 깨달았다. 얼마나 숨막히던지. 이 '조각상'은 자유의 여신 혹은 자비의 여신이다. 자유의 여신은 집으로 돌아왔음을 기뻐하면서 한 손에 횃불을 높이 치켜들고 있다. 기단에는 엠마 라자루스의 이런 말이 있다. "당신의 지치고 가여운 마음, 자유로운 공기를 갈망하는 뜨거운 마음을 내게 다오…" 그 옆을 지나가다가, 자유를 달라고 시위하면서 그들의 '자유의 여신'을 세우려다 총에 맞기도 하고 투옥되기도 한 천안문 광장의 중국 학생들도 기억났다. 지금은 세계의 지치고 가여운 사람들에게 이민의 문을 굳게 걸어 잠그는 경색된 정책이 시행되고 있지만 '자유의 여신상'은 미국판 관음보살, '중생의 울음에 귀 기울이는 그녀'의 원형으로 자리 잡고 있다.

미국인들은 전 세계 자연 재해와 전후 피폐해진 나라에 자원 활동가로, 개인 기부로, 정부 원조 등을 통해 자비를 실천하고 있다. 그것은 중생의 울음에 귀 기울이고 도움을 주려는 특성에 속하는 것이다. 무서운 지진과 허리케인이 훑고 지나간 곳에는 즉시 원조의 팔을 걷어붙인 사람들이 찾아간다. 사람들을 돕는 이런 오래된 비영리 단체들은 관음보살 원형의 표현이기도 하다.

지역 사회에 기반을 둔 조직은, 자식이 장성하여 이제는 자원 활동에 온 힘을 쏟아 부을 수 있는 인생의 세 번째 단계에 들어선 여성들을 소중하게 여긴다. 맞벌이 부부가 흔한 세상이 되었지만 이러한 현상은 여전히 일어나고 있다. 자비로운 행위는 '신념을 실천'하는 일이다. 할머니 단계로 들어선 베이비 붐 세대는 관음보살의 기회가 열리는 것을 알아차릴 것이다.

자애로운 할머니

할머니 원형은, 할머니 단계로 접어들면서 영적으로나 심리적으로 계속 성장해 가는 개인에게 일어나는 여러 가능성이다. 자비는 필수적이다. 자비가 없으면 그들 속에 있는 잠재력을 충분히 발휘하지 못한다. 여러 형태로 나타나는 지혜는 자비의 지혜로 나타날 수 있다. 분노는 정의를 요구한다. 그러나 분노가 자애로움과 손을 잡으면 자비로 누그러진 정의가 된다. 자비가 있으면 웃음과 쾌활한 유머가 끊이지 않는다. 자비는 다른 사람의 고통뿐 아니라 자신의 고통도 완화한다.

자애로움은, 주고받을 필요도 없으며 나누어지지도 않는 무소유의 사랑이다. 주면 줄수록 준 사람에게 가는 것이 더 많아진다. 현명한 할머니는 공의존성과 자비의 차이를 대개는 자기 경험을 통해 배우는 사람이다.

상상력을 이용한 명상
세크메트를 불러내기
(연기)

자신이 암사자로 변하고 있다고 상상해 보라
힘센 근육과 황금빛 털,
고양이의 우아함
그리고 나쁜 놈 위로 뛰어올라 덮치고
자신이 사랑하는 것을 지키는 힘을 가진 암사자

어느 누구도 당신을 더럽힐 수 없다.
"나는 사자다… 포효할 수 있다."
그러니 포효하고 포효하고 포효하라 더 많이.
그런 다음
침묵하라.
내면의 세크메트,
당신 안에서 사자의 기운을 느껴라.
인생의 어느 단계에서 '더는 못 참을 것' 같으면
지혜와 자비에게 자문하라.
사자의 심장 같은 용기를 구하기 위하여 세크메트를 불러라.
아는 것을 행할 때가 왔다면 결국 행해야만 하리니.

상상력을 이용한 명상
우즈메와 바우보 불러내기
(춤)

비트가 강한 음악이나 소란스런 음악을 틀어라.
몸의 세포 하나하나에 침투하여 몸을 움직이고 싶게 만드는 그런 음악을.
당신 안에 깃든 관능을 위한,
삐걱거리고 감각적이고 흥분시키는 음악을.
이 춤은 외부로 향한 것도 아니고
유혹하거나 매력을 발산하려는 것도 아니고,
거울 속에서 자신을 보는 것과 같은 것도 아니다.
당신 내면의 살아 있음에 대한 것이다.
창자에, 엉덩이에, 가슴에,
저 아래에,
음문에 살아 있는 것.
"나는 여성이다." "나는 여신이다."
그렇게 훌륭한 의례라.
지금의 당신을 볼 수만 있다면!
생각만으로도 당신을 미소 짓게 하고, 당신의 창자를 미소 짓게 한다.
친구와 같이 해 보면
폐부 깊숙한 곳에서 웃음이 터질 것이다.

상상력을 이용한 명상
자비를 위하여
(명상)

모든 중생의 행복을 기원하는 부처의 명상,
그와 동일한 방식으로 심경을 울리는 가톨릭 로사리오 기도.
자기 자신과 다른 사람을 위해 자비를 구하는 기도와 전통이
많다네.
당신은 무엇을 하겠는가?
무엇을 하고 있는가?

성 프란치스코의 기도는 이렇게 시작되니
"당신 평화의 도구가 되게 하소서…"
베트남 승려 틱낫한은
걸어 다니면서 명상하는 법을 가르친다.

숨을 들이쉬고——
내쉬는 것——
이것이 명상의 핵심이다.
당신이 들이마셔서
자비를 통해 변형시킨 다음
내뱉고 싶은 것은 무엇인가?

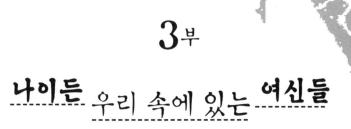

3부

나이든 우리 속에 있는 여신들

해변에서 볼 수 있는 상당히 희귀한 생물 중에 배낙지무리란 것이 있다.
이들은 자기 껍데기에 붙어 있지 않는다.
사실 껍데기는, 수면까지 어미 배낙지무리가 품에 안고 온
어린것들을 위한 요람이다. 그 껍데기 안에서 알이 부화되고
부화된 어린것들은 멀리 헤엄쳐 간다.
그러면 어미 배낙지무리는 자신의 껍데기를 떠나서 다시 새로운 삶을 시작한다.
― 앤 머로우 린드버그

다년간 더 평등한 결혼을 위하여 운동을 해 왔지만
정작 내가 그 운동의 수혜자가 되리라고는 전혀 기대하지 않았습니다.
― 글로리아 스타이넘이 66세에 처음 한 결혼에 대해 이야기하면서

여태까지 이야기한 여신들은 우리가 더 나이가 들고 더 현명해지고 더 자애로워지면, 또 젊을 때는 엄두도 내지 못했던 방식으로 결단 내릴 수 있게 되면 그때 우리 삶으로 들어온다. 이 할머니 여신들을 잘 계발하려면 고락을 통해 영혼이 일러주는 교훈에 귀 기울여야 한다. 그런데 할머니 여신들은 우리의 깊이를 더해 주기는 하지만 우리의 성격을 형성한 기본 원형과 처음부터 지켜 오던 우선순위까지 바꾸지는 않는다. 예리한 눈을 가진, 같이 늙어온 좋은 친구들은 우리가 지금 몇 살이든 — 오십에서 구십 너머까지 — 어릴 때나 젊을 때 가졌던 특성을 그대로 간직한 채 살아왔음을 안다. 어느 원형이 활성화되는가에 따라 우리는 그에 맞는 특정 성향을 가지고 세상에 태어난다. 이 패턴에 따라 성격이 형성되고 우리에게 가장 중요한 것이 무엇인지가 결정된다. 이것이 내가 『우리 속에 있는 여신들』에서 이야기한 원형으로, 그리스 신화를 통해 익히 알고 있는 그리스 여신들에서 출발한 것이다.

대부분 여성들은 중요하면서도 활동적인 여신 원형을 대여섯 개 가량 지니고 있다. 억눌린 여신들을 살려낸다 하여 그 옛날처럼 화형에 처해지거나 돌에 매달려 수장되지는 않는다. 그러나 여전히 가족이나 문화의 '분위기'가 어떤가에 따라 주변 환경과 잘 어울리는 원형이 있고 골칫거리 신세를 면치 못하는 원형도 있다. 뭔가를 선택해야 할 기로에 섰을 때 내면에서는 여신들끼리 불화가 생긴다. 올림포스 산에 있는 그리스 여신들은 — 이들은 모두 독특한 존재들이며 때로는 서로 적대적인 관계에 있는 여신도 있다 — 여러 측면들이 복합적으로 작용하면서 다양성과 갈등으로 들끓는 여성들의 내면 세계를 상징하는 것이라고 생각한다. 이 여신들이 전부 모든 여성들 안에 있을 가능성이 크지만 우리는 특히 몇 가지 혹은 적어도 한 가지 눈에 띄는 특성을 타고나는 것 같다. 한 여성의 정신 세계를 평정하기 위하여 몇 가지 원형들이 내부에서 경합을 벌일 경우 그 여성은 특정 측면을 언제 표현해야 할지 시기를 결정해야 하는 상황에 놓이기도 한다.

당신이 맡고 있는 역할이 당신 내면의 원형과 깊이 연결되어 있다면 당신이 경험하는 모든 것 속에 개인적이면서도 영적인 의미가 담긴다. 똑같은 역할을 맡더라도 자신의 원형과 거리가 먼 역할을 맡는 사람은 '자기 것이 아닌 것'을 자기 인생에 끼워 맞추려고 안간힘을 쓰는 것과 같다.

성인이 되어 처음 맞이하는 두 단계 동안 특정한 원형이 아직 활성화되지는 않고 오직 그렇게 되기를 염원만 하고 있을 수도 있다. 세 번째 단계에 들어서서야 우리는 놓쳐 버린 가능성을 안타까워하며 절망하기도 한다. 어떤 여성은 나이 들어가는 것을 거부하며 언제까지나 젊은 상태에 머물고 있다는 환상에 빠져 살다 보니 점점 진실과 멀어진다. 심리적·영적 성장은 할머니 원형을 통해, 또한 '우리 속에 있는 여신들'의 진화를 통해 나타난다. 신화 덕분에 우리는 여신을 통해 자기 자신을 좀더 잘 이해할 수 있다. 그런 신화를 잘 알고 상상력 또한 풍부한 여자들이 이런 여신들을 다시 되새겨보는 것, 또 이제라도 원형을 알고자 하는 여자들이 여신들을 처음으로 만나보는 것, 이것이 중요하다.

성인이 되어 맞이하는 인생의 첫 번째, 두 번째 단계 동안 우리 속에서 활성화되는 여신들은 세 번째 단계에서도 활동을 개진한다. 각각의 원형은 단계마다 특징적인 패턴으로 나타나는데 나는 그것을 『우리 속에 있는 여신들』에서 소개했다. 여신들의 각 장 — 아르테미스, 아테나, 헤스티아, 헤라, 데메테르, 페르세포네, 아프로디테 — 에서 나는 '노년'에 대한 설명을 간략하게 했지만 이제 내가 막상 인생의 세 번째 단계에 접어들고 보니 할 말이 상당히 많아졌다.

우리가 젊었을 때 혹은 특정 단계에 접어들었을 때 어느 여신의 원형이 문제도 야기했지만 자산이 되기도 했을 것이다. 사랑에 빠질 때는 아프로디테였다가 임신을 하고 싶거나 모성을 실현하고 싶을 때는 데메테르, 강렬한 흐름에 몸을 맡기고 싶을 때는 페르세포네였다. 우리를 결혼으로 이끌거나 질투심에 불타게 할 때는 헤라, 여성 운동으로 이끌거나 하기로 한 일에 쉽게 열중하게 만든 것은 아르테미스, 남성 세계로 뛰어들 때의 자산은 아테나, 고독을 선호할 때는 헤스티아였다.

1960, 70년대 젊은 시절을 보내고 이제 할머니 세대가 된 여성들은 복잡다단한 삶을 살아왔다. 그들은 일과 인간 관계 사이에서 곡예를 하듯 아슬아슬한 상황을 견뎌 왔고, 직업 생활을 하면서 신체 변화에 신경을 쓰고, 옛 전통을 타파하여 새로운 기반을 다지는 등, 이전 세대 여성들보다 더 복잡한 상황에서 개인적인 선택을 해야 했다. 환경과 선택 — 그리고 이 여신들 — 에 의해 우리 각자 가는 길이 정해졌다. 이제 다음 단계로

진입하는 갈림길에 다시 섰다. 여기에서 우리가 이 여신들을 다시 되새겨 본다면 반성적인 통찰을 얻거나 전반적인 상황을 평가할 기회가 될 것이다. 물론 이 두 가지 모두 우리에게 대단히 중요하다.

어떤 할머니 여성들은 단 하나의 원형 우물에서 평생토록 물을 길어다 먹기도 한다. 이런 경우 그 여신이 그녀 성품의 핵심이고 다른 여신들은 삶의 곳곳에서 중요하게 등장했다가 곧 퇴장했을 것이다. 지배적인 한 여신이 느지감치 피어나는 원형으로 되살아나서 예기치도 않게 기쁨과 새로운 성장의 근원이 되는 경우도 있다.

범주와 특성들

『우리 속에 있는 여신들』에서 나는 심리적이고 신화적인 특성에 따라 여러 원형을 세 범주로 나누었다. 그것은 처녀 여신, 상처받기 쉬운 여신, 창조하는 여신이다. 두 가지 강력한 힘, 즉 원형과 고정 관념은 우리가 의식하든 않든 우리에게 영향을 미친다. 그리스 여신들은 남신들이 지상과 하늘, 바다와 지하 세계를 지배하던 가부장제 사회에 살았다. 여신과 또 여신들에게 적용되던 범주가 이런 상황의 영향을 받고 그 지배하에 있었듯이, 그때나 오늘을 사는 여자들의 처지 또한 마찬가지다.

고대 그리스인들이 아르테미스, 아테나, 헤스티아를 처녀 여신으로 설명할 때는 그들이 늘 처녀 — 처녀성을 지키고 있는 여신들 — 로 남아 있었기 때문이다. 거역하기 어려운 아프로디테의 힘에도 꿈쩍 하지 않은 것은 남신과 여신, 인간을 통틀어 처녀 여신들뿐이었다. 이 원형이 활성화된 여성들에 대해 설명한 것을 보면 심리적인 처녀가 신체적인 처녀를 의미하는 것은 아님을 알게 될 것이다. 상처받기 쉬운 여신들 — 데메테르, 페르세포네, 헤라 — 은 관계 속에서 깊은 충만함과 고통을 동시에 겪는다. 창조하는 여신들 범주에 아프로디테를 포함시킨 것은 그녀가 연인의 원형이므로 처녀 여신은 아닌데, 연인을 고르고 선택하는 힘과 자율성을 갖추었으니 상처받기 쉬운 여신이라 할 수 없고, 그녀 고유의 연금술을 보유했기 때문이다.

세 범주 각각 독특한 정신적 성향을 보인다. 뭔가에 집중하는 성향은 처녀 여신의 특징이고, 상처받기 쉬운 여신은 의식이 분산되는 성향을 띠며, 아프로디테의 정신적 성향은 우리가 창조적인 일을 하거나 사랑에 빠졌을 때의 상태와 같다.

처녀 여신들

그리스(로마)의 처녀 여신은 사냥과 달의 여신 아르테미스(디아나), 지혜와 공예의 여신 아테나(미네르바), 화로와 신전의 여신 헤스티아(베스타)다. 이 세 여신은 독립적이고 자족적이며 관계 지향과는 별 상관이 없는 특성이 있다. 아르테미스와 아테나는 외부로 집중하여 세상에 뭔가 업적을 남기게 하는 속성을 지닌 반면, 헤스티아는 내면으로 눈을 돌리게 한다. 이 세 원형은 여성의 내면에 있는 욕망을 상징한다.

처녀 여신의 측면은 남성에게 소유되거나 '침범 당하지 않는' 여성의 일부로, 남성을 위하여 자신의 욕구를 변경하는 일은 없으며 다른 사람에게 인정받으려는 욕구도 없다. 이것이 심리적인 처녀성이다. 처녀 여신이 지배적인 원형일 경우 그 여성은 '혼자서도 충분하므로,' 충만하다는 느낌

혹은 완성되었다는 느낌을 가지기 위해 누군가가 있어야 할 필요는 없다.

이 세 여신을 닮은 여성은 자신에게 중요한 것에 집중하는 능력이 있다. 그들은 지금 하고 있는 일에 쉽사리 열중할 수 있다. 그들은 지금 하는 일과 상관없는 것 혹은 장기적인 목표와 거리가 있다고 판단되는 것은 무엇이든 쉽게 배제하거나 '무시할 수' 있다. 이렇게 집중하는 성향은 지금 초점 맞춘 것에만 강렬하게 내리비치는 조명과 같아서 그 주변 다른 것들이 어둠과 그늘에 가려 있어도 기꺼이 그렇게 내버려 둔다. 문제를 풀거나 목표를 성취하려고 집중하거나 오랜 시간 동안 명상을 하면서 앉아 있을 때 그녀는 식욕이나 수면욕을 무시할 수 있으며 주변 사람들의 정서적인 욕구에 관심을 기울이지 않는다. 이런 능력은 장점이 되기도 하고 단점이 되기도 한다.

상처받기 쉬운 여신들

결혼의 여신 헤라(주노), 곡식의 여신이지만 신화 속에서는 페르세포네의 어머니 역할이 우선시되는 데메테르(케레스), 그리고 처녀 여신이자 저승의 여왕 페르세포네(프로세피나)가 상처받기 쉬운 여신들이다. 이 세 여신은 전통적인 여성의 역할— 아내, 어머니, 딸— 을 상징하는 원형이다. 그들은 관계 지향적이다. 특히 헤라와 데메테르는 스스로 만족스러우려면 의미 깊은 관계가 필요한 원형이다. 신화에 따르면 이들 세 여신은 남성 신의 지배를 받는다. 그들은 강간당하고 납치되고 수모 당한다. 애착이 가던 관계가 깨지거나 모욕을 당해서 괴로워한다. 이들은 무력감을 경험하며 일련의 심리적 징후를 겪는다. 이 원형의 지배를 받는 여성들은 상처받기 쉬우며 데메테르와 페르세포네처럼 우울해지거나 헤라처럼 질투심에 사로잡힐 수 있다. 실제적인 관계에서 이 원형이 충족되면 그 여성은 전통적인 역할에서 영적인 깊이와 의미를 찾을 수 있다.

의식이 분산되어 있다는 것은 마치 거실의 불빛처럼 그 안에 있는 모든 것에 부드러운 빛을 던져서 전체를 환하게 밝히는 것과 같다. 그것은 자신의 관심 영역 안에 들어온 사람들에게 주의를 기울이는 것이다. 관심을 가지면 사람들 내부에 어떤 정서적인 미묘한 변화가 있는지를 알아차릴 수 있으며 어른들이 소란을 피우며 이야기를 나누는 와중에도 자기 아이의 나지막한 하소연을 들을 수 있다. 그런 수용적 주의력은 다른 사람의 주파수에 당신을 맞추는 것이며 그들이 의식하지는 못하지만 은연중에 감지하는 그런 것이다.

창조하는 여신

사랑과 미의 여신, 아프로디테(비너스)를 나는 창조하는 여신의 범주에 넣었다. 그녀만이 가진 힘, 추진력과 변형의 힘이야말로 창조와 딱 맞아떨어진다. 아프로디테의 장엄한 외모는 처음에 (그리고 그녀의 명예가 훼손되기 전까지) 경외의 대상이었다. 또한 그녀는 인간이든 신이든 사랑에 빠지게 하고 새로운 삶을 구상하게 하는 힘을 가지고 있었다.

아프로디테의 창조력은 경이롭다. 아프로디테가 미를 불어넣으면 사람이든 사물이든 (상대로 하여금) 도저히 거역할 수 없는 대단한 그 무엇이 된다. 아프로디테의 입김에 닿기만 해도 상대방에 대한 자석 같은 이끌림, 더 가까이 가고 싶고 끝까지 이르고 싶은 — 혹은 '알고 싶은' — 마음을 가눌 길이 없어진다. 이러한 욕망이 전적으로 성적인 것이라 하더라도 그 충동은 종종 성적인 차원보다 더 깊어서 심리적이면서도 정신적인 측면을 드러내기도 한다.

'아프로디테 정신'이라 부르는 성향의 특징은, 배우·웅변가·음악가와 청중 사이에 마법이 일어날 수 있도록 조명을 비추는 극장의 불빛과 같다. 그것은 상처받기 쉬운 여신의 산만한 성향보다는 더 집중할 수 있고 강렬하면서도, 처녀 원형의 집중 성향보다는 더 감수성이 풍부하면서 세심하다. 무엇이든 무대 위에서 조명을 받게 되면 더 강하고 극적인 혹은 확대된 상태로 비춰지면서 우리에게 영향을 미친다. 그 대상을 보고 난 후 우리가 보이는 반응은 다시 무대 위에 있는 대상에게 영향을 미친다. 이런 식으로 일이 진행될 때 청중과 공연자 사이에 연금술이 발생한다. 우리는 우리가 보고 있는 것에 빠져들고 또 그것에 반응한다. 특별한 조명 덕분에 우리는 감동 받는다. 그 조명이 있어서 무대의 환상이 가능해진다.

매력적인 여성이 이런 자신의 정신적 성향을 어느 다감한 남성에게 집중적으로 발산할 때 일련의 연금술이 생기는데 이것이 아프로디테의 연금술이다. 그녀는 자신이 어떤 상황을 유발하고 있는지 깨닫지 못할 수도 있다. 그러나 그녀는 종종 자기 인생을 망치고 또 일시적인 주술에 걸려 그녀를 사랑하게 된 사람들의 삶까지 파멸로 이끄는 사랑에 빠져 버린다.

아프로디테 정신은 여러 사람과 공동으로 하거나 독자적으로 하는 모든 창조적인 작품에 스며든다. 창의적인 인간은 일에 빠져 있으면서도 연인처럼 민감한 관찰자가 되기도 한다. 창조적인 작업에는 몰두와 열중, 매혹이 뒤따르며 두 가지 요소, 작품과 사람이 그 과정에서 영향을 받는다.

지금까지 간략하게 여신들을 설명하였으니 아마 당신은 기억이 새로워졌을 것이다. 처음으로 이런 원형을 알게 된 사람이라면 아하! 그렇구나!를 연발할 것이다. 그런 사람은 『우리 속에 있는 여신들』을 좀더 공부해도 좋을 듯하다. 이제부터 나는 '각각의 여신이 늙어 가는 것'에 대해 언급할 것이다. 내 이야기의 초점은, 나이든 여성의 삶에서 여신이 긍정적으로 표현되는 방식, 나이를 먹으면서 발생하는 독특한 문제와 어려움 등에 맞춰질 것이다. 또한 이 여신들 하나하나가 할머니 원형과 공유하는 유사점에 대해서도 이야기할 것이다.

아르테미스, 사냥과 달의 여신

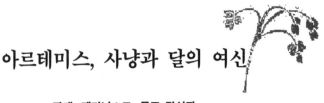

자매, 페미니스트, 목표 달성자

로마인에게는 디아나로 알려진 아르테미스는 사냥과 달의 여신이다. 제우스와 레토의 딸인 그녀는 키가 훤칠하고 아름다우며 요정들과 사냥개를 거느리고 거친 숲과 초원을 종횡무진 돌아다닌다. 짧은 옷에 은빛 활과 화살통을 등에 맨 그녀는 백발백중의 궁수다. 달의 여신이기도 한 그녀는 손에 횃불을 든 자세로 혹은 머리에 달과 별을 두른 모습으로 조각된다. 상현달, 초승달로 상징되는 아르테미스는, 보름달 혹은 성숙을 상징하는 셀레네, 하현달, 그믐달을 상징하는 헤카테와 함께 숭배 받던 삼위일체 여신 가운데 처녀 단계를 나타낸다. 아르테미스의 영역은 땅이고 셀레네는 하늘, 헤카테는 지하 세계다. 셋 중 아르테미스만이 그리스의 주요 신에 속한다.

야생 동물의 수호신이기도 한 그녀는 자신의 성격을 닮은 길들여지지 않는 동물과 연관 있다. 사슴은 그녀의 날렵함을, 곰은 젊은이를 열렬하게 수호하는 역할을, 멧돼지는 파괴적인 측면을 상징한다(화가 난 아르테미스가 멧돼지를 풀어 산야를 쑥대밭으로 만든 적이 있다).

아르테미스는 제우스와 레토(올림포스 이전 세대의 신)의 딸로, 쌍둥이 동생인 태양신 아폴론보다 먼저 태어났다. 아르테미스는 태어나자마자 그리스 신화에서 가장 힘겨운 분만을 목격했다. 레토가 아흐레 밤낮을 극심한 산고에 시달리자 아르테미스는 산파 노릇을 하면서 아폴론을 낳는 레토 곁에 있었다. 그래서 아르테미스는 출산의 여신이기도 하여 출산의 고통에 신음하는 여성들이 그녀를 부르며 기도한다.

아르테미스가 세 살이 되자 레토는 아버지를 만나게 해주려고 아르테미스를 올림포스 산으로 데려간다. 제우스는 어린 딸을 보고 기뻐했으며 그녀가 원하는 것은 무엇이든 다 주마고 약속했다. 아르테미스는 세 살에 벌써 자기가 무엇을 원하는지 정확하게 알았다. 그것은 활과 화살, 함께 사냥 다닐 사냥개 무리, 그녀를 따라다닐 요정, 뛰기 좋은 짧은 옷, 자기만의 특별한 장소인 산과 황야, 영원한 순결이었다. 제우스는 딸의 소원을 다 들어주고 덤으로 그녀 스스로 선택할 수 있는 특권까지 주었으니 이렇게 하여 아르테미스는 자율권을 확보하게 된다. 이 때문에 그녀는 어떤 남성의 권력에 의해서도 침해당하거나 억압받지 않는다.

아르테미스 원형은 자신이 스스로 선택한 영역에서 자기 목표를 찾을 수 있는 독립적인 여성적 영혼을 인격화한 것이다. 그녀는 자매애와 자립심 등 여성 운동에서 이상적이라고 보는 특징을 보유하고 있다. 그녀는 자기에게 도움을 청하는 이들을 보호하고 구원하기 위해 신속하면서도 단호하게 행동하며 그녀를 공격하는 자들을 처단하는 데도 잽싸다. 신화에서 모든 여신들 중에서 오직 아르테미스만이 자기 어머니를 도우러 갔다. 한번은 어느 거인이 레토를 강간하려고 하자 단숨에 그를 처단했다 (강간은 그리스 신화에서 흔히 볼 수 있는 사건인 반면 그에 대한 처벌은 정말 흔치 않다). 그녀는 길들여지지 않은 어린 야생 동물과 소녀들을 보호한다.

동료 요정들에게는 큰언니 원형이며 쌍둥이 동생 아폴론과는 동등한 경쟁자다.

황야와 동물이 가진 특징을 공유하는 아르테미스 원형은 가방을 둘러매고 말을 타고 자연과 교감하는 여성 안에서 활성화된다. 아르테미스 운동선수는 실력이 쟁쟁하며 팀에 소속되어 있기가 쉽다. 그녀는 동등, 공정, 정의에 관심을 쏟으며 어릴 때부터 이런 가치를 분명하게 표명했다. 여자라고 하여 남자 형제와 다른 대우를 받으면 그녀는 "공평하지 않다!"고 항의한다. 성인이 되어서도 이런 가치에 마음이 움직이면 사회 운동가가 될 수도 있다. 자기 주장을 내세우다 보면 무자비하게 될 수도 있다. 예를 들어 여성 운동 초창기 일부 페미니스트들은 성 차별적인 사람들이나 제도에 분노하지 않는 사람들을 순수하지 못하다는 이유로 내쳤다(독선적인 파괴력이 이 원형의 어두운 측면이다). 말하자면 많은 아르테미스 여성들이 지도에도 없는 땅이라 할 만한 황무지에 반해서 여자에게 개방된 적이 없는 영역으로 들어간다. 백발백중의 솜씨를 가진 사냥꾼의 자질로 무장한 아르테미스는 혼자서 개인의 표적을 주시하는 목표 지향적인 젊은 여성들 안에서 활동하는 원형이다.

에페소스의 아르테미스가 이 여신의 조각상 가운데 가장 유명할 것이다. 그 조각상은 아르테미스를 사냥꾼으로 묘사하는 일반적인 상보다 더 위풍 당당한데 '젖가슴이 여럿 달린 아르테미스'라는 별칭으로 불린다. 가슴에 수많은 둥근 돌출 부분이 있기 때문이다. 중년 여성들은 대개 여러 가지 역할과 수많은 책임에 시달린다. 그녀 안에 있는 아르테미스는 전통적인 아내와 어머니, 혹은 양육자 역할로는 만족하지 못하고 뭔가 억눌렸다는 느낌을 받을 수 있다. 한 아르테미스 여성은 '가슴마다 누군가가 매달려 있는 에페소스의 아르테미스'가 된 듯하다고 심정을 토로했다.

그러나 아르테미스 여성이 성숙함과 자비로 성장하려면 사람들에 대한 바로 이러한 헌신을 거쳐야 한다. 그렇게 헌신하기 전까지는 혹은 자기가 직접 신체적인 고통, 의존성, 질투, 정서적인 손실 등을 경험하기 전까지는 다른 사람의 고통에 공감하거나 자신도 상처받기 쉽다는 사실을 깨닫지 못하기 때문이다.

수치심 역시 그녀의 교사다. 아르테미스 여성은 자존심이 강하며 원칙을 지키려는 정신 또한 강해서 올곧기는 하나 편협할 수 있다. 분노에 휩싸인 채 행동으로 옮기는 바람에 남을 해칠 수 있다. 그러나 반성할 줄 알고 분노가 거센 만큼 속 깊이 양심의 가책을 느끼는 것이 그녀의 특성인 까닭에 이러한 교훈을 통해 수치심을 배울 수 있으며 나이가 들면서 현명해질 수 있다.

할머니 아르테미스

아르테미스 기질이 할머니가 되어서까지 지속될 뿐 아니라 이 시점에 다시 되살아나서 이를 즐기는 것도 드문 일은 아니다. 건강하고 활동적인 여성이라면 말년이 인생 최고의 시기가 될 수도 있다. 다른 원형이 지배할 당시 주된 상실의 사건들 — 은퇴, 이혼이나 사별, 아이가 다 자라 둥지를 떠나는 것 — 이 끝났으므로 이제 다시 아르테미스로 돌아갈 수도 있다. 할머니 아르테미스는 젊은 시절에 간직한 특성을 그대로 가지고 있으며 사고 방식도 젊었을 적 그대로여서 남들이 한참 전부터 그녀를 늙었다고 생각했더라도 자신은 늙었다고 느끼지 않는다. 그녀는 이국으로 여행하기를 좋아하는 탐험가며 그녀를 매혹하는 것이면 무엇에든 열정적으로 관심을 보인다. 그녀는 자기 기질대로 행동할 정도로 여유가 있으며 집을 떠나 새로운 땅으로 돌진할 태세가 그 어느 때보다 잘 되어 있다. 여가용 차량의 시대이므로 자신의 이동식 집을 타고 길을 나설 수 있다(여가용 차량의 시대 할머니들은 안부 인사와 지금 지나는 장소, 그 외 여러 상황을 이동 전화를 이용하여 알려주는 네트워크를 만들어 낸다). 외국에 갈 수도 있고 자원 활동을 하느라 일정표가 빼곡히 차 있을 수는 있으나 가족들 사이에서 겪는 박탈이나 역경에 주눅 드는 일은 없다. 혹은 혼자 여행을 다니는 그녀는 여행 예정지의 특성에 맞게 계획을 세우고 지금도 남아 있는 오래된 호스텔에 묵는 것을 선호한다. 핀드혼이나 에잘렌, 혹은 다른 성장 센터에 이끌려 아름다운 자연 속에 머물면서 자신의 새로운 심리적, 영적 영토를 탐색하는 기회를 얻을 수도 있다. 이런 곳에서 여성들의 지혜를 위한 워크숍을 해 보면 참여자들 중에는 노년에 아르테미스 기질이 깨어난 여성들이 반드시 있다.

아르테미스가 결혼 생활을 지속하고 있다면 남편과 동등한 동지로 편안한 관계를 유지하면서 각자 다른 관심사를 충족하고 다른 친구를 만날 가능성이 크다. 그러니까 아르테미스는 소유욕이 강한 파트너들이 꺼릴 만한 경향이 있다. 그녀가 전통적이고 가부장 중심의 결혼을 했다면 뭔가가 변해야만 했다. 결혼 제도는 아르테미스 여성이 진실로 원하는 것이 아니다. 그래서 할머니가 된 지금 친밀한 관계를 새로 맺는다면 독신 여성의 자율성을 유지한 상태로, 가능하면 거처도 그의 것과 자신의 것이 따로 있기를 바란다.

할머니가 된 아르테미스 레즈비언 여성들은 종종 확대 가족의 일원이 되기도 하는데, 지금까지 친구 관계를 유지한 옛 파트너가 그 확대 가족의 일원이 될 수도 있다. 인생의 세 번째 단계에서 성적 지향을 바꾸어 이성애자에서 동성애자가 된 여성은, 새로운 분야를 탐색하려 하고 동등한 관계를 원하는 자신의 성향에 따라 새로운 관계를 만드는 아르테미스일 가능성이 높다. 그러므로 한 여성에게 강하게 이끌린다면 그녀는 이 이끌림이 가자는 데까지 따라갈 것이다.

장성한 자녀와 손자가 있는 할머니 아르테미스는 대개 그들과 편안한 관계를 맺는다. 모성을 상징하는 어미 곰처럼 어린 자녀들을 보호하며 학대의 위험에서 지켜 주고 다 자랄 때까지 독립심을 길러 주는 경향이 강하다. 아르테미스 여성은 특히 같은 관심을 가진 자녀와는 친밀해질 수도 있지만 대개는 다른 어머니들만큼 그렇게 자녀와 가깝지는 않다. 아르테미스 할머니는 나이가 들어도 독립성을 유지함으로써 자식에게 부담이 되지 않을 뿐 아니라 의존하지 않으려고 모든 노력을 기울인다.

일에 열정을 가지고 있는 아르테미스는 할머니가 되어서도 일을 놓지 않을 가능성이 크다. 이럴 때 그녀는 끊임없이 도전적이면서도 자율성을 허용하는 일을 하고 있는 경우가 많다. 그녀는 혼자 혹은 동등한 사람들과 팀을 이루어 일할 수 있고 설령 위계적인 조직 내에 있다 할지라도 자기 영역 안에서 최대한의 자유를 구가하면서 일을 한다. 그러나 일이 반복적이거나 직원을 통제하려는 상사 밑에서 일한다면 얼른 은퇴하고 싶어할 수도 있다. 어쩔 수 없이 멍에를 둘러써야 할 상황이라면 그녀는 목초지로 서둘러 가기를, 울타리 너머 자신이 선택한 황야로 훌쩍 뛰어갈 수 있기를 손꼽아 기다리면서 조금씩 어기적거리기도 한다.

조지아 오키프는 일생 내내 아르테미스가 활성화된 여성이었는데 할머니 세대가 되고 40년을 더 살았다. 그녀는 결혼 후 남편 성을 따르지 않았으며 자신만의 예술 세계를 구축하기 위하여 전통을 무시한 화가였다. 그 과정에서 그녀는 혹독한 비평과 회의에 시달리기도 했지만 이에 굴하지 않았다. 자녀를 두지는 않았는데 이것은 그녀가 심사숙고하여 결정한 선택이었음이 분명하다. 어머니와 예술가, 둘 중 하나는 될 수 있을지언정 둘 다 될 수는 없다고 생각했을 것이다. 그녀는 별이 총총한 뉴멕시코 사막과 산의 아름다움에 빠져서 그림을 그리려고 그곳에 몇 번이나 갔다. 그럴 때는 그녀와 남편 앨프레드 스티글리츠와 떨어져 살아야 했으며 남편이 아프기 시작할 때에도 예외는 아니었다. 남편이 죽자 동부에 남아 있을 까닭이 없었다. 그녀는 뉴멕시코로 이사했고 여생을 거기에서 보냈다. 그녀는 시력이 허락할 때까지 그림을 그렸으며 나중에는 진흙으로 작업을 하였다. 그녀는 자기가 살고 싶은 곳에서 살고 싶은 대로 살면서 평생토록 일을 하여 세계적으로 가장 유명한 미술가의 반열에 올랐다. 그녀는 자신이 원하는 것이 무엇인지를 안다는 점에서 다른 사람들과 차이가 난다고 말한 적이 있다. 그녀가 하기로 작정한 목표가 걸작을 창작하는 것이 되었건 뭔가를 손에 거머쥐는 것이 되었건 그녀는 그 목표를 이루기 위해 자신의 의지와 재능을 집중할 수 있는 대단한 능력을 가졌던 것이다.

늦게 깨어나는 아르테미스

자기 내면에 있는 아르테미스 원형을 수십 년 동안 끊어내고 살던 일부 여성들이 할머니 단계에 이르면서 아르테미스의 재등장을 목격하기도 한다. 그녀는 환경이 바뀌어야 자유롭게 자신의 아르테미스가 될 수 있다. 자기 안에 아르테미스가 있음을 깨닫게 되면 산을 오를 수도 있고 여름 캠프를 즐길 수도 있으며 마구간에서도 잘 지낼 수 있다. 그녀는 상황이 바뀌어 아르테미스가 몸을 숨기기 전까지는 자신감에 넘쳐서 수줍음이라고는 몰랐다.* 성인기 초반 그러니까 의식화 집단에 있거나 대학에 다닐 때 잠시 아르테미스가 나타나기도 했지만 그러다가 사라졌다. 혹은 강간을 당한 후 아르테미스를 잃었을 수도 있다.

여자들이 아르테미스와 절연하는 이유는 수없이 많다. 사춘기가 되고 남자 아이에 대한 관심이 생기면 아프로디테가 부상하고, 공부나 성적에 대한 기대가 있다면 아테나가 눈부시게 성장한다. 사회적인 압력 때문에 아르테미스 성향을 드러내지 못한 채 성장했을 수도 있다. 가족, 종교, 문화가 가부장적일수록 이런 단절은 더욱 확고해진다. '페미니스트'가 부정적인 의미로 통하는 곳에서는 아르테미스가 억압받는다. 때로 아르테미스의 상실은 가족을 돌보는 일이나 넘쳐나는 일 때문에 시간과 기운이 전혀 남아 있지 않은 탓이기도 하다. 원인이 무엇이건 할머니 단계에서 아르테미스가 출현한 것은 대단히 환영할 일이다. 그렇게 되면 자유로운 영혼을 되찾을 것이고 자신의 진실한 목소리와 자연과의 친화력 혹은 다시 불붙은 목적 의식을 발견할 것이므로.

---

* 여덟아홉 살 즈음 소녀는 명확한 생각을 가지며, 자신의 인식을 신뢰한다. 자기 입장을 밝히고 자신감에 차 있으며 수줍음이라는 것을 모른다. 이러한 것들은 아르테미스가 보여 주는 성품이다. 사춘기 동안은 잠시 남의 시선을 의식하기도 한다. (여성 심리와 소녀들의 발달에 관한 하버드 프로젝트의 자료를 참조했는데 출처는 Lyn Brown and Carol Gilligan, *Meeting at the Crossroads: Women's Psychology and Girls' Development*, Cambridge, Mass.: Harvard University Press, 1992.)

아르테미스가 지혜를 배우려면

아르테미스가 더 현명해지려면 인생을 살아가면서 지혜를 얻어야 한다. 처녀 단계에서는 에너지를 직업이나 대의명분에 집중할 수 있지만 자기가 영원히 젊은 상태로 있으리라고 생각하는 사람들 혹은 항상 자신이 옳다고 생각하는 사람들에게는 현실과 모멸감을 통해 교훈이 찾아온다. 자신이 약한 존재라는 것을 알게 될 때 비로소 다른 사람의 선택이나 타협을 이해하기 시작한다. 자신이 실수하고 양심의 가책에 시달리게 되면, 다른 사람들에게 적용하는 판단의 잣대가 조금 무뎌진다. 그녀는 달과 같아서 날렵한 행동이 어울리기도 하지만 깊게 성찰하는 능력도 갖추었으므로 혼자 돌아가서 사태를 반추할 수 있다. 그렇게 반추하면서 그녀는 마음으로 알게 된 것을 받아들인다. 혼란스럽고 상처 입고 슬플 때 위안을 받기 위해 자연 속으로 들어가며 그 속에서 마음이 편해진다. 이러한 과정을 통해 지혜는 인생 주기에 맞추어 성장해 간다. 자연은 인내심을 가르쳐 준다. 인내심은 아르테미스 여성들 대부분이 배워야 할 교훈 중 하나다.

아르테미스는 처벌하고 보복하는 것이 너무 재빨라서 자비심을 기대할 수 없을 뿐 아니라 그녀는 늘 분노하기만 했다. 이것은 젊은 아르테미스의 어두운 측면이다. 더 현명해진 아르테미스는 분노의 감정이 떠오르더라도 이를 통제할 수 있다. 진화한 아르테미스는 자신의 그림자를 잘 알고 있으며 그러한 감정에 지배받거나 사로잡히지 않는다. 내면의 지난한 과정을 거치면서 얻게 된 교훈은 자신과 타인을 이해하는 데 도움이 된다. 어떤 여성들은 할머니 시기에 가서야 더는 참을 수 없다고 말하지만 아르테미스는 그렇지 않다. 그녀가 억압적인 관계를 견디거나 공의존적 관계를 유지할 가능성은 거의 없기 때문이다. 부부나 연인 관계를 유지하면서 어떡해서든 변화를 도모하려고 하기보다는 차라리 그 관계를 과감하게 떠난 다음 나중에 그 결과를 되짚어 보면서 자신의 삶이 달라질 수도 있었겠는지 반추해 보는 편이다.

헤카테와 헤스티아의 지혜

갈림길과 그믐달의 여신인 헤카테는 아르테미스의 지혜와 가장 유사한 지혜의 원형이다. 야성의 웅대함과 아름다움에 영혼 깊숙이 영향을 받는 것이나 밤하늘 아래 맨발로 걸으며 우주의 일부가 되는 위대한 신비로움, 삼라만상과 연결되어 있다는 신령스러운 느낌을 받는 것은 헤카테의 달의 본성에서 나온다. 달빛과 불빛(아르테미스의 화로는 모닥불일 수도 있다)은 아르테미스를 화로와 신전의 여신 헤스티아와 헤카테의 내부로 향하도록 인도한다. 명상과 반추를 통해 그녀는 더 내향적으로 바뀌면서 그 어느 때보다 영적인 성향이 강해질 것이다.

이럴 경우 할머니 단계에 들어선 아르테미스 여성은 자신이 가진 자원과 이미 확보한 지혜, 그리고 경쟁력을 새롭게 사용하려고 결심하게 된다. 가령, 개인을 지도하거나 여성, 어린이 혹은 자연을 보호하는 기관에 지원함으로써 자신이 가진 것을 사회에 환원하려고 한다. 혹은 영성의 길을 찾아 나서기가 쉽다.

지혜로워진 아르테미스는 헤카테와 함께 갈림길에 서 있는 것을 배웠다. 당신이 젊은 아르테미스였다면 갈림길에서 극렬하게 반응하면서 어떤 식으로든 입장을 취했거나 누군가의 도움을 받으면서 황급하게 행동했을 것이다. 이런 행동의 결과로 예기치 않은 상황이 발생하기도 했다. 회한과 후회를 거치면서 당신은, 당신의 삶을 바꾸거나 다른 사람의 삶에 영향을 미칠 수 있는 어떤 일을 도모하기 전에는 반드시 멈추어 헤카테와 의논해야 한다는 것을 배웠다. 또 당신은 행동보다 관찰과 성찰이 먼저여야 한다는 것을 배웠다. 헤카테의 지혜는 자신의 관점을 가질 때 확보된다. 그 관점이란 한꺼번에 세 갈래 길 — 당신이 여기에 어떻게 왔는지, 이 길 혹은 저 길을 선택한다면 어디로 가게 될지 — 을 보는 것과 같다.

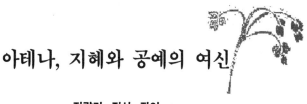

아테나, 지혜와 공예의 여신

전략가, 전사, 장인

아테나는 로마 신화에서는 미네르바로 알려져 있는, 지혜와 공예의 그리
스 여신이다. 그녀는 위풍당당하고 아름다운 전사 여신이요, 자신이 선택
한 영웅들을 보호해 주고 자신의 이름을 딴 도시 아테네를 지켜 주는
수호신이다. 아테나는 올림포스 여신들 중 유일하게 갑옷을 입은 모습으
로 그려지는데 자신의 아름다움을 드러내기 위하여 투구를 뒤로 넘겼으
며 팔에는 방패, 손에는 창을 들고 있다. 전시에는 군대를 지휘하고 평화
시에는 가정의 일을 돌보는 여신의 역할에 어울리게 한 손에는 창을,
다른 손에는 물레나 그릇을 든 모습일 때도 있다. 그녀의 상징은 올빼미다.
그녀는 제우스의 딸로, 그를 유일한 부모라 여긴다. 아테나의 어머니는
메티스지만 이미 보았듯이 그녀는 어머니에 대한 기억이 전혀 없다. 제우
스가 임신한 메티스를 조그맣게 만들어 삼켜 버렸기 때문이다. 아테나가
다 자란 여인으로 제우스의 머리에서 '태어난' 후, 아테나는 제우스가
가장 아끼는 자식이 되었고 제우스는 올림포스에서 아테나만을 신뢰하여
자기 권력의 상징들을 선사했다.

아테나의 지혜는 실용적이며 구체적이다. 아테나는 도시의 수호신이요, 군대의 수호신, 실 잣는 이들과 금 세공하는 사람, 도공들, 옷 만드는 자들의 신이다. 아테나와 관련된 전략과 가내 기술은 계획과 실행을 겸비해야 한다. 목적 의식적인 사고와 행동이 필요하다. 요즘 세상에서는 회사 중역, 컴퓨터 프로그래머, 상품 디자이너, 법조인, 마케팅 전략가 등이 그녀의 보호 아래 있다. 원형 아테나는 어떤 영역에 들어가든 체스의 달인처럼 그곳의 흐름을 전략적으로 꿰뚫어 본다. 또 동맹을 찾기 위해 기민하게 상황을 파악하면서 그 영역에서의 성취와 야망을 북돋운다. 아테나는 가슴보다는 머리의 지배를 받는 논리적 여성 안에서 숨쉬는 원형이다. 그녀는 명료하게 사고하고, 감정적으로 고양되는 상황에서도 냉정한 머리를 유지하며, 갈등의 상황에서 전략을 생각하는 경향이 있다.

'아버지의 딸' 원형인 아테나는 특히 제우스를 닮은 남성, 즉 제우스같이 모든 것을 관장하는 집행관, 혹은 그리스 신화에 나오는 영웅들의 심리를 닮은 남성에게 본능적으로 이끌리는 여성이다. 제우스는 전투에서 이기고, 황금 양털을 손에 넣고, 메두사의 머리를 벨 수 있는 전략을 아테나에게 주었다. 페미니스트가 아닌 아테나가 남성 중심적인 권력의 세계로 들어가서 남성 스승을 발견하고 남성 경쟁자와 동료들 사이에 있으면서 마음이 편해지고 한때는 남성으로만 이루어지던 위계 질서에서 자기 힘으로 한자리 차지할 수 있도록 기회를 제공한 것은 다름 아닌 여성 운동이었다. 여성 운동이 일어난 후 개인 아테나들은 정부와 기업, 학계에서, 심지어 군대에서도 정상 자리에 오르게 되었다. 그들은 가부장제 사회에서 성공한 딸들이다.

성공한 아테나의 모범을 역사 속에서 찾아보자면 영국 여왕 엘리자베스 1세가 있다. 그녀는 헨리 8세의 딸이며 처녀 여왕으로 알려져 있다. 전략과 외교 수완, 무자비함으로 무장한 그녀는 동맹을 결성하여 경쟁자를 따돌리고 살아남아 마침내 여왕이 되었으며, 마침내 자기 자신과 조국을 외국과 교회 권력의 손아귀에서 구해 냈다.

여신 아테나가 권위와 권력의 특권을 옹호하는 전사다 보니 인간 아테나 역시 정의나 진실을 구하기보다는 아테나 여신과 비슷한 경향을 띤다. 몇몇 아테나에게 문제가 될 수도 있는 아테나의 어두운 면은, 목적을 달성하기 위해서라면 어떤 값을 치르더라도 이루고야 말겠다는 결연한 의지다. 자기가 하는 행동이 얼마나 무절제하고 냉정한지는 관심 밖의 일이다. 가령 『일리아드』에서 아킬레우스와 헥토르가 일 대 일 전투를 벌일 때 아테나는 트로이의 영웅 헥토르를 속여 그의 형이 창을 대신 끌고 올 것이라고 믿게 만들었다. 헥토르가 자신의 창을 던진 후 '형'에게 다른 창을 가져오게 하려고 등을 돌리는 순간 그 자리에 자기 혼자밖에 없을 뿐더러 다른 무기도 전혀 없다는 것을 알게 되었다. 이런 상황이었으므로 아킬레우스는 그를 쉽게 죽일 수 있었다. 아테나는 아킬레우스에게 부당한 혜택을 주었을 뿐 아니라 그의 경쟁자를 파멸로 몰고 가기 위하여 비겁한 술책을 쓴 것이다.

전사이자 전략가인 아테나를 지배 원형으로 가진 여성이라면 학교나 일에 너무 깊이 관여하게 되니 인생의 다른 방면에 대해서는 완전히 무능할 수 있다. 그녀는 이기겠다는 의지에 불타는 경쟁자다. 전쟁터는 경제 시장이 될 수도 있고 정치계나 학계가 될 수도 있다. 그녀의 성공 의지가 워낙 강해서 값비싼 대가를 치러야 한다는 사실을 간과할 수도 있다. 자신의 경력에 너무 깊이 집중하다가 정서적인 성장을 유예한 결과 친밀한 관계가 부족할 뿐 아니라 내면의 삶도 보잘것없어지며 단순한 즐거움도 없고 충동적으로 행동해 본 경험도 거의 없다. 속도를 늦추지 않는 이상 그녀는 이 부분을 전혀 알아채지 못한다.

변화와 성장

인생이 강타를 몇 번 날려서 아테나 여성의 관점을 뒤흔들어 놓고 마음을 열도록 만들어야 그녀의 삶이 변화하고 성장한다. 이것은 뼈아픈 배반으로 시작할 수 있다. 아버지의 사랑을 한 몸에 받던 영광스런 딸의 지위에서 추락하거나 자신의 지성으로도 막을 길 없는 몇 가지 중요한 상실을 경험하면서 시작할 수도 있다. 아테나는 마침내 상처 입고 비탄에 빠진다. 또 자신이 얼마나 약한지, 외로움이 뭔지 알게 된다. 이런 기간이 고통스럽기는 하지만 내면을 성찰하고 자기 감정을 받아들인다면 전화위복이 될 수 있다. 그녀는 자신의 과거 행적을 다른 눈으로 보게 될 것이다. 승리를 거머쥐게 했던 예전의 전략이 다른 사람의 희생을 담보로 했음을 기억하면서 죄책감에 시달리게 되고 또 자비가 뭔지도 알게 된다.

인생이 흘러가고 있다는 자각은 그녀로 하여금 내면으로 들어가서 성찰의 태도를 갖게 하므로 뒤늦게 페미니스트가 되는 계기가 되기도 한다. 일에만 매달리던 아테나가 중년이 되어서야 가족을 갖기에는 너무 늦었음을 자각하고 난생 처음 이것을 일종의 상실로 여기면서 쓸쓸한 휴일을 맞이할 수 있다. 남자 동료들은 경력을 쌓기 위하여 가족 만들기를 유보하지 않아도 되었건만, 자신은 그러한 희생을 치러야 했다는 사실을 깨달을 때도 이러한 회한이 온다. 또 여성의 승진을 가로막는 유리 천장이 있다는 것을 깨닫고 그녀가 우습게 알던 페미니스트들이 성 차별에 대해 바른 일을 하고 있다는 점을 발견할 때도 온다. 또는 일에서 성취를 하고도

"과연 이게 다일까?" 하고 자문하게 만드는 모호한 불편함이나 우울에 빠질 때도 회한은 온다.

여신 아테나는 사랑에 흔들리지 않았지만 인간 아테나는 사랑에 빠진다. 사랑을 하거나 모성 본능이 예기치 않게 고조되면 그녀의 정신 세계에 다른 원형이 나타난다. 한 곳에만 몰두하던 아테나 여성이 우선순위와 가치를 둘러싸고 갈등에 휘말리면서 더 이상 아테나 원형과 완전 동일시하지는 않게 되기도 한다. 아테나 여성도 결혼하고 아이를 갖는다. 그러나 일에 있어서는 남자들이 전통적으로 해 오던 방식대로 자기 일에 몰두한다. 그녀가 결혼을 했는지 아닌지, 가족이 있는지 없는지가 아니라 그것(결혼이나 가족)이 그녀에게 어떤 영향을 미치는가에 따라서 예전의 아테나와 지금의 아테나로 갈라진다.

'메티스를 기억하는 것'은 모든 아테나의 심리적인 과업이다. 메티스를 기억하는 의미가 몇 가지 있지만 이 모든 것은 자신과 여성성 — 감정, 자연, 본능, 신성한 여성성, 페미니즘에 대한 공감 — 의 연관성을 깨닫고 이를 개발하는 것과 상관 있다. 비유해서 말하자면 이것은 아버지의 딸뿐 아니라 어머니의 딸이 되어야 한다는 것이다. 시작은 아테나였지만 감정을 수용하고 자애로워지고 여성 문제에 눈을 뜨는 많은 여성들이 이런 가능성을 보여 주고 있다.

할머니 나이의 아테나

아테나가 폐경이 지난 할머니 나이가 되는 것은 특히 수월한 일이다. 절제와 분별력 있는 행동, 미리 계획 세우는 것이 아테나의 특성이기 때문에 아테나 여성은 신체적으로나 경제적으로 인생의 세 번째 단계에 들어갈 준비를 잘하는 경우가 많다. 직장인이라면 은퇴를 계획할 것이며, 전문직에 종사하거나 자기 사업을 하고 있다면 일을 계속할 것이다. 생산적인 일에 관여하는 것을 좋아하기 때문이다. 은퇴를 했거나, 전통적인 역할만 하고 살았는데 배우자와 사별해서 혼자가 되었다면 관심이 가는 모임이나 강좌, 문화 행사에 다니는 등 활달한 일상 생활을 할 것이다. 많은 아테나들이 자원 활동가로, 이사회의 이사로 활동하면서 뛰어난 능력을 발휘한다.

장인 할머니 아테나는 전문 영역에서 인정을 받거나 스승이 되었거나 창의성이 최고조에 달한다. 취미로나 관심거리로 한 가지 기술을 가지고 있었다면 이제 여기에 더 진지하게 접근한다. 명상에 그리 매력을 느끼지 못한다 하더라도 천을 짜거나 물레로 도자기를 돌리고 있는 동안 집중하는 것 — 어떤 형태가 되었든 장인의 정신으로 몰두하는 것 — 이 연금술에 가까운 명상이기에 장인의 정신 세계에 영향을 미친다. 그녀의 손에서 탄생한 작품도 그 영향을 받는다.

아테나 대부분은 도시가 제공하는 각종 문화 행사와 오락을 좋아한다. 그녀는 사람들을 정기적으로 만나고 강의를 듣기 위하여 계절마다 티켓을 구입하고, 명예 교수의 대학 강좌를 수강하며 나이에 개의치 않고 알게 된 사람들과 모임을 갖는다. 결혼을 한 아테나는 대개 동반자적인 결혼 관계를 만든다. 결혼을 동맹으로 바라보는 관례나 실용적 시각을 가지고 있으므로 다른 여자 같았으면 오래전에 이혼했을 남편의 외도에도 체면상 결혼 상태를 유지하는 경우가 있다. 그녀는 그다지 깊은 의미를 두지 않고서도 정서적인 교류나 관계를 유지할 수 있다. 따라서 교회, 명절 전통, 가족 행사 같은 것은 자기가 맡은 역할을 명분에 맞게 치러내는 행사에 지나지 않는다.

할머니 세대의 아테나가 장성한 자녀와는 어떤 관계를 만들어 갈까? 특히 자녀들이 그녀처럼 일을 잘 풀어 가면서 관습에 맞는 삶을 살아갈 경우, 친밀한 관계라고 할 정도는 아니더라도 자녀들과 편하게 지내는 편이다. 아테나 어머니는 정서적으로 민감한 아이 혹은 학교 생활이 시원 찮은 아이, 그녀가 중요하다고 보는 일에 부정적으로 반응하는 아이, 몽상가, 그녀의 전통적 가치에 거부감을 보이는 아이와는 잘 지내지 못한 다. 상대에게 감정 이입을 하거나 자신의 잘못을 성찰하는 능력, 자신은 이치에 맞는 말을 하는데 상대는 왜 놀라는지 이해하는 능력이 그녀의 속성 안에 들어 있지 않은 것이다. 자애로움을 배우는 것이 그녀에게 가장 큰 과제인 까닭은, 가족과 고통스럽게 직면하는 것을 통해서만 자애 로움을 배울 수 있기 때문이다. 그녀가 그 과정을 거치지 않아 자애로움에 대해 배운 것이 없다면, 장성한 자녀가 그녀에게 합리적이고 인습적인 성격 말고 다른 어떤 모습을 요구하더라도 결국 자녀들이 분노하면서 (어머니를) 포기하게 된다. 즉, 그러한 분노를 속으로 끌어안거나, 어머니 의 성격이 원래 그러므로 받아들일 수밖에 없다고 체념하는 것이 모두 자녀들 몫으로 떨어진다는 말이다.

분별과 독립성의 성향을 가진 아테나가 할머니 나이가 되어 내면으로 관심을 돌리면, 메티스의 지혜나 헤스티아의 집중에 쉽게 다가설 수 있다. 아테나 할머니가 계속 바쁘고 생산적인 일을 하고 있다면 메티스나 헤스 티아 할머니 원형을 계발하는 것은 난관에 부딪친다.

사랑, 고통, 예기치 않은 감정적·신체적 취약성은 그녀의 방패막인 지성이라는 무기에 상처를 낸다. 감정이 들어오도록 마음의 문을 활짝 열고 고통이나 슬픔, 사랑에 잠식 당한 아테나 여성은 다른 여성과 다름없이 자신을 방어할 도구를 가지고 있지 않다. 그녀가 마음으로 그 경험을 받아들일 때 그녀는 자신의 관점이 관음보살의 자비에 의해 바뀌었음을 알게 된다. 또한 그 전에는 보이지 않던 고통이 눈에 들어오고 이제 더는 못 참겠다는 심정을 알게 될 것이다. 할머니 세대의 아테나가 변화를 위해 의지할 만한 정신력은 세크메트의 맹렬함이다.

아테나와 보내는 시간을 좀더 많이

읽고 싶은 책을 읽을 시간이 없었거나, 눈여겨보면서 주변을 돌기만 했지 교육 과정을 이수할 시간이 나지 않던 여성, 시간이 없어서 직접 나서지는 못했지만 계획을 실행에 옮길 만한 자료로 서랍을 채워 온 여성은 둥지가 텅 비기만 하면 자기 안의 아테나가 해방될 것이라는 기대에 부풀어 있다. 여성 운동 이전 세대의 아테나는 대학에 진학하라는 기대는 받았지만 교육과 관련하여 일을 해보라는 기대는 받지 못했다. 결혼을 분별 있게 잘할 것이라는 주변의 기대를 더러 받았고 전통적인 삶을 편안하게 영위하며 살았다면 이제 인생의 세 번째 단계에서는 학문을 닦는 아테나가 재탄생할 수도 있다.

일터에서 아테나 전사는 경력 쌓는 일을 서서히 정리하려고 하는데 이것은 창보다는 물레로 상징되는 아테나의 다른 측면으로 바꾸기 위함이다. 인생의 두 번째 단계에서 그녀는 집안일을 하려는 마음만 있었지 실제로 할 시간이 부족했다. 마사 스튜어트는 집, 정원과 부엌을 가꾸는 감각과 수공예 솜씨를 사업 수완과 연결하여 하나의 사업체로 탄생시킴으로써 두 방면에서 모두 성공을 거두었다. 대부분 아테나들은 중년 동안 어느 한 가지에 생산적으로 집중하면서도 마음속으로는 나이가 들면 또 다른 것을 할 시간이 날 것이라는 기대를 품는다.

늦게 깨어나는 아테나

한 세기 전만 해도 거의 모든 나라에서 여성들은 대부분 교육을 거의 받지 못하거나 전혀 받지 못했다. 지금은 이러한 현상이 달라지기는 했다. 그러나 여성의 삶에서 첫 번째와 두 번째 단계에서 아테나가 많은 부분을 지배하도록 허용하는 경우는 많지 않다. 젊은 나이에 결혼을 하여 아이를 가졌거나, 여자 아이에게 똑똑하고 독립적으로 살 것을 전혀 기대하지 않는 가정에서 자랐거나, 그러한 가정이 될 소지가 많은 결혼을 했다면 더욱 그럴 것이다. 혹은 가난이나 장애 때문에 할 수 있는 일이 제한되었을 수도 있다. 늦게 깨어나는 아테나는 이런 저변의 조건이 달라진 후에나 꽃을 피울 수 있다. 그럴 때는 이제 할머니 나이가 되어 있다.

처음으로 당신은 정신 세계의 흥미진진함을 발견하고 당신을 매혹케 하는 주제를 중심으로 공부하면서 교육 과정을 이수한다. 또는 토론 집단이나 수업, 인터넷에서 자신의 입장을 표명할 수 있음을 알게 된다. 남편과 사별한 경우 자신이 기업이나 투자 쪽에서 머리 회전이 잘 된다는 걸 알게 될 수도 있다. 혹은 어떤 기술을 연마했는데 그것에 천부적인 재능이 있음을 알게 될 수도 있다. 그래서 배우는 것에나 만드는 것에 몰두하게 된다. 지적인 관심이 흘러가는 대로 가면서 애정을 가지고 뭔가를 배울 수 있는 즐거움이 있다. 그리하여 늦게 깨어나는 아테나 원형은 다 자란 상태로 자신의 머리에서 다시 태어난다.

헤스티아, 화로와 신전의 여신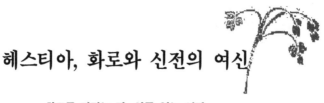

화로를 지키는 자, 이름 없는 여자

난로와 신전의 여신 헤스티아(지혜의 할머니 원형이기도 하다)는 내성적인 아이 혹은 대가족 안에서 자족적인 처녀로 커 가는 젊은 여성의 지배적 원형일 수 있다. 헤스티아는 본래 열두 명의 위대한 올림포스 신 중에서도 가장 덜 알려진 존재였다. 레아와 크로노스 사이에 맏이로 태어났으며 제우스, 데메테르, 헤라, 포세이돈, 하데스가 동생이다. 그녀는 신화에서 거의 언급되지 않는데, 그것은 오직 그녀만이 논쟁이나 전쟁에 참여한 적이 없으며 성에 얽힌 사건이나 연애에 관여하지 않았기 때문이다. 아폴론과 포세이돈이 헤스티아를 두고 연적이 될 수도 있었지만 그녀는 영원한 처녀로 남기로 맹세했다. 그렇게 해서 올림포스의 평화를 지킬 수 있었으므로 제우스가 그녀의 소망을 인정했다. 헤스티아는 화가나 조각가들의 손에서 인간의 형상으로 재현되지도 않았다. 그녀는 페르소나를 가지지 않은 여신이다. 대신 그녀는 가정과 신전 혹은 도시의 정신적 중심지에 있는 둥근 화로 한 가운데서 불타는 신성한 불길로 존재한다.

집이든 신전이든 헤스티아가 들어오기 전까지는 그 어느 곳도 성스러운

226

장소가 될 수 없기에, 인간에서 신에 이르기까지 모두 헤스티아에게 가장 좋은 제물을 바치면서 그녀를 경배했다. 그녀는 영적인 존재이며 신성한 불이다. 그녀의 불로 신전뿐 아니라 집안 구석구석까지 환한 빛과 온기가 들어왔다. 헤스티아에게 바치는 호의와 성소, 헤스티아의 신성함은 우리의 사회적, 종교적 유산과 원형적으로 연관되면서 그 일부를 구성한다. 손님의 안전과 성소(이후 교회)의 신성함을 지키는 것은 유서 깊은 전통이다. 손님을 호의로 대하지 않는 것은 헤스티아가 성스럽게 만들어 놓은 성스러운 영역을 모욕하는 것이었다. 그리스에서 생활의 중심은 집안의 화로였으므로 헤스티아는 개인의 안전과 행복, 신성한 호의의 의무를 상징했던 것이다.

로마에서는 헤스티아가 베스타 여신으로 숭앙 받았다. 로마에서 그녀의 신성한 불은 로마인들을 하나의 민족으로 묶어 주는 축이었다. 헤스티아의 둥근 사원에 거주하는 베스타 처녀들은 신성한 불을 돌보는 화로 관리자였다. 그들은 헤스티아의 처녀성과 익명성을 상징했으니 여신의 살아 있는 상징 같은 존재였다. 그들은 아주 어릴 때, 대개 여섯 살이 채 되기도 전에 신전에 들어갔다. 새로운 입문자로서 그들은 똑같은 옷을 입고 머리를 자른 후 다른 사람과 구별되는 개인적인 것은 그 어떤 것도 소지하지 않았다. 그들은 격리되어 헤스티아처럼 익명으로 살면서 자비롭고 성스러운 여성으로 존중받았던 만큼, 처녀성을 잃은 경우에는 무서운 결과가 기다리고 있었다.

헤스티아는 처녀 여신 중 하나이면서도 아르테미스나 아테나와 공통된 점이 거의 없어 보인다. 이 세 여신은 행동 양식이나 관심의 영역이 매우 다르지만 본질적으로는 중요한 특징을 공유하는 동시에 처녀 여신 원형의 특징을 하나씩 지니고 있다. 셋 다 자신에게 중요한 것에 집중할 수 있다(라틴어로 '화로'는 초점이라는 뜻이다). 아르테미스와 아테나는 외향적인 반면 헤스티아는 명상, 기도에 필요한 의식에 초점을 맞추는 내향적 특성을 지녔다. 헤스티아 원형은 내면 지향적이다. 그녀는 상황의 본질이나 사람의 특성을 직관적으로 인식하기 위하여 내면으로 눈을 돌린다. 그녀는 독립성을 타고났으며 진정한 고요를 갈구한다. 그것은 고적함 속에서 가장 쉽게 발견된다.

이러한 헤스티아 특성은 지혜로운 여성의 특성으로 여성이 나이가 들고 현명해짐에 따라 발달한다. 그러나 어린아이라 할지라도 '오래된 영혼'에서 감지되는 특성을 지닌 내향적인 아이라면 헤스티아가 그 아이를 지배하는 원형일 수도 있다. 그런데 대체로 이것은 사람들 눈에는 띄지 않는다. 그런 아이는 쾌활하고 말 잘 듣는 아이인 듯 보이며 혼자서 잘 놀고 주변도 깔끔하게 정돈할 줄 안다. 전형적인 미국 가정에서는 이런 아이를 수줍음이 많다고 걱정하면서 바깥으로 나가 다른 친구들과 어울리라고 등을 떠민다. 더 자란 후 그 아이는 경쟁에서 이겨야 한다거나 자기 주장을 강하게 하라거나 학교 성적을 올리라는 강요를 받을 수도 있다. 혹은 좀더 사교적으로 굴라거나 동료들과 어울리라거나 남자 친구를 사귀라거나 외모를 가꾸라는 기대를 받기도 한다. 지금 인생의 초반기를 지나고 있는 헤스티아 여성은 특히 외향적인 포스트페미니즘의 미국 사회에서 살아가기가 힘들 것이다. 그녀가 사회에 얼마나 성공적으로 적응하느냐에 따라서 자존감에 상처가 날 수도 있고, 그렇지 않을 수도 있다. 내면적인 자아와 외부의 기대가 큰 격차를 보일 수 있기 때문이다. 한편 헤스티아 원형에는 어두운 측면이 없다. 그러나 헤스티아가 지배적인 원형인 여성은 자신이 사회적으로 부적합하다는 느낌이 커진다면 자신을 실패자라고 생각할 수도 있다.

헤스티아가 전통적인 가정 주부 역할을 하면서 따뜻하고 안온한 가정을 꾸릴 수 있을 때 결혼 생활은 천국이다. 결혼은 아직도 많은 헤스티아 여성들에게 안식처를 제공한다. 그녀 내면의 조화는 그녀가 가정에서 만들어 내는 조화에 반영된다. 특별하게 눈에 띄지는 않아도 자연스럽게 느껴지는 아름다움과 질서가 있다.

과거에 헤스티아 여성은 종교 집단에 소속될 때 가지는 익명성에 마음이 편했고 여럿 가운데 섞여 있는 한 사람으로 족했으며, 확대 가족에서라면 주부로서 그 가치를 인정받았다. 예전에 미혼 여성은 독신을 선택할 수 없었다. 그러나 현대의 내성적인 헤스티아는 자기 고유의 자리를 가질 수 있다. 환경에 따라, 또는 다른 측면을 얼마나 계발했는가에 따라 많은 헤스티아들이 내성적이기보다는 '중추적'인 역할을 한다고 사람들은 판단한다. 자기 삶을 경영하는 것, 일, 친구 집단이 있는 것, 결혼 — 성인으로서 일반적으로 가지는 기대 — 은, 충만한 인간이 되려는 여성에게 힘을 보태는 세상이라면 헤스티아로서 살아가는 모습과 잘 부합하는 것들이다.

할머니 헤스티아

할머니 헤스티아가 건강하고 조용하면서도 편안하게 살아갈 적절한 자원이 있다면 드디어 세 번째 인생 단계에서 제 세상을 만난 것이다. 헤스티아는 명상법에 대해 특별히 배우지 않아도 내면으로 향하는 재능을 타고난 원형이며 다른 원형에는 집착이 있지만 이 원형에는 집착이 없으므로 자기 인생에 남자가 없었다거나 아이가 없었다고 분노하거나 괴로워하지 않는다. 그녀는 페르소나에 시달리지 않으므로 거울을 보지도 않으며 새로 생기는 주름살을 알아채지도 못할 뿐더러 근심으로 생기는 주름도 비교적 드문 편이다. 그녀는 할머니 나이가 되기를 오래도록 기다려 왔기에 나이를 의식하지 않으며 기본적인 특성이 그대로 남는다. 어릴 때는 부모나 사회의 기대를 충족하라는 압력을 받았으나 이제 그것도 사라졌다. 가부장제 사회에서 연로한 여성은 비가시적인 존재가 되는데 이것은 이 그녀 마음에 딱 드는 상태다.

늦게 깨어나는 헤스티아

헤스티아는 나이를 먹고 현명해지면서 계발할 수 있는, 그러면서 점점 더 중요해지는 할머니 원형이다. 그러니 늦게 깨어나는 것이 자연스럽다. 헤스티아가 지배적인 원형이 아니라면, 또는 지배적인 원형이라 하더라도 혼자만의 시간을 가질 만한 조건이 되기 전까지는, 헤스티아를 위한 시간은 없다. 일상 생활은 인생의 첫 번째와 두 번째 단계에 있는 여성들 대부분에게 뭔가에 홀린 듯 지나가는 막이다. 특히 아이가 있으면 고적함을 만끽하기는 애당초 글렀다. 때로 여성이 생각을 할 수 있는 유일한 때가 출퇴근 시간일 경우도 있지만 그 시간에도 앞으로 해야 할 일을 머리 속으로 그려 보느라 정신이 팔려 있을 수도 있다. 이동 전화가 생기면서 '혼자만의 시간'이 될 수도 있는 이 한적한 섬이 직장의 연장이 되어 버리거나 개인적인 일로 전화를 돌려야 하는 시간이 되어 버렸다. 이것이 보통 사는 모습이라면 그 안에 헤스티아는 있을 수 없다.

그러나 인생이 예기치 않게 전복되어 다소곳이 혼자서 생각하고 기도에 몰두할 수 있는 상황으로 바뀌면, 헤스티아를 찾아내어 위로를 받기도 한다. 혹은 폐경에 즈음하여 잠을 이룰 수 없거나 한밤에 깨어날 때에도 헤스티아와 함께 할 수 있다. 별거나 이혼 후, 아이가 아버지에게 잠깐이라도 가 있을 때 드디어 혼자만의 시간이 오면 처음으로 헤스티아와 함께 하는 시간이 마련된다. 혹은 자식들이 모두 떠났거나 배우자와 사별해서 헤스티아가 들어갈 공간이 마련되었을 수도 있다. 이러한 환경은 우리를 내면에 있는 정점, 즉 헤스티아를 찾도록 이끌 것이다.

헤스티아는 바쁜 일정을 쪼개어 요가와 명상을 하고, 영성 수련이나 여성들의 서클에 참여하는 것을 통해 계발되기도 한다. 그런 활동에 참여함으로써 '중심으로 돌아갈' 시간이 생기며 헤스티아 영역으로 들어가는 의례가 행해진다. 사십대 중반에서 오십대 중반까지는 내면으로 향하라는 요구를 진지하게 고려할 때이므로 헤스티아를 위한 시간을 갖기 위하여 여러 방법을 강구한다. 그렇게 하다보면 더 깊은 내면으로 들어가려는 욕구가 생기는 듯하다.

헤스티아가 인생의 세 번째 단계에서 주요한 원형으로 자리 잡으면, 다른 사람들 눈에 띌 정도는 아니라 해도 내면에서 원형의 중요한 전이가 일어나는 셈이다. 나는 그러한 사건이 신문 기사로 난 것을 본 적이 있다. 샌프란시스코에서 사회적으로 이름난 어느 여성이 수녀원으로 들어갔다는 내용이었다. 헤스티아는, 외부 생활에 현저한 변화가 일어나지 않는 이상 자신의 존재를 드러내지 않은 채로 있다. 그러나 일단 헤스티아가 삶의 중심으로 자리 잡으면 그녀의 내면은 총체성을 얻는다. 그것은 다른 사람에게도 영향을 미치며 무엇보다 자신의 삶을 크게 변화시킨다. 그녀가 혼자됨, 명상, 내면 생활, 영성 수련 등에 빠져들면 그녀와 같이 지내고 싶어 하는 사람들은 소외될 때가 많다.

예전에 외향적이던 여성의 내면에 헤스티아가 중요한 원형으로 자리 잡으면 주변 사람들의 기대와 그녀 자신의 성향 사이에 문제가 발생할 수도 있다. 그녀는 혼자 수련을 떠나고 싶어 하지만 그는 그녀가 자기와 같이 있어 주기를 원한다. 그는 그녀가 같이 있기를 꺼리는 유형과 사귀기를 바란다. 그는 은퇴를 고대하지만 그녀는 늘 가졌던 혼자만의 시간이 그의 은퇴로 사라질까 걱정이다. 그녀에게 뭔가를 은근히 기대하는 친척이나 친구들 사이에서도 이와 유사한 상황이 벌어진다. 직장에서는 승진을 거절하거나 새로운 고객을 거부할 수도 있다. 사람들 눈에는 그녀의 내면에서 따스한 온기와 밝은 빛을 내는 화로가 타오르는 것이 보이지 않을 수도 있으며, 그녀가 그들 대신 헤스티아와 함께 시간을 보내고 싶어 한다는 것이 납득되지 않을 수도 있다. 늦게 깨어난 헤스티아는 새로 발견한 성소를 소중히 가꾸면서 새로운 내면 생활과 소중한 주변 사람들 사이에 조화를 이루려고 애쓴다.

헤라, 결혼의 여신

아내 원형

로마 사람들에게는 유노로 알려진 헤라는 당당한 결혼의 여신이자, 올림
포스의 제왕 제우스(유피테르)의 아내다. 헤라에 대해서는 상반된 시각들
이 있다. 그녀를 숭배하는 입장에서는 결혼의 강력한 여신으로 그녀를
엄숙하게 모신다. 신화에 의하면 그녀는 앙심을 품고 있으며 걸핏하면
싸우려 드는 질투의 화신이다. 다른 어떤 그리스 여신보다 더 많은 존경과
존중을 받지만 수치를 당하기도 하는 그녀 안에는 부정적인 면과 긍정적
인 면이 공존한다. 그녀의 상징과 의례에 의하면, 제우스의 배우자가
되기 전 그녀는 위대한 여신 혹은 삼위일체 여신이었다. 처녀 헤라는
봄에, 완숙한 여신인 헤라는 여름, 과부* 헤라는 겨울에 베풀어지는 의례
를 통해 숭배 받았다. 이 세 측면은 여성이 걸어가는 삶의 세 단계를

---

* 불멸의 신 제우스와 결혼했으므로 헤라가 과부가 된다는 것은 말이 안 된다. 과부
헤라의 겨울 의례는 그녀가 제우스의 행동에 크게 상심하고서 가장 깊은 어둠 속으로
모습을 감춘 후 땅과 바다의 끝에서 끝으로 방황하던 시절을 소재로 삼았다. 헤라 의례는
처녀–아내–과부인 여성의 삶의 단계를 예우했다.

상징적으로 재현하는 표현 방식이다. 봄 의례에서는 헤라가 욕조에 몸을 담그고 목욕하면서 자신의 처녀성을 보호하는 모습을 그린다. 여름 의례에서는 성스러운 결혼을 묘사한다. 겨울 의례는, 제우스와의 심한 논쟁 끝에 그와 결별한 다음 과부로 몸을 숨기는 헤라의 궤적이 주 내용이다. 그리스 신화에 따르면 헤라와 관련된 삼위일체 여신(여기에 대한 언급이 거의 없기는 하지만)은 처녀 헤베, 아내 헤라, 할머니 헤카테이기도 하다.

호색꾼 원형과의 결혼, 그로 인해 발생하는 분노와 수치심이 그녀의 신화에서 주요 테마다. 제우스는 몇 번이나 요정과 인간, 여신을 가리지 않고 유혹하거나 강간하여 임신시키면서 올림포스의 두 번째 세대 혹은 반신반인의 아버지가 된다. 제우스와 관련된 여성이나 그녀의 자손에게 앙심을 품고 파멸에 이르게 하는 것이 헤라의 전형적인 반응이다. 제우스는 그녀가 신성시하는 결혼을 반복하여 모욕한다. 그는 다른 여인들과의 사이에서 태어난 아이들을 끔찍하게 예뻐함으로써 그녀를 더 수치스럽게 만든다. 심지어는 그녀를 강간하는 이야기가 전해질 정도다.

정신 세계가 헤라 원형의 지배를 받는 여성은 심리적인 상태는 물론 운명까지도 결혼과 배우자의 성격에 달려 있다. 이런 원형은 커플로 묶이게 하려는, 그래서 독신으로 남는 것을 무척 어렵게 만드는 내면의 힘이자 본능이다. 성스러운 결혼 의례에서 제우스는 '완전함을 가져다 준 이,' '완벽함을 가져다준 이'로 불리는데 이것은 헤라가 잠재적인 파트너에게 투사하는 은밀한 기대이기도 하다. 결혼이 그녀의 정체감과 행복의 근원이므로 헤라 여성은 배우자의 성실함뿐 아니라 그 배우자가 결혼을 얼마나 중요하게 생각하는지에 큰 영향을 받는다. 그러므로 그녀가 결혼을 했는지 그리고 상대가 누구인지는 그녀의 행불행을 결정하는 핵심어다. 그녀는 자기 남편이 불성실할 경우 그 상대 여성에 대한 질투와 분노와 고통으로 질식할 지경에 이른다. 그가 그녀와 이혼을 하면 심리적인 상처는 더 심각해지고 거절당했다는 생각이 망상에 가까워지기까지 한다.

1960년대 중반부터 지금에 이르기까지 결혼 제도는 크게 흔들리고 있다. 사회가 어떻게 변하든 예전과 다름없이 강한 유대감으로 연결된 부부가 되기를 열망하는 헤라 원형은 동거, 개방 결혼, 이혼, 혼합 가족 같은 현상에 적개심을 가질 것이다. 레즈비언 여성들은 헤라와는 성적 성향이 다르지만 그 원형의 지배를 동일하게 받기도 한다.

헤라가 지배 원형이면서도 결혼한 적이 없거나 이혼한 여성들은 여성운동이 헤라가 아닌 다른 원형을 지지하기는 했지만 그 이유가 아니더라도 박탈감을 가질 수 있다. 삶의 다른 측면에서 아무리 만족감을 얻는다 하더라도 말이다. 대부분 문제가 있는 결혼은 여성이 할머니가 되기 전에 해체되는 경향이 있다. 반면 상당수의 남성들은 결혼 수십 년이 지난 후 젊은 여자에게 가려고 나이든 아내를 떠난다. 이런 상황에서 헤라 여성이 분노나 비통함에 매몰되지 않고 헤쳐 나와야 하는 것은 참으로 크나큰 시련이다. 특히 전 남편이 재혼이라도 하면 그녀는 더 회복하기 힘들다. 이런 상황이라면 그녀는 수년 동안 심리 상담을 받거나 영성 센터에 다녀야 할 정도가 된다. 그녀가 이런 어두운 밤을 뚫고 헤쳐 나오려면 다른 여성을 비난하는 것을 그만두고 시간이 오래 걸릴지라도 자신의 슬픔을 충분히 겪은 다음 결혼이 끝장났음을 인정해야 한다.

배신당한 헤라 여성은 질투에 사로잡히고 분노와 비통함에 빠질 수 있다. 원형의 부정적인 힘에 정복당하면 그녀는 헤라 콤플렉스에 발목잡힌다. 이럴 때 다른 여성에 집착하며 복수를 꿈꾼다. 분노에 사로잡혀 있다 보면 슬픔보다는 수치심을 느끼며 이런 집착이 자기 영혼을 얼마나 파괴하는지 보지 못한다. 그러니 내면으로 향한 성찰이 쉽게 오지 않으리라는 것은 자명하다. 그녀에게 가장 필요한 것은 바로 그 성찰인 것을.

헤라 원형은 '좋을 때나 나쁠 때나' 한결같기를 맹세하는 혼인 서약에 반영된 결속력이다. 결속의 깊이 덕분에 많은 결혼이 평생 지속되어 두 사람에게 성소가 되는 것이 가능해진다. 부부라면 누구든 보통 겪게 되는 난관을 극복하고서야 혹은 대개는 결혼의 종말로 갈 수도 있을 상황을 헤치고 나온 후에야 이것이 가능하다. 지속적인 결혼은 성장의 과정이고 영적인 의미의 근원, 감정을 지탱하는 근거지가 될 수 있으며 또한 원형을 실현하는 하나의 과업이 될 수 있기 때문이다. 헤라의 결속력은 파괴적일 수도 있다. 폭력을 휘두르거나 어디에 중독된 남편을 둔 헤라 아내에게 이 결속은 정신적, 신체적으로 치명적인 영향을 미친다. 남편의 행동과 헤라 원형이 결합하여 그녀를 공의존적으로 만들거나 희생자로 몰아간다. 헤라는, 남편에게 학대받는 자식을 염려하는 마음보다 남편에게 맹목적으로 순종하는 마음이 강할 수도 있다. 이러한 헤라 원형은 아이의 입장에서도 큰 불행이 아닐 수 없다.

성스러운 결혼의 원형은 헤라가 꿈꾸는 이상이다. 그녀는 결혼이 영적·성적·신체적인 합일이기를 원한다. 그녀는 그러한 결합으로 두 사람간에 나누는 친밀함이 서로에게 성스러운 것으로 다가설 수 있다고 생각한다. 그것은 헤라 여성의 가장 깊은 영적 의미를 채워 준다. 그런 친밀함은 결혼의 의미를 깨달은 연로한 부부 사이에서 실현 가능할 것이다.

할머니 헤라

할머니 시기가 자신의 황금기라고 느끼는 여성 중 많은 경우는 은퇴

생활을 즐기는 남편이 있고 두 사람의 건강이 괜찮은 상태여서 흡족한 헤라다. 이 시기가 인생의 황금기일 수 있으며 부부가 때로는 다른 부부와 함께 휴가 여행을 즐길 수 있는 때다. 아이들은 장성했으며 일 때문에 시간에 쫓기는 것도 없어졌고, 유지비가 거의 들지 않는 작은 집으로 이사를 하거나 마음에 맞는 사람들과 공동체를 만들어 비슷한 관심과 휴가 활동을 즐긴다.

가장 행복한 할머니 나이의 여성들 중에는, 결혼 초기에 역경을 이겨냈을 뿐 아니라 그 과정에서 교훈을 배우고 위기를 기회로 만들어 좋은 결혼으로 가꾸어간 헤라들이 있다. 그런 여성은 한동안 파트너가 없을 수도 있고, 상담을 통해 혹은 서로 노력하여 본래의 결혼 상태를 변화시켰을 수도 있다. 어쨌거나 지금은 친밀함과 신뢰가 있는 관계를 맺고 있다. 이런 여성들은 헤라 원형의 어두운 측면을 경험했으며 그 안에서 지혜와 자비를 계발하였기에 마음 깊이 고마움을 품는다. 다른 사람들 눈에는 실체가 없고 겉치레뿐인 삶으로 보이지만 결혼을 유지하는 것으로도 만족하는 헤라가 있다. 이러한 헤라에게는 사회가 인정하는 부부로 있는 것으로 충분하다.

과부가 된 헤라는 중요한 갈림길에 서게 된다. 그녀의 영적 깊이에 따라, 또 그녀가 다른 원형을 계발했는지 아닌지에 따라, 부부 둘만의 세계 너머로 친구의 폭과 관심 분야를 넓혔는지 아닌지에 따라 많은 것이 달라진다. 그녀는 예전의 사회적 관계에서 자신이 독신 여성으로 존재할 여지를 전혀 두지 않았을 것이다. 독신 여성이 된다는 것 자체가 그녀에게 치명적이기 때문이다. 누구의 아내라는 것이 그녀의 유일한 정체감이었고 누구의 부인으로 사람들과 관계를 맺어 왔다면 남편의 장례식이 끝나기가 무섭게 그녀는 아무것도 아닌 사람이 된다. 그녀는 깊이 상처 입는다.

남편과 영적인 관계를 지속하는 과부는 여전히 그와 결혼한 상태다. 남편이 옆에 있지 않지만 결속력은 계속된다. 그녀는 남편을 그리워하며 그의 존재를 느낄 때도 있다. 그녀는 여전히 그에게 이야기를 하며 '다른 측면에서' 연결되어 있다는 확신을 가지고 있다. 그녀는 한바탕 외로움을 경험할 것이다. 그러나 지혜로운 여성이 된다면 그녀는 그들이 함께 했던 세월을 감사하게 여길 것이다. 그녀는 그를 잃지도, 자신의 정체성을 잃지도 않았음을 안다.

다른 관심을 가졌거나 다른 원형이 숨어 있는 과부라면 다른 원형들이 깨어나는 것을 목격할 것이다. 여행을 하거나 이사를 하거나 다시 공부를 시작하거나 창의적인 일을 하면서 시간을 보내거나 우정을 쌓거나 사업 혹은 투자 쪽으로 머리가 있음을 알게 된다. 그녀는 남편이 죽고도 수십 년을 더 살면서 죽은 남편이 유일한 남편이라고 생각하지만 과거와는 완전히 다르고 풍부한 제2의 삶을 살아갈 것이다. 이렇게 될 때 헤라는 원형으로서 충분히 구현된 것이다. 그리하여 정신 세계에는 여유 공간이 생기고 생활에는 시간이 생겨 삶을 지금과는 다르게 전개할 수 있다.

늦게 깨어나는 헤라

때로 헤라는 삶의 세 번째 단계에서 정신 세계에 화려하게 등장하기도 한다. 그녀는 새로운 배우자를 찾지 않으며 배우자가 절실히 필요하지도 않다. 그녀는, 어떤 남자든 제우스처럼 완벽함을 가져다줄 것이라고 생각하는 무의식 차원의 헤라가 아니다. 먼저 영혼의 짝이 될 수 있는 사람을 만난다. 그가 남편이 될지 아닐지는 나중 문제다. 이런 상황이라면 신성한 결혼에 대한 헤라의 가장 심오한 열망이 실현된 것이다.

헤라 원형은 다른 원형이 만기를 채우고 뒤로 물러난 후에 뒤늦게 깨어나 충분히 꽃 피우지 않은 채 있을 수도 있다. 처녀 여신이나 아프로디테와 동일시하던 여성이 나이든 부부의 동반자 관계를 보면서 이미 끝장낸 결혼에 대해 회한이 들 때, 그녀의 남편은 아니지만 근사한 남성을 볼 때 이런 상황이 벌어진다. 지금 그녀가 느끼는 공허함이나 질투의 고통은 늦게 깨어난 만개한 헤라가 그녀의 정신 세계를 휘젓기 때문이다.

헤라 원형은 여자로 하여금 부부의 반쪽이 되게 한다. 이것은 결혼뿐만 아니라 창의적인 일이나 프로젝트에도 적용된다. 헤라 여성은 파트너와 같이 엮일 때 최고의 능력을 발휘한다. 그녀의 주요 관심사는 혼자서 한 인간이 되기보다는 커플이 되고 싶은 원형적 욕구의 발현이다. 프로젝트나 자기 내면의 창의성에서조차 독창성을 유지하고 성실한 태도를 유지하려면 그녀에게 파트너가 있어야 한다. 할머니 단계에서 많은 헤라 여성이 결혼 생활을 계속하고 있지 않으며 자신의 인생을 찾으려고 애쓴다는 것을 스스로 의식한다. 또한 자신의 창의성이 파트너와 함께 일을 할 때 살아난다는 것도 안다. 남성이든 여성이든 파트너가 될 사람을 찾았을 때 책이 집필될 수도 있고 프로젝트가 활기를 띨 수도 있으며 새로운 사업이 번창할 수도 있다. 헤라는 이런 식으로 꽃을 피운다.

데메테르, 곡식의 여신

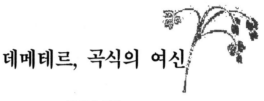

어머니 원형

곡식의 그리스 여신 데메테르는 로마인들에게 케레스로 알려져 있다. 그녀는 황금빛 머리카락에 푸른 옷을 입은 아름다운 여인이며, 어머니다운 자세로 앉아 있는 모습으로 조각되기도 한다. 그녀는 어머니 여신, 곡식의 여신, 엘레우시스 제전을 전수해 준 자, 어머니 원형과 모성적 본능의 화신으로 숭배된다. 신화에서 그녀는 납치된 페르세포네 때문에 슬퍼하는 어머니다. 그녀는 딸의 강간을 막기에 무기력할 뿐 아니라, 별 소득 없이 페르세포네를 찾아다니다가 그녀 자신이 포세이돈에게 강간을 당한다. 가임기를 넘긴 인간의 모습으로 가장하여 지상 사람들 사이를 헤매고 다니는 동안 그녀는 어느 여인의 아이의 보모가 되지만 이렇게 해도 상실감을 보상받지 못했다. 그녀는 페르세포네가 돌아오기를 애타게 원하다가 급기야 땅의 생식력을 거두게 되니 그제야 제우스는 그녀에게 주목한다. 그는 지하 세계로 헤르메스를 파견해서 페르세포네를 데려오게 한다. 페르세포네가 귀환하자 데메테르는, 불모의 땅을 보며 다가오는 죽음을 두려워하던 사람들에게 자신의 아름다운 모습을 드러내었다. 이제 사람들은 죽음을 겁내지 않아도 되었다. 그녀는 심각한 우울증 증세를 보이면서 슬픔에 짓눌리는 유일한 주요 올림포스 신이다. 페르세포네, 데메테르, 헤카테는 여성의 삶의 세 단계와 삼위일체 여신, 즉 처녀, 어머니, 할머니라는 세 측면을 각각 나타낸다.

데메테르는 제우스와 올림포스 신들이 숭배 받기 오래전부터 숭배를 받던 태모신이었지만 세력이 눌리는 바람에 딸을 보호하지 못하는 여신으로 위축되었다. 그녀는 종교에서 자취를 감추기는 했으나 여전히 여자들 삶의 과정과 성격을 결정하는 강력한 원형이다. 헤라처럼 데메테르 원형 역시 지상 명령과 같아서 자신에게 이익이 되지 않는 상황에서도 맹목적으로 따르게 하는 힘을 지녔다. 십대 임신이 그래서 생긴다. 다른 사람의 욕구에 모성적으로 반응하여 안 된다고 말하지 못할 때 공의존증과 신경 쇠약이 발생한다. 헤라와 마찬가지로, 어머니와 양육자로서의 데메테르 원형을 실현하는 것 역시 의미가 깊다. 그러나 어머니가 되지 못하거나 아이가 죽었거나 아이와 헤어질 수밖에 없는 상황에서 데메테르의 슬픔은 내면 세계를 통째로 슬픔에 잠기게 하는 요인으로 작용한다. 원형은 그녀를 우울증에서 헤어나지 못하게 하는 강력한 힘이 있다.

어떤 여성이든 그녀의 삶은 아이가 있는지 없는지, 어떤 환경에 놓이는지에 크게 좌우된다. 데메테르 여성에게 이것은 삶의 핵심 주제다. 데메테르 원형은 여자들의 정신 세계를 구성하는 몇 가지 강력한 요소 가운데 하나가 될 수 있어서 여자들로 하여금 내면 세계와 외부적 삶의 균형을 잡도록 도와준다. 그러나 때로 임신을 미루다가 삼십대에 이르러 불임의 소지가 생기면 이제 데메테르에 '사로잡혀서' 오로지 임신해야 한다는 생각에 골몰할 수도 있다.

할머니 데메테르

처녀에서 어머니로, 어머니에서 할머니로 전환하는 것은 데메테르가 일차적 원형인 여성에게 가장 생생한 경험이다. 어머니가 되는 것은 이 원형의 목표를 달성하는 것이므로 더 이상 아이를 가질 수 없음의 징후인 폐경은 깊은 상실을 의미한다. 자식이 대여섯이나 되고 아이를 더 가질 계획이 없다 해도 데메테르 여성은 폐경을 일종의 상실로 받아들이는 것이다. 아이를 더 갖는 것이 완전히 불가능해졌기 때문이다.

폐경은 아이들이 커서 집을 떠나는 것과 동시에 일어나므로 데메테르에게는 이중의 상실이다. 모든 여성이 전업 어머니가 되어 다른 측면을 계발할 기회가 없던 시절, 심각한 '텅 빈 둥지 증후군'을 앓는 사람이 많았다. '퇴행성 우울증'이라 불리는 이 증후군을 앓는 많은 할머니 나이의 여성들이 정신 병동에 입원하는 사태가 벌어졌다. 이제 여성들이 더 나은 교육을 받고 직장에서 일을 하며 더 복잡한 삶을 살기도 하거니와 항우울제가 개발되었으므로 이런 식의 우울증은 거의 찾아보기 어렵게 되었다. 여성의 사회적 가치나 자기 존중감이 어머니 됨에 달려 있던 당시 문화는 데메테르 원형과 맞아떨어졌기에 자식의 장성과 독립을 곧 자기 삶의 종말로 받아들이는 여자들이 많았던 것이다.

아직도 데메테르는 막내나 외동이 집을 떠나는 날 슬퍼한다. 눈물로 작별을 고하고 나서도 그녀는 한참을 슬픔 때문에 고통스러워한다. 다른 원형이 데메테르 자리를 대체할 때 여신 원형의 내면 세계에서 변화가 일어날 수도 있다. 데메테르가 중요한 자리에서 물러나고 새로운 기운이 출현한다. 변화는 부드럽게 진행되며 그러한 여성은 그 변화를 환영한다.

이제 여행을 가거나 부부만 있거나 늘 우선순위에서 밀려나던 관심사를 채울 시간이 난다. 혹은 이러한 변화가 사회 변혁의 효과를 가지고 올 수도 있다. 내면 세계에서 시작한 변화는 외부 세계의 격변으로 이어진다. 이런 변화가 일어나지 않았더라면 데메테르 원형은 그녀를 또 다른 불행한 상황으로 몰아갔을지 모른다. 자녀들에게 가장 좋을 것이라고 생각하여 결혼, 이웃, 혹은 어느 직업에 머물렀다면 이제는 그 자리를 떠날 것이다.

갈림길에 선 데메테르

특히 데메테르가 중요한 의미의 근원으로 자리 잡은 여성은 막내가 집을 떠날 즈음 갈림길에 당도한다. 두 길은 변화나 우울증으로 가는 길이다. 결혼 생활이 점점 악화되는데도 이를 무시해 왔다면 지금쯤 뭔가를 결행할 수 있다. 물론 아무것도 하지 않을 수도 있다. 헤카테의 갈림길 관점을 지녔다면 그녀는 인생에 변화를 주거나 결혼 형태를 바꾸어야 한다는 것을 알게 된다.

또 다른 갈림길 결정은 그녀가 할머니가 될 때 온다. 갓난아기를 품에 안은 할머니 여성은 어머니와 아이를 통합하는 데메테르 원형으로 되돌아갈 수도 있기 때문이다. 현명한 할머니는 이러한 소유욕을 자제해야 한다는 것을 안다. 데메테르에게 점령당하면 젊은 어머니와 경쟁하는 상황이 벌어질 수도 있다. 새로운 의미의 근원을 찾지 못해 장성한 자녀들에게 '손자를 안겨 달라'고 압력을 넣는 데메테르 여성은 다가올 문제를 미리 보여 주는 것과 같다. 중용을 지키는 데메테르 할머니는 멋지다.

그녀는 자기가 맡은 역할을 즐겁게 수행하기에 그녀가 가족 속에 있으면 모든 사람이 풍요로워진다. 원형이 지나치게 강할 경우 그녀는 충족되지 못한 욕구로 인해 공격적이거나 비판적이 되고 게다가 늘 뭔가를 요구하게 된다. 데메테르 할머니 혹은 그럴 잠재성이 있는 여성은 헤카테의 지혜를 끌어낼 필요가 있다. 그래야 그녀가 하는 행동이나 말에 인내심과 지혜로움이 담길 수 있다.

딸이 없어져서 풀이 죽은 데메테르, 동요되거나 위축된 데메테르가 자식을 잃은 생모의 모습만으로 나타나는 것은 아니다. 모성적 기운을 쏟아 부은 조직이나 소규모 기업이 그녀의 손에서 빠져나갈 운명에 처한 여성에게도 해당된다. 모성적 힘을 다해 만든 조직이나 작은 기업체가 위축되거나 사활이 걸린 위태로운 상황에 처했을 때 그녀는 잠을 이루지 못하며 그것이 제대로 설 때까지 몇 년 동안 정성을 쏟는다. 혹은 그녀는 자기가 발굴하여 성공하도록 도와준 어떤 재능 있는 사람을 후원할 수도 있다. 그녀가 정성을 기울여 키운 사물이나 사람이 하나의 매력적인 자산으로 성장했는데 '유괴'되어 빼앗기게 되었다면 이것은 폐경과 더불어 발생하는 것처럼 보이는 데메테르의 상실이다. 그녀는 주변 상황과 나이에 이끌려 헤카테의 갈림길까지 가게 된다. 이러한 상실에서 회복되려면 영적 자원이 있어야 한다. 그녀는 갈림길에 서서 그녀가 선택할 수 있는 것이 무엇인지를 보고 그 중 잘못된 방향으로 들어섰을 때 몸으로나 정신적으로 어떤 대가를 치러야 하는지 깨달아야 한다.

헤카테, 헤스티아, 세크메트

데메테르는 헤카테의 지혜를 계발함으로써 지혜로워진다. 모성을 통해 주요한 역할과 의미를 추구하려는 여성은 상실에 유난히 취약하다. 그녀는 아이의 성장 단계마다 상실을 맛보는데, 가령 그러한 상실은 수유를 그만둘 때부터 시작될 수 있다. 좋은 어머니가 된다는 것은 어머니를 부여잡는 아이의 손을 단계별로 자꾸만 놓아주는 것이다. 헤카테는 데메테르가 지혜로운 결정을 할 수 있도록 돕지만 어떤 상태를 유지하는 일보다는 떠나보내는 일에 관여한다. 데메테르 여신과 마찬가지로 어머니도 아이가 고통스러워하는 것을 막아 주지 못할 것이라고 헤카테의 지혜는 말한다. 삶은 변화의 주기로 엮인다는 것을 깨닫는 것이 헤카테의 지혜다. 데메테르가 헤카테의 지혜를 배울 기회는 많지만 그 기회를 살리기 위해서는 데메테르의 특성에 속하지 않는 내면의 성찰이 필요하다. 그러니까 데메테르가 헤카테의 지혜를 얻을 수 있는 것은 공허함을 느낄 때와 우울증의 계곡에서 헤맬 때뿐이다.

헤카테는 데메테르에게 페르세포네의 운명을 알기 위해 태양신에게 가라고 권유한다. 그녀의 지혜는 우리에게 진실을 추구하고, 현실을 직시하여 무슨 일이 일어났으며 누구 책임인지를 알아내라고 말하고 있다. 그녀는 데메테르와 동행하며 페르세포네가 돌아올 때도 같이 있다. 헤카테는 상실과 전환의 시기에 친구로서 중요한 지지자 역할을 한다. 내면으로 향하는 특성의 헤카테는 지혜와 인내심의 근원이므로 우리가 중요한 길목 앞에서 어느 길을 선택해야 할지 명확하고 현명한 판단이 설 때까지 기다릴 수 있게 해 준다. 헤카테의 지혜를 얻은 데메테르 여성 역시 이런 친구가 된다. 지혜로운 친구들과 여성들의 서클은 이러한 전환을 통해 헤카테의 지지를 제공한다.

헤카테뿐 아니라 헤스티아와 세크메트 역시 데메테르 여성이 계발해야 할 할머니 원형이다. 헤스티아는 자신 속에서 중심을 발견하는 데 필요하고, 세크메트는 일단 자신이 처한 상황의 진실을 보고 난 다음 단호하게 행동하는 데 필요하다.

늦게 깨어나는 데메테르

아이를 기르는 동안에도 나이는 먹는다. 나는 의과 대학 수련의 4년차 되던 해에 아이를 낳았는데 당시 대부분 임산부들은 이십대이거나 더 어린 나이였다. 삼십대 중반에 임신을 처음 한 것은 예외적인 경우로 '노산'에 속했으며 의사들은 산모가 너무 나이가 많아서 합병증이 올 수도 있다고 걱정했다. 학위를 받기 위해 정진하고 전문직 경력을 쌓느라 피임이나 낙태를 하는 여성에게 삼십대 임신은 흔한 일이다. 그러다가 불임의 가능성이 제기되면 폐경이 될 때까지 임신하려고 계속 시도하는 경우도 있다. 아르테미스와 아테나의 성취 욕구가 지배적이었다가 뒤로 물러나면 데메테르가 부상한다. 그러나 이미 생물학적인 시계가 절정기를 지나쳤거나 임신이나 출산 후 호르몬이 변해 버린 후일 수도 있다. 어쨌거나 모성 데메테르는 위대한 의미의 소산이 될 수도 있다. 어떤 여성들에게는 어머니가 되는 순간이 오랫동안 성취한 일이나 직업보다 훨씬 크나큰 의미로 다가오는 결정적인 때일 것이다. 그녀는 일을 그만두고 전적으로 양육에 매달리거나 아이를 더 원할 수도 있다. 늦게 깨어난 데메테르들은 아이가 사춘기에 들어가기 전에 이미 오십대가 된다.

 늦게 깨어난 또 다른 데메테르들은 아이가 없어서 입양하는 여성들이다. 자신은 아이를 가질 생각이 없었지만 아주 가까운 친척을 입양하는 경우가 있는데 이럴 때 예기치 않게 드러난 모성애가 가치 있다는 것을 진하게 느낀다. 여러 달 혹은 여러 해 애를 써서 마침내 입양하는 경우도 있다. 버려진 유아를 입양하려고 중국으로 가는 사십대와 오십대 여성들이 많다. 입양을 존중하고 또 자기가 직접 입양하기도 하려면 활동적인 데메테르(아르테미스/아테나의 지원을 받은)의 도움이 필요하다. 그러므로 아이를 품에 안고 돌아올 때의 그녀는 지하 세계에서 페르세포네를 진실로 구원했음을 아는 기쁨에 찬 데메테르다.

페르세포네, 처녀이자 지하 세계의 여왕

영원한 소녀, 내면의 안내자

로마인들에게는 프로세르피나로 알려진 페르세포네 여신은 이중적인 특성을 가지고 있다. 즉 처녀이면서 지하 세계의 여왕이다. 페르세포네는 데메테르의 외동딸이며 아버지는 제우스다. 그녀가 초원에서 꽃을 따고 있을 때 조금도 경계하지 않던 세계가 끔찍한 세계로 돌변하면서 지하 세계의 신 하데스에게 납치되고 강간당한다. 하데스는 이렇게 해서 페르세포네를 신부로 삼았는데 그는 제우스의 허락을 받은 상태였다. 데메테르는 의논 상대가 되지도 못했고 딸을 보호할 수도 없었으나 그 상황을 용납하지 못하여 페르세포네의 귀환을 끝까지 고집했다. 마침내 페르세포네가 어머니와 재결합하지만 지하 세계에서 석류 알을 먹었기 때문에 일 년 중 삼분의 일은 하데스와 지하 세계에서 보내야 하고 나머지 삼분의 이는 지상에서 데메테르와 지내게 된다.

페르세포네는 코레, 혹은 '이름 없는 처녀,' 혹은 아름답고 가녀린 여신, 어머니의 딸, 인생의 굴곡을 겪지 않고 성적으로도 깨이지 않은 젊은 여성상이다. 처녀 페르세포네는 자신의 욕구와 힘을 아직 깨닫지 못했으므로 '자신이 누구인지' 알지 못한다. 영원한 소녀 혹은 소녀 같은 여성 페르세포네는 익숙한 원형이다. 젊은 여성이 매혹적인 외모를 가지리라는 기대만을 주변에서 받을 때 그 역할 모델이 페르세포네다. 감수성이 풍부하고 놀기를 즐기며 유순한 것이 그녀의 본성이다. 상처받기 쉬운 여신인 그녀는 처녀 여신들과는 달리 집중력을 타고나지 않았으며 헤라, 데메테르, 아프로디테가 가진 추진력도 없다. 젊은 페르세포네는 자기가 삶에서 무엇을 충족하고 싶어 하는지 모른다. 이러한 확신의 부족 때문에 그녀는 더 강력한 사람에게 '납치되기' 쉽다. 강력한 사람은 자기가 원하는 방식으로 그녀에게 기대를 걸 수 있다. 그러니까 카멜레온처럼 되는 것, 다른 사람이 그녀에게 기대하거나 투사하는 대로 '되려고 무의식중에 애쓰는 것'이 그녀의 패턴이다.

처녀 페르세포네는 특히 여성 운동 이후 세대 여성들이 가지기에는 난처한 원형이다. 든든한 후원자가 되어줄 남편을 찾거나 아이를 원하거나 집에서 살림만 하는 문화적인 규범이었을 때 페르세포네가 되는 것은 지금보다 훨씬 쉬웠다. 그녀가 자기 중심을 가지고 있지 않은 것은 그다지 중요하지 않았으며 오히려 수동성이나 의존성이 여성적이라고 칭송 받던 시절이었다. 아버지 제우스는 처녀 딸들을 버리곤 했다. 이것이 신화에서는 하데스의 계획된 납치로 그려졌지만, 결혼을 하고 자식을 낳음으로써 자신이 처녀에서 보호자로 또한 어머니로 변화할 것이므로 그것 자체가 선망의 대상이기도 했다. 현대의 페르세포네는 자신이 무엇을 원하는지 명확하지 않고, 특히 삼십대나 더 나이가 들어서까지 떠다니고만 있다고 스스로 느끼므로 자신이 부적절하다는 생각에 힘들어한다.

특히 무엇인가에 헌신하지 못하거나 다른 사람 혹은 자신의 목표에 대해서 책임을 지지 못한다면 평생 페르세포네로 머물 수 있다. 그녀는 현 상태에 머물면서 상황을 거부하는 것을 그만두고 경험을 통해 교훈을 얻고 나서야 영원한 처녀 혹은 영원한 희생자의 굴레에서 벗어날 수 있다. 그제야 그녀는 '석류를 먹은' 여성이 되어 자신의 운명에 헌신한다. 페르세포네가 지하 세계에서 아무것도 먹지 않았다면, 뭔가를 겪었더라도 변한 것이 전혀 없는 상태로 데메테르에게 갔을 것이다. 석류를 먹는다는 것은 그녀가 되돌아오지만 다시는 희생자가 되지 않는다는 의미다. 석류를 먹음으로써 그녀는 상징적으로 이제 그녀의 일부가 된 경험을 통합(혹은 소화)했다. 납치된 페르세포네는 문자 그대로 근친강간의 희생자가 되거나 우울증에 빠질 수 있다. 의기소침해지거나 중독자가 되거나 무의식의 지배를 받아서 현실과 동떨어져 있게 될 수도 있다. 그녀가 기운을 차리고 경험을 통합한 덕분에 더 강해지고 현명해지면 이제 그녀는 다른 사람의 안내자가 될 수도 있다. 가령 「알코올 중독자 재활 모임」의 후원자가 되거나 심리 치료사나 시인, 예술가, 음악가, 작가가 되어 창조적인 일을 할 수 있을 것이다.

페르세포네가 납치되었다가 돌아왔을 때 그녀는 그 경험으로 인해 예전과는 다른 사람이 되어 있었다. 그녀는 더 이상 순진한 처녀, 어머니의 딸 코레가 아니다. 그날부터 헤카테는 페르세포네가 가는 곳이면 어디든 앞서거니 뒤서거니 하면서 따라다녔다고 한다. 즉 그녀는 헤카테의 지혜와 분별력 있는 새벽의 빛을 얻었다. 그제야 그녀는 지하 세계의 여왕이 되어 남편 하데스와 더불어 혼령들의 영역을 통치하며 지하 세계로 신비로운 순례를 오는 자들을 안내한다.

페르세포네는 대개 50세쯤에 나타나기도 한다. 집중된 원형이나 본능적으로 결정된 역할이 없다 보니 페르세포네가 자기 길을 찾는 것이 굼뜨고 시간도 오래 걸린다. 그녀의 길은 직선적이지 않고 우회적이다.

그녀는 이것저것 건드려 보면서 (꽃을 따듯) 경험을 쌓아 간다. 전에는 중요하고 강력한 사람들이 그녀에게 그녀가 누구인지, 무엇이 그녀를 행복하게 할 것인지 말해 주었지만 이제 그녀는 자신과 자신의 가치를 깨달을 만큼 오래 살았다. 그녀가 책임지고 뭔가를 선택해야만 하는 상황에 이르렀다면 '나 혼자서 그것을 하겠다'는 말을 해본 적이 없던 그녀가 이제는 자신을 신뢰할 수 있는지 시험해 보게 된다. 경험에서 얻은 자신감 덕분이다. 그녀는 또한 자신의 아프로디테 성향을 알게 된, 성적으로 반응하는 여성이 되어 있다. 지하 세계 여왕의 원형인 그녀는 자신의 연민, 상상력, 집단 무의식에 쉽게 접근하는 능력을 끌어낼 수 있다. 이런 것들은 그녀가 50세에 이르러 드디어 발굴해 낼 창의적 작업의 밑거름이다. 그녀에게 영매의 능력이 잠재해 있다면 그것을 현명하게 계발할 때이기도 하다.

할머니 나이가 된 처녀 페르세포네

처녀 페르세포네가 정신 세계에 있는 한 그 여성은 얼마든지 놀면서 '초원에서 꽃 따는 것'을 즐길 수 있다. 그녀는 여가 시간을 즐겁게 보내는 방법을 많이 알고 있다. 카탈로그를 뒤적이고, 박물관을 방문하고, 해변에서 조개 껍질을 모으고 특별히 살 것도 없으면서 한가로이 쇼핑하고 꽃을 꺾으며 시간을 즐길 수 있다. 그녀는 이런 풍경을 스쳐 지나가면서 마음에 드는 것을 유쾌하게 고르고 여가 시간을 충분히 즐기며 손자들을 기쁘게 한다. 그녀는 후손들에게 배우기도 하지만 동시에 성숙한 여성이어서 그들을 인도하기도 한다. 이럴 경우 그녀 안에는 어린 시절의 경이로움과 헤카테의 지혜가 같이 움직인다. 그녀는 혼란스런 지하 세계를 거친 후 안정된 결혼 그리고(혹은) 안정된 정체성으로 정착했을 수 있다. 그녀는 감수성이 풍부하고 의식이 분산되는 성향을 이용하여 마음에 새겨진 흔적을 받아들여야 한다. 그녀는 그 흔적을 신뢰하고 활용하는 법을 경험을 통해 배워야 한다.

페르세포네의 운명은 슬프고 심지어 비극적이기까지 하다. 어떤 이들은 할머니가 되어서까지 처녀 페르세포네와 동일시하는 정신 상태에 머물러 있다. 원형은 영원한 처녀지만 그들은 점점 나이를 먹는다. 이들은 늙어 가는 사회적 나비들이다. 즉, 한 관심사에서 다른 관심사로 쉽고 가볍게 부유하느라 자신의 잠재력을 계발하지 못하는 여성들이다. 경우에 따라서는 납치된 처녀 페르세포네나 희생자 원형으로 남아 있기도 한다. 이들은 학대, 정신병, 중독에서 헤어 나오지 못하며 할머니가 되어서는 사회 언저리에서 계속 희생자로 살아간다. 또한 주변 여건이 크게 어렵지 않은데도 자신을 희생자라고 생각하는 사람들이 있다. 이들은 영원히 다른 사람을 시기하며 자신에게 부족한 것을 부모나 다른 누군가의 탓으로 돌리는 것에만 골몰하느라 결코 성장하지 못하는 사람들이다.

늦게 깨어나는 페르세포네

놀랍게도 처녀 페르세포네는 나이 오십을 넘기고 나서야 활짝 꽃피우기 쉬운 원형 중 하나다. 어린 시절이나 성인기 초기를 어렵게 보낸 여성들 중에 그런 경우가 많다. "어린 시절이란 것이 없었죠" 하고 말하는 이들은 어릴 때 상실과 두려움, 질병이나 학대라는 지하 세계로 유괴되었을 수 있다. 가난이나 너무 이른 책임감이 그들을 조숙하게 만들었을 것이다. 어머니가 되어서는 과중한 짐을 짊어졌을 수 있다. 여성들은 직장 일을 하면서도 여전히 가사와 양육의 대부분을 책임지며 놀 시간은 거의 없고 책임감에 시달리기만 한다.

좋은 어머니가 될 수 있는 능력, 자유 시간과 자원(친구, 상상력, 충분한 수입)을 즐길 수 있는 능력이 있다면 할머니 시절은 아주 호화로운 때가 된다. 세크메트/칼리가 먼저 나타나야 할 때도 있는데 그래야 페르세포네가 나와서 놀 정도로 안전해지기 때문이다. 혹은 납치된 페르세포네가 가해자와의 관계나 중독으로부터 모습을 드러내고 나서야 놀기를 좋아하는 페르세포네가 있을 수 있다. 모든 여성 안에 있는 발랄한 소녀를 드디어 해방시키는 것은 여성 친구들과 함께 있을 때 발견되는 바우보/우즈메의 웃음과 자유의 몫이기도 하다.

납치된 페르세포네 : 노년의 지하 세계

활동적인 할머니 시기는 우리가 얼마나 독립적이며 유능한 상태를 유지하는가에 따라 결정되지, 나이로 결정되지는 않는다. 80세나 90세에 여전히 활기차고 쾌활한 여성도 있지만, 그 나이가 되기 전에 기력을 잃는 여성도 있다. 노년에 찾아오는 질병과 쇠잔함은 어느 누구든 의존적이고 취약한 페르세포네가 될 수 있음을 의미한다. 당신은 이미 당신 어머니의 어머니 노릇을 하면서 건강이 나빠지고 정신적인 기능을 상실했을 때 그토록 어두컴컴한 지하 세계로 납치될 수 있음을 보게 된다. 건강이나 정신적인 기능의 쇠퇴에도 살아남을 수 있는 원형은 없다. 그러나 여전히 태양이 빛나는 세상에 살고 있는 한 우리가 음미할 경험은 아직 많다. 그러니까 우리는 놀기를 좋아하는 페르세포네가 되면서 동시에 메티스, 소피아, 헤카테, 헤스티아의 지혜를 끌어낼 수 있다.

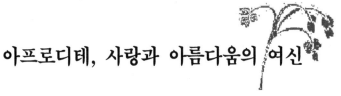

아프로디테, 사랑과 아름다움의 여신

연인, 창의적인 여자

사랑과 아름다움의 여신인 아프로디테는 로마인들에게는 비너스로 알려졌으며 올림포스에서 가장 아름다운 여신이다. 아프로디테는 조각가들이 선호하는 대상이었는데 그들은 옷을 입지 않거나 관능적인 몸을 드러내고 신체의 일부만 가린 상태의 그녀를 그리는 것을 즐겼다. 바다에서 태어난 아프로디테는 르네상스 시절 보티첼리의 「비너스의 탄생」에서 불멸이 되었지만 그 그림만 봐서는 그녀의 신화적인 탄생에 앞서 폭력적인 상황이 발생했음을 전혀 짐작할 수 없다. 크로노스(제우스의 아버지)는 자신의 아버지, 하늘의 신 우라노스를 이기고 그를 거세하여 성기를 바다에 던졌는데 거기에서 아프로디테가 탄생한 것이다. 그녀는 완전히 성숙한 여신으로 바다에서 태어났다. 그녀가 해변으로 오자 올림포스 신들은 그들의 일원으로 그녀를 기꺼이 받아들인다. 많은 신들이 아프로디테에게 구혼하였으나 그녀는 연인을 마음대로 선택할 수 있었다. 그녀는 대장간의 절름발이 신 헤파이스토스를 선택했다.

아프로디테는 신이든 인간이든 사랑에 빠지게 하는 놀라운 힘을 지니고 있었다. 그 힘을 거역할 수 있는 신은 처녀 여신들뿐이었다. 아프로디테는 많은 애정 행각을 벌였으며 그녀를 위한 의례에서 많은 이들의 숭배를 받았다. 그러나 문화가 바뀌자 매춘부의 여신으로 전락하게 되었다. 교회가 강조한 성녀/창녀 이분법 때문에 아프로디테를 숭배하거나 여성의 성적인 본성을 경배하는 것이 불가능해졌다. 모든 여성적 원형 가운데 아프로디테가 가장 많이 억압받고 착취당했다. '착한 여자'는 자신의 아프로디테 성향을 무시해야만 했다.

아프로디테 신화는 그녀의 수많은 애인에 대해 이야기하고 있는데 그중에서 전쟁의 신 아레스, 전령의 신 헤르메스, 인간 안키세스와 아도니스가 가장 유명하다. 그녀가 애인과의 사이에서 낳은 자식들 중 많은 수가 나중에 유명해졌다. 그런데 남편 헤파이스토스와는 자식이 없다. 아름다움과 기능의 상징적인 합일(뮤즈와 예술가)로서 그가 만든 아름다운 기구와 혁신적인 물건들이 이 결혼의 자손이라고 말할 수 있겠다.

올림포스 여신들 가운데 그녀는 예외적인 인물이다. 그녀는 아르테미스, 아테나, 헤스티아 같은 성향을 자유롭게 따르지만 처녀가 될 수는 없었다. 그녀는 헤라, 데메테르, 페르세포네처럼 누군가와의 관계를 통해 알려져 있지만 그들과는 달리 치욕을 당하거나 강간을 당하거나 폭력을 당하지 않았다. 아프로디테는 자신의 사랑의 주술에 영향을 받았다. 그녀는 상대가 저항할 수 없게 만드는 존재였다. 그러나 아도니스와 안키세스의 아름다움에 먼저 반한 것은 그녀였다. 연인들간에 교류되는 매력의 상호성은 일종의 '화학 작용'이라고 할 만하다. 화학적으로 두 물체가 반응을 하면 둘 다 그 과정에서 변화가 일어난다.

변화와 창조가 일어나는 관계에서는 성적인 에로스나 '화학 반응'은 아니지만 이와 유사한 현상이 일어난다. 가령 가르치고 감독하고 편집하고 심리 치료를 할 때, 혹은 부모 역할을 할 때에도 한쪽의 잠재력이 나머지 한쪽의 기술이나 사랑과 결합하면서 고무될 때 사랑의 화학 반응과 비슷한 현상이 일어난다. 이러한 직업에 종사하는 사람들, 자기 일에 능숙한 사람들은 그 일에 몰두하게 되니 정신 세계 또한 그 일과의 관계에 영향을 받는다. 이런 방식으로 일을 하므로 그들은 중세 유럽의 연금술사와 비슷하다. 연금술사는 비금속을 금으로 바꾸는 작업을 했다고 한다. 그러니까 이들은 스스로를 변화시키려는 비교^{秘教}의 영적인 요구에 관여한다. 비유해서 말하자면 평범하거나 아직 개발되지 않은 것들은 무엇이든지 연금술을 통해 '황금'으로 변할 수 있는 일상 생활의 비금속 재료인 것이다.

연인의 꿈을 믿어 주는 아프로디테는 '꿈을 키워 주는 사람'이다.* 꿈을 키워 주는 사람들은 상대의 재능이나 잠재력(그 사람의 아름다움이나 프로젝트)이 명백하게 드러나기도 전에 그것을 미리 알아보고 믿어 주며 그 꿈이 이루어질 때까지 지원한다. 남자 인생의 중요한 시기에 한 명의 특별한 아프로디테 여성이 '꿈을 키워 주는 사람'이 되거나 뮤즈, 연인 혹은 아내가 될 수 있다. 한편 다른 사람들 안에 있는 잠재력을 알아보고 그것을 끄집어내는 전문가들은 아프로디테가 이 작업에 적극 활동하기를 진심으로 기원해야 한다. 그러나 이 원형은 윤리적인 경계를 무시한 채 관계를 방향타 없이 끌고 갈 수도 있다. 자신이 창조하는 것과 사랑에 빠질 위험도 있다. 가령 신화에 나오는 조각가 피그말리온이나 뮤지컬

---

* 성공한 남성을 연구한 다니엘 레빈슨 연구에서 인용함. 그들 옆에는 그들과 그들의 꿈을 믿어준 여성이 있었다. 그는 그 여성을 '꿈을 키워주는 사람'으로 불렀다. 참고문헌 참조[1]

「마이 페어 레이디」에 나오는 히긴스 교수같이 될 수도 있다는 말이다. 이것은 남성에게 위기일 뿐 아니라, 창조하는 작업을 하거나 가르치는 직업의 여성들에게도 위기를 초래한다.

아프로디테 — 힘들게 할 수도 있는 원형

연인의 원형 아프로디테가 활성화된 여성은 이 원형 때문에 골치를 앓는다. 헌신적이고 지속적인 관계를 추구하는 상처받기 쉬운 여신들 원형과는 대조적으로 아프로디테 원형은 강렬함을 추구한다. 아프로디테가 어느 한 관계에서 열정이 식은 후 다른 관계에 몰두할 때 가혹한 시련이 닥칠 수 있다. 여성의 성적 독립은 남성에게나 가부장제에 위협이 되므로 사회가 허용하는 선을 넘어선 섹스는 가장 냉혹한 처벌을 받는다. 우리 같은 문화에서 한 명 이상과 성을 즐기는 독신 여성은 비난과 질투를 피하기 위해 그 관계를 숨기는 법을 알고 있다. 남성이 여성의 몸을 계속 (종교적이든 국가 차원에서든) 통제하려는 것은, 피임과 낙태를 반대하고 대법원의 로 대 웨이드$^{Roe\ v.\ Wade}$ 판결을 뒤집으려는 시도에 깔려 있는 기본 전제에 그 맥이 닿아 있다. 이 판결은 낙태 문제를 해당 여성과 의사 간의 사적인 문제로 만들었던 것이다.

근본주의자들은 여성을 착한 여성 아니면 매춘부로 나누었다. 여자는 욕망을 느끼지 않았더라도 남자가 욕망을 느끼게 만든 여자가 잘못이라고 비난 받았다. 심지어 강간을 당하는 것도 욕정을 불러일으킨 여자 탓이라고 보았다. 한편 성서를 보더라도 그 당시 통정한 여성은 돌에 맞아 죽기도 했다. 성행위가 그녀의 선택에 의한 것이든 강간에 의한 것이든 그녀는 처녀성을 상실한 대가로 죽음을 당해야 했다. 이는 이슬람 근본주의 사회에서도 통용된다. 미국만 해도 지난 20세기까지 여성의 몸과 성이 남성의 재산이라고 단정하는 가부장적인 관습과 법이 있었다. 여성은 결혼할 때까지 처녀로 있어야 하며, 일단 결혼하면 여성의 몸은 남편의 성적 쾌락과 출산을 위하여 남편에게 귀속되었다. 그래야 그녀가 낳은 자식이 확실하게 남편 자식이라고 믿을 수 있기 때문이다. 다른 남자와 같이 있는 아내를 죽여도 남편은 정념으로 인해 죄를 지은 것이라 하여 법적 처벌을 받지 않았다. 법과 관습이 바뀌고는 있지만 아프로디테 원형을 표현하는 것은 여전히 여성에게 위험하다.

유명한 고급 매춘 여성이 되어 남자들의 숭배를 받은 아프로디테 여성들이 예전부터 존재했다. 그러나 그것 또한 위험천만한 일이었다. 고급 매춘 여성으로 대우받는 것과 일반 매춘 여성으로 대접받는 것은 종이 한 장 차이에 불과하다. 아름다움이나 보호자를 잃는 즉시 고급 매춘 여성에서 일반 매춘 여성으로 쉽사리 강등되기 때문이다.

의식적인 선택과 창의성

사랑에 빠지는 것은 본능의 힘처럼 원형에 가까운 경험이다. 그것은 여자에게 일어난다. 그러나 그 다음에 무엇을 할 것인가는 오로지 그녀에게 달려 있다. 이것은 지혜, 다른 사람에 대한 관심, 패턴을 알아보는 지각력, 결과를 예측하는 능력 등이 요구되는 영역이다. 그런 것들이 고려되지 않을 경우 아프로디테는 당사자는 물론 그녀와 연관된 사람들을 혼란에 빠뜨린다. 아프로디테가 활성화된 성숙한 여성은 자신이 인생의 주요한 갈림길에 서 있음을 알아차린다. 성숙한 아프로디테는 메티스와 헤카테의 지혜, 관음보살의 자비, 자기 자신을 아는 능력, 그리고 선택하는 자가 될 능력을 갖추어야 한다.

아프로디테는 급작스레 불거지는 사춘기의 성적 본능에 대응하는 강렬한 원형이며 현명한 판단력으로 제지되지 않을 경우 십대 소녀에게 치명적인 결과를 낳을 수도 있다. 성적으로 눈이 뜨이면서 다른 이에게 이용당하여 임신하거나 성병에 걸리고 버림받을 수도 있으며 이런 일로 자존감이 낮아지기도 한다. 아프로디테 원형도 있지만 다른 원형, 특히 아테나와 아르테미스도 같이 활성화되어 있는 여성이라면 자신을 돌보고 우선순위에 따라 신중하게 행동하기가 훨씬 수월하다. 아프로디테가 강한 원형일 경우, 특히 매력적인 외모를 지닌 여성이라면 의식적인 선택이 거듭 필요해진다.

아프로디테는 창의성의 원형이기도 하다. 사랑에 빠졌을 때 일어나는 완전한 몰입과 강렬함은 창의적 작업을 행하는 과정에도 필수적인 덕목이다. 새로운 작품이나 새로운 영역마다 생명력이 있어서 그것을 창작해내는 사람조차 그 작품에서 뿜어 나오는 것에 매혹되고 점령당할 때가 있다. 배우고 익힌 기술이 있는 반면 자연스럽게 우러나오는 것도 있고, 시원찮은 작품도 있지만 본질을 꿰뚫어보는 직관도 있다. 작품이 완성되거나 에너지가 고갈되면 아프로디테는 새로운 캔버스나 새로운 프로젝트로 옮겨간다. 작품은 서서히 독창적으로 변화한다. 작품 하나하나에 노력을 기울이다 보면 예술가로서의 영역과 경험이 확장된다.

아프로디테는 정신 세계에 생동감을 불어넣는다. 그것은 삶에 사랑과 아름다움을 부여하여 현재 이 순간에 몰입할 수 있는 능력을 키운다. 아프로디테의 어두운 측면은 같은 동전의 뒷면이다. 현재 순간에만 존재할 경우 그녀는 자신에게나 다른 사람에 끼칠 결과를 무시할 수 있다. 아프로디테의 어두운 측면은 약속을 어기는 것에서부터 신뢰와 성실성에 심각한 타격을 입히는 것까지 확장될 수 있다. 그렇게 되면 사람들과의 관계가 무너질 뿐더러 인생이 암울해지면서 쓰디쓴 교훈만 남기게 된다. 결국 여자들 대부분이 하는 대로 아프로디테 기질을 억압하거나 아니면 창의성, 작품, 상상력 혹은 결혼 속에 아프로디테를 위한 자리를 마련해 주거나 둘 중 하나를 선택해야 한다.

할머니 아프로디테

아프로디테 여성이 세월을 잘 견뎌 왔다는 말은 지혜 — 헤카테, 메티스, 소피아, 헤스티아로 인격화된 — 를 계발했다는 의미다. 아프로디테 원형의 격정에 휘말리지도 않았거니와 그것에 의해 황망한 나락으로 떨어지지도 않았다는 것이다. 그녀는 세상과 사람들 속에 있는 아름다움에 매혹되는 능력을 그대로 간직하고 있다. 그녀는 경험을 음미하고 삶을 즐긴다. 현재에 몰입하는 능력은 젊은 시절에는 문제가 될 수도 있지만 이제는 은퇴하여 노년에 접어든 인생의 장점을 강화하는 긍정적인 재능이 된다. 나이와는 무관하게 그녀는 관능적인 여성이다. 그녀야말로 진실로 매력적인 할머니다.

아프로디테의 관능은 좋은 음식, 좋은 섹스, 좋은 마사지를 즐기는 여성에게서 발견된다. 경험에 의한 생동감은 삶의 감각적인 체험을 감상할 줄 아는 여성의 특징이다. 아프로디테는 아름다움을 감상하는 심미안이 있으며 또한 자기가 보게 된 것을 사랑한다. 살아 있음을 기뻐하도록 이끄는 자질을 존중하는 아프로디테가 내면에 생생하게 살아 있는 한, 사람이나 대상, 장소를 사랑하는 능력이 나이가 들었다고 수그러들지는 않는다. 강렬함이 줄어드는 대신 지혜로움으로 부드러워진다.

영화 「타이타닉」에서 90세 생존자 역을 맡아 오스카상 후보로 지명된 배우 글로리아 스튜어트는 영화로 명성을 얻은 후 자서전을 출간했다. 거기에서 그녀는 아프로디테의 성향을 유감없이 드러냈다. 그녀는 자신이 평생 성적인 여성이었다고 설명하며 성적 파트너가 없을 때는 자위하라는 입장을 유머를 섞어 밝힘으로써 매체의 주목을 끌었다. 여성이 늙으면 성적 대상에서는 제외되지만 원형은 여전히 거기에 있을 수 있다. 성과 관능이 아프로디테 여성 안에서 계속 숨을 쉬고 있는 것이다. 남성이 반응을 하든 하지 않든 상관없이.

아프로디테 여성은 나이를 초월한 관능을 품고 있다. 나는 이것을 칠십대 하와이 할머니의 훌라춤에서 보았다. 칠십도 넘은 나이와 뚱뚱한 — 우리 문화의 기준으로 볼 때 — 몸에서 자연스런 관능이 흘러나왔으며 참으로 우아한 움직임을 보여 주었다.

아내 - 어머니 - 일 - 집안일로 마구 뒤섞인 역할을 끝낸 후 할머니 나이가 되어서야 아프로디테의 창의적인 측면을 위한 시간이 난다. 화가 모제스 할머니, 또 틸리 올슨 역시 가족을 보살피는 동안 창의적인 재능을 뒷전으로 밀어 두었다. 사실 대부분 여성들이 그렇게 하고 있다. 창의성을 계발하려면 다른 사람의 지원이 필요하다. 그러나 나중에도 그게 가능하지 않은 경우가 많다. 아프로디테 열정을 지닌 여성의 작품이 상품 가치가 충분치 않은 경우라면 인생의 두 번째 단계까지 좌절을 겪는 것은 흔히 있는 일이다. 시간이 좀 걸리면 흔히들 나태하다거나 현실적이지 못하다거나 이기적이라고 질책한다. 할머니가 되어 다른 사람들 눈에 그녀의 열정이 취미로 비치고 나서야 아프로디테 창의성이 해방될 수도 있다.

늦게 깨어나는 아프로디테

우리 문화에서는 할머니 나이의 여성이 사랑에 빠지거나 섹시하거나 관능적일 것이라는 생각은 전혀 하지 않는다. 사람들 눈에 그들은 연인 아프로디테의 이미지와 맞지 않기도 할 것이다. 그러나 내가 관찰한 바에 의하면, 이 원형은 50세이건 65세이건 은퇴하는 법이 없으며 70세라 한들 다시 새롭게 혹은 난생 처음 새롭게 꽃피지 말란 법도 없다. 지긋한 나이에 이른 두 사람이 사랑에 빠질 때는 아름다움과 관련된 일종의 마술이 일어난다. 그것은 종의 생존을 위한 본능에 지배받는 것이 아니기 때문에 겉모습에 빠지는 것이 아니라 영혼 깊숙한 곳에서부터 서로에게 빠지는 것이다. 이것은 예기치 않은 상황이라 더욱더 마법에 가까운 그 무엇이다.

그 상황이 무엇과 관련 있는지 또는 무엇에 관한 것인지는 또 다른 중요한 문제다. 한 사람 혹은 두 사람이 모두 결혼한 상태라면 그녀는 은밀한 경이로움으로써만 즐거움을 만끽할 수도 있다. 혹은 사랑에 빠졌는데도 함께 할 수 없기에 그만큼 더 고통스러워할 수도 있다. 도덕적인 갈림길에 서 있을 수도 있다. 두 사람 모두 법적으로 자유롭다 하더라도 진실한 사랑이 날개를 달고 마음껏 펼쳐지지는 못할 것이다. 장성한 자녀들이 반대하거나 혹은 그녀 안에 있는 처녀 여신 원형이 반대표를 던질지 모르기 때문이다. 이런 경우는 그녀가 연인보다는 자신의 자립을 더 중요하게 생각한다는 뜻일 게다.

인생의 후반기에 불타는 열정은 그것이 상당히 개인적인 선택인 만큼 비전통적인 형태를 띠기도 한다. 예컨대 나이든 여자와 젊은 남자 사이에 혹은 여자들간에 처음 붙은 뜨거운 사랑, 또는 배경이나 인종이 다른 사람과의 사랑 같은 것이다. 나이든 여자들 중에 많은 이들이, 아프로디테가 활성화된 원형이라면 특히 더, 나이가 들어감에 따라 태도는 더 젊어지고 관점은 더 넓어지며 생각은 더 급진적이 된다. 그들은 자기와 같은 배경이나 같은 연배 남성들이 그들보다 더 늙은이 같다거나 더 지겹다고 생각한다. 할머니 나이에 전통적인 모습이 아니면서도 뭔가를 스스로 선택하는 사람이라면 자신에 대한 정의를 내리는 데 익숙한 세대에 속한다. 스스로 결정하는 할머니인 그녀는 가족의 반대를 고려하고, 어리석은 노인으로 보일까봐 혹은 유혹 당한 늙은이로 보일까봐 두려워하는 마음을 충분히 숙고한 후 자기 스스로 결정할 것이다.

아프로디테가 두 사람의 관계에 사랑과 아름다움을 불어넣을 수도 있다. 나이든 두 사람에게 순수한 즐거움이 생겨나 인생의 바로 이 마지막 단계에 서로를 발견했다는 것이 얼마나 큰 축복인지를 알게 되고, 친구와 친지들도 그들을 보면서 기뻐한다.

늦게 피어나는 아프로디테는 수십 년 동안 참고 살아온 부부 사이에서 예기치 않게 나타날 수도 있다. 때로 아프로디테는 막내가 집을 떠나고 다시 남편과 아내로 결합할 때, 혹은 남편이 은퇴할 때, 알코올 중독자인 배우자가 술을 끊었을 때, 혹은 상대가 임종을 앞두고 있을 때 일깨워진다. 때로 폐경 자체가 아프로디테를 해방시키기도 한다. 그러니까 임신할 위험이 없어지고 나서야 그녀가 나타나는 것이다. 환경이 바뀌면 원형이나 호르몬이 변화하는데 이러한 것은 모두 아프로디테가 뒤늦게 꽃필 가능성을 높여 준다.

4부

그녀는 서클

할머니가 이야기하면 지구가 치유된다.
할머니가 기도하면 지혜가 드러난다.
할머니가 노래하면 지구는 건강해질 것이다.[1]
— 할머니 서클 소식지

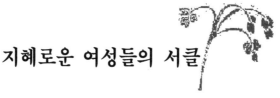

지혜로운 여성들의 서클

씨족 어머니들, 할머니 서클, 나이든 여성들의 서클

현명한 여성들의 서클은 그것 자체로 원형이다. 존경받는 노인들이나 할머니, 집안의 어머니들이 원을 이루며 한데 모여 있는 모습이 떠오른다. 한 사람 한 사람이 모두 소중하고 어느 누구도 다른 사람 위에 군림하지 않을 뿐더러 모두가 공동체의 행복을 염려한다. 이 서클에는 신성함이 있으며 구성원들의 집단적 지혜로움을 구현하고 있다. 서클은 여성의 지혜를 문화와 연결하는 잠재력을 가진 원형이다. 이 원형은 여신은 아니다. 서클이다.

　나이든 여성들이 지혜로운 여성의 서클로 함께 모일 때 그들은 이미 정복당해 사라진 여신 숭배의 토착 문화를 복원하고 있는 것이다. 또한 각 서클은 독특한 가능성을 지닌 새로운 창작물이다. 각 서클은, 나이든 여성들이 지혜로움과 권위로 존경받던 그 시절에 대한 우리의 기억이 되살아나도록 도와준다. 존재했던 것이 한참 동안 외면당했다 해도 그것은 집단 무의식이나 형질 속에 여전히 존재하면서 의식의 영역으로 다시 호명되기만을 기다리고 있다. '도구를 다시 고안'할 필요가 있는 것이 아니라 그것을 기억해서 불러내기만 하면 된다. 나이든 여성, 여사제, 신탁을 통해 표현되는 신성한 여성스러움에 대한 숭배가 가부장제 역사 이전에 존재했다가 금지되면서 아예 잊혀졌지만 이제 다시 기억을 되살리는 과정이 시작되었다. 성스러운 우물의 막혔던 입구를 다시 여는 것만 같다.

여성들의 서클은 제각각 고유의 고안물이면서도 공통된 패턴이 있다. 지혜로운 여성들 서클은 마치 헤스티아의 난로를 중심으로 신전에 모이듯 모인다. 이 서클에는 수레바퀴의 모양새를 한 에너지 패턴이 있다. 각각의 여성은 서클의 중앙과 연결되는 동시에 다른 사람과도 연결되는데 이는 그녀 안에 있는 영성의 중심과도 통한다. 에너지가 만드는 수레바퀴의 바깥 테두리 안에 구성원들은 각자 자리를 하나씩 차지한다. 시간이 지남에 따라 보이지 않던 패턴이 감지되고 또 다른 보이지 않는 층이 매번 그 패턴에 부가되니 서클은 마치 점점 강화되는 듯하다. 서클 안에서 의례와 명상에 잠긴 침묵이 진행되는 가운데, 처음에는 서클이 '중앙으로 모였다가' 중간에는 집중한 상태를 유지하고 후반부에 가서는 해체된다.

지혜로운 여성 서클의 구성원들은 할머니 여신들의 특징 — 지혜로움, 자비, 유머, 분노, 단호한 행동, 성숙 — 을 지니고 있지만 각자 인생의 세 번째 단계로 들어간 불완전한 인간들이기도 하다. 그러니 무엇보다 나이 들어 죽어 간다는 두려운 사실에 상처받기 쉽다는 것도 잘 안다. 그들은 지금 그들이 가진 생명력과 창의성, 영향력이 스러져 갈 것이고, 그들의 시간 또한 제한된 만큼 소중하다는 것을 잘 안다. 여성들 제각각 인생의 갖은 경험을 거치면서 얻은 교훈도 많다. 개인적으로나 집단적으로 젊었을 때보다 심리적 통찰력과 연민의 정도 깊어진다. 많은 사람들이 살아오면서 수많은 경험을 했다. 서클이 결성되면서 난생 처음 만난 사람들도 있을 것이고 평생토록 잘 알고 지내던 사람도 있을 것이다.

지혜로운 여성들의 서클은 공통된 뭔가를 가진 여성들로 구성될 것이다. 사회 운동가들이 모일 수도 있고 할머니, 기업가, 심리 치료사, 공예가, 저술가나 음악가, 같은 학교를 나온 동창생, 암에 걸린 적이 있는 사람들의 모임이 될 수도 있고, 은퇴한 사람들을 위한 공동체의 주민들이나 그 이웃 등이 모임을 만들 수도 있을 것이다. 비슷한 계급이나 배경, 혹은 같은 인종의 서클일 수도 있다. 표면적으로는 공통된 것이 전혀 없어 보일 수도 있다. 어떤 경우든 눈에 보이는 것이 중요한 것은 아니다. 가치 있는 것은 각자 가진 여성으로서의 본질이며, 고유한 영적인 특징과 심리적인 성숙이다. 그들의 정직과 신뢰, 치유를 담은 웃음, 자애로움 덕분에 서클은 진정한 자기를 찾고 영성을 계발하는 토대가 된다. 적당한 곳에서 단단해지기도 했고 부드러워지기도 한 할머니들이야말로 이런 서클을 구성할 수 있다고 나는 생각한다.

지혜로운 여성 서클의 선구자

의식화 집단은 1960년대 중반에서 1970년대까지 확산되었다. 우리는 이 집단에 참여하면서 성 차별주의가 널리 퍼져 있다는 것을 깨달았다. 구성원들은 대개 대학 캠퍼스나 도시 지역에 있는 센터에서 처음 만난 이, 삼십대 여성들이었다. 이 집단은 많은 이들에게 변화를 도모하도록 만들었다. 그 결과 구성원들은 자매애를 기르고 여성으로서 동질감을 공유했다. 많은 여성들이 다른 지역으로 옮기거나 인생의 다른 단계로 접어들면서 그 집단을 떠나기도 했으며 개중에는 상처받고 환멸을 느끼면서 떠난 사람도 있다. 그러나 대부분은 집단에서 강해지기도 하고 상처를 입어 약해질 수도 있었으며, 자기를 드러내면서 분노하고 눈물을 흘릴 수 있었고 자유롭게 이야기할 수 있는 경험에 뛰어들 수 있었다. 의식화 집단에서 그들은 자신의 야망, 관계, 성, 뭔가가 되려는 꿈, 세상을 어떻게 바꿀 것인가에 대한 계획을 이야기할 수 있었다.

여성들은 소집단에서 자기 삶의 진면목을 드러냈고 이렇게 발견해낸 것들을 선집이나 논문으로, 혹은 공개 회의장에서 발표하면서 다른 사람들에게 폭넓게 전달했다. 그것은 여성에 대한 편견을 되돌아보게 했으며 이후 여성 운동으로 연결된 분노와 실천을 낳았다. 루스 로젠은 자신의 책, 『갈라진 세상 : 현대 여성 운동이 미국을 어떻게 변화시켰는가』에서 여성 운동이 얼마나 혁신적인 영향을 미쳐서 여성의 삶을 완전히 바꾸었는지, 나아가 미국 문화를 변화시켰는지에 관해 자료를 펼쳐 보이고 있다. 여성들은 그들이 함께 행동할 때 변화의 강력한 동력이 될 수 있음을 배웠다. 자매애는 강력했다. 그러한 의식화 집단의 핵심적인 생각은 이러했다. 당신의 개인적인 진실을 말하라, 다른 여성의 이야기를 들어라, 어떤 주제가 공유되는지 보라, 그러면 개인적인 것이 정치적이란 사실을 발견할 것이다. 당신은 혼자가 아니다.[2]

그 후 사람들이 집단으로 만나면서 만들어진 또 다른 운동은 회복 운동이다. 1980년대와 1990년대 초기 회복 집단의 중심 소재는 정서를 마비시키는 물질(알코올, 마취제, 음식)에 빠지는 중독, 과정에 빠지는 중독(일 중독, 도박, 쇼핑, 섹스, 공의존증)이었다. 12단계를 거치면서 자기 이야기를 고백하는 등 여러 방식으로 작업하게 되어 있는 「알코올 중독자 재활 모임」의 모델이 모든 중독자 모임에 폭넓게 적용되었다. 모임은 누구에게나 개방되었다. 비밀에 붙이기, 중독에 무력해짐을 인정하기, 더 많은 힘을 가진 자에게 도움 청하기 등이 기본 원칙이었다. 할머니 나이의 여성들은 이 집단의 도움으로 중독과 공의존증을 극복하여 삶을 새롭게 전환할 수 있었다. 여성 운동으로 새로운 시각을 확보하여 알코올 중독자와의 결혼이 갖는 특징을 점검하게 되니 공의존증과 역기능적인 관계를 통찰할 수 있는 힘이 생겨났다. 한차례 더 자료들이 쏟아졌으며, 공의존증을 다루는 수많은 집단이 자생적으로 피어났다. 공의존적인 관계에서 학대당하던 여성들은 자신이 상황을 부인해 왔음을 알게 되었고 배우자의 중독을 어떤 식으로 지속시켜 왔는지 이해하게 되었다. 알코올 중독 여성들은 그들이 감정을 마비시키기 위하여 어떻게 알코올에 의존하게 되었는지를 깨달았으며 회복 집단 안에서 그 심정을 말할 수 있었다. 앤 윌슨 샤프의 저서 『여성의 현실』, 『공의존증』, 『사회가 중독이 되면』은 이 두 가지 운동에서 통찰을 얻은 결과물이다. 여성들은 그들이 어떻게 고통스런 가족 패턴을 반복했는지, 어떻게 교회와 사회가 그들에게 그런 식의 태도를 가지도록 요구했는지 알게 되었다.

사회 지명도가 거의 없는 일반 여성들이 주도한 영성 운동은 1980년대에 시작되었다. 그것은 미국 서부 해안 도시들에서 시작됐는데 심리 중심적으로 진행되었으며 정치성은 띠지 않았다. 상징, 신화, 음악, 명상, 그림, 의례가 공통 요소였으며 자연, 여성의 몸과 지구라는 성소에 대한 경외, 여러 형태로 여신의 영성을 되살리기 같은 것들이 포함되었다. 여성들은 작은 집단으로 만났으며 이런 모임은 때로 여성들의 영성 회의에 같이 참석하거나 여성들의 워크숍·피정에 참여하면서 고무되었다. 그들은 자기 이야기를 털어놓았으며 영성에 대해서도 이야기했다. 또한 그들 서클의 중앙에 아름다운 제단을 만들고 신성한 여성다움을 칭송했다. 이런 크고 작은 모임에서, 여성이 폐경기 단계로 진입하는 것을 의미하는 첫 번째 '할머니 의례'가 행해졌다.

암 환자 지지 집단은 여성 서클에 속해 있다는 것이 얼마나 힘이 되는지를 증명하는 또 하나의 증거가 되었다. 1990년대 들어서면서 암 환자 지지 집단은 암 치료에, 특히 유방암 치료에 필수적인 요소가 되었다. 1970년대 중반 무렵 스탠포드 대학교에서 행한 연구가 1989년 뜻밖의 결과를 낳자 이런 집단을 장려하게 된 것이다. 암이 다른 곳으로 전이된 여자 환자 86명을 대상으로 한 이 연구는 같은 치료를 받되 지지 집단에 속한 환자들과 그렇지 않은 환자들로 구분하여 비교했다. 이 연구는 지지 집단에 속한 여성들이 그렇지 않은 환자들보다 불안을 덜 보일 것이므로 통증 치료도 덜 받게 될 것이라는 가설을 입증하기 위한 단기 프로젝트였다. 물론 결과는 예상한 대로였다. 지지 집단에서 여성들은 자신이 살아온 이야기를 했으며 치유에 도움이 된 것에 대해서, 시각화 작업을 포함하여 모든 정보를 다 같이 공유했다. 10년이 지난 1989년, 그런 집단이 치료에 정말 도움이 되는지 회의를 품다가 이 초기 연구를 추적하면 이것이 입증되리라고 생각한 데이비드 스피겔 박사[3]는 연구 대상이던 여성들의 자료를 추적하면서 놀라움을 금치 못했다. 지지 집단에 속한 여성들은 그렇지 못한 여성들에 비해 거의 2배 가량 더 살았으며(지지 집단 환자 36.6개월, 그렇지 않은 환자 18.9개월) 지지 집단에 속했던 세 명은 십 년이 지난 그때까지 생존해 있었다. 지금은, 암 진단을 받은 후 치료를 시작하는 동시에 암 환자 지지 집단에 들어가는 것이 일반적인 추세다. 1990년대에는 온갖 종류의 지지 집단이 번창했다. 에이즈 같은 중병을 가진 사람들, 근친강간이나 강간 피해의 생존자들, 아이가 죽었거나 살해당한 부모들을 위한 집단이 그 예다. 이런 집단은 자연 재해, 끔찍한 사건, 많은 사람들에게 영향을 미친 폭력의 후유증을 겪으면서 결성된다.

무엇으로 고통을 받았건 그것을 겪어낸 자들로 이루어진 서클에는 치유 능력과 도움을 줄 능력이 잠재해 있다는 사실이 널리 알려지게 된 것이다.

할머니 단계에 들어간 많은 개별 여성들이 그 당시 의식화 집단, 회복 집단, 지지 집단, 여성들의 영성 집단에 참여했기 때문에 이제 그 집단들은 지혜로운 여성 서클로 발전했을 것이다. 그 집단의 영향을 받기 위하여 반드시 그 안에 소속될 필요는 없었다. 그 안에서 이루어진 영적인 움직임이 하나의 흐름이자 경험으로 작용하면서 집단 무의식에 변화를 가져왔기 때문이다. 또한 서클에 들어간 여성들은, 삶을 통해 알게 된 것을 말할 수 있는 존재 조건에서만 체험할 수 있는 내부의 치유력을 배울 수 있었다.

토착적인 지혜 더하기

세계 여러 곳의 토착민들은, 우리가 소유자나 지배자로서가 아니라 신성한 상호 의존성 안에서 온갖 생명 있는 것들과 지구와 연결되어 있다고 인식한다. 아폴로 호에서 찍은 지구 사진은 우리 모두가 그런 상호 의존의 느낌을 갖게 하였으며 우리 속에 있는 토착민의 감각을 고양시켜 주었다. 토착민이란 원주민이란 뜻으로, 여기 고향에서 자연스럽게 성장한다는 말이다. '우리가 맺는 모든 관계'에 대한 토착적인 인식과 배려는 자연 보호 구역과 열대 우림을 보존하고 멸종 위기에 처한 종을 구하려고 애쓰는 생태주의 활동가와 환경 운동가들에게 영향을 미쳤다. 아메리카 원주민들의 토착적인 지혜는 족장 회의의 방식에 스며 있다. 그 회의 방식은 앞으로 일곱 세대에 걸쳐 나타날 영향을 생각하면서 결정 내리는 것이었다. 그들의 방식은 여성들의 영성 회의, 뉴에이지, 생태주의, 환경 운동 집단의 모임에서 채택되었다. 발언용 막대기를 사용함으로써 발언 못지않게 경청하는 행위를 중요시하고, 모든 사람이 동의할 때까지 토론 하고 합의해서 결정했다. 수많은 아메리카 원주민들이 이러한 가르침을 전수했다. 이들의 사명은 백인 문화에 토착적인 의식을 이식하는 것이었 으며 때로는 이런 가르침이 예언과 일치하기도 했다.

미국의 헌법과 권리장전을 구상한 사람들은 이로쿼이족(뉴욕주에 살았 던 아메리카 인디언)의 평화를 위한 위대한 법칙, 특히 견제와 균형이 공존 하는 체계에서 아이디어를 얻고 영감을 받았다. 그러나 백인 남성들은 그 법칙에 있는 여성의 권리와 권익, 어린이에 대한 책임과 어린이 권리, 노예제 거부 등은 무시하기로 했다.

평화를 위한 위대한 법칙이 제정되는 과정에 이로쿼이 동맹(세네카의 6개 부족으로 이루어짐)이 공헌을 했는데 이 제도는 유럽인들이 도착하기 훨씬 전부터 존재했으며 지금도 영향력을 가지고 있다. 부족 공동체의 평화는 씨족 어머니 위원회로 결합되어 있는 그 부족 연장자 여성들의 인식과 판단력에 달려 있다. 아이를 다 길러놓았을 정도로 나이가 들었지 만 아직 적극적으로 활동할 나이의 여성들을 씨족 어머니로 선출한다. 그렇게 해서 결성된 씨족 어머니 위원회는 다시 공동체 위원회의 성원을 선출하는데, 이 위원회는 남성들로 이루어진다. 여성 위원회는 사람들의 걱정거리를 모은 후 합의에 따라 그중 가장 주목해야 할 것을 선별한다. 그런 다음 남성 위원회에 그 문제를 채택하라고 요구하면서 실천 방안을 제안한다. 남성 위원회는 여성 연장자들이 필요하다고 판단한 것을 무시 할 수 없다. 남성 위원회는 무엇을 해야 할지 합의한 후 그것을 여성 위원회에 다시 보고한다. 여성들이 승인해야 비로소 최종 합의에 이른 것이다. 그렇지 않으면 똑같은 과정이 처음부터 되풀이된다.[4] 6개의 세네카 부족이 전쟁을 치르기 전에 이로쿼이 동맹에서는 이러한 절차를 거쳐서 중요한 문제를 결정했다. 전쟁을 하려면 일차적 관심을 공동체의 행복에 두는 씨족 어머니들의 합의가 필요했다. 전쟁 찬성 쪽으로 결정되면 남성 위원회는 전쟁 위원회가 되고 그들 중에서 전쟁 수장이 선출되었다.

여성 서클과 페미니즘의 제3물결

첫 번째 물결 : 참정권 운동

1848년 여자 다섯이 원탁이 둘러앉아 독립 선언문을 모델로 혁신적인 선언문을 만들었다. 그것은, 1848년 7월 19, 20일 세네카 폴즈에서 열린 제1차 여성 권리를 위한 집회에서 며칠간 내걸린 감성 선언문[Declaraion of Sentiments]이었다. 그 집회에서 여성의 권리 선언이 채택되었다. 그 당시 여성은 재산을 소유하지도 상속받지도 못했으며 자식과 마찬가지로 남편의 재산에 불과했다. 임금을 받아도 그에 대한 권리가 없었다. 여성은 무능하므로 법정에서 증언하기에 부적절하다고 평가되었다. 남편은 아내를 체벌할 권리가 있었으며 남편이 생각하기에 적절한 방식으로 아내를 다스릴 수 있었다. 여성의 법적 지위는 고대 그리스 시대와 다를 바 없었다. 이렇듯 시대를 초월한 여성 종속의 제도에서 유일하게 다른 점은, 고대 그리스에서는 아버지가 처녀 아닌 딸을 노예로 팔아 넘겼지만 미국에서는 그렇게 하지 못했다는 점뿐이다. 물론 여성은 투표도 할 수 없었다. 그리스에서 시작하여 오늘의 미국이 있도록 이끈 민주주의를 표방한다는 법의 진보, 미국의 헌법과 권리 장전에 보장된 권리는 1848년 남성들에게만 해당되는 것이었다. 여성의 권리 선언은, 여성에게 고통을 주는 18개의 법적 불평등 조항을 지목했으며 특히 여성의 교육 기회를 제한하는 항목에 주시했다. 세네카 폴즈는 여성의 평등권을 위한 출발지였다. 여기는 지리적으로 이로쿼이 동맹의 한가운데였다. 여기 모인 백인 여성들은 그들이 가지지 못한 권리를 바로 그 지역에 살던 토착 여성들은 충분히 누렸음을 알았다. 다섯 명의 친구들 서클(엘리자베스 캐디 스탠턴, 루크리샤 모트, 마샤 코핀 라이트, 제인 헌트, 메리 앤 맥클린톡)은 그 첫 집회를 주도했으며 첫 번째 성명을 함께 썼는데 마거릿 미드는 이 서클에서 영감을 받아 이런 말을 했다. 열정을 가진 사람들의 작은 집단이 세상을 바꿀 수 있을까 하고 의심하지 말라. 이제까지 그런 작은 집단이 세상을 바꾸어 왔다.

세네카 폴즈 서클은 여성의 평등과 정의에 관해 문제를 제기했으며 그것을 계기로 여성의 참정권 운동이 시작되었다. 여성의 투표권 요구는 저항과 조소의 표적이 되었다. 여자들은, 여성의 투표는 신의 질서와 본성에 어긋나는 행위라고 주장하는 세력에 맞대응하면서 참정권 운동을 주도해 나갔다. 참정권 주창자들은 길거리에서 시달렸으며 종교계의 비방을 받았다. 여성에게 투표를 허용하라는 헌법 수정안이 의회에 45회나 상정되고 나서야 마침내 통과되었으며 이후 각 주의 비준을 받기 위해 주 단위로 내려갔다. 모든 주에서 저항이 있었다. 여성들은 각종 회의에 나갔고 그들끼리 그 문제에 대해 토론하고 체계화하면서 전문가가 되어 갔다. 그들은 대표단을 구성하여 의원들과 이야기를 나누었다. 시위와 행진, 체포가 줄을 이었다. 마침내 이러한 노력이 70년 동안 진행되고서야 19차 헌법 개정안이 비준되었다. 1920년 11월 2일 미국 여성들은 마침내 투표할 수 있게 되었다. 그들 중에는 서른다섯 살이 되어 난생 처음 투표한

엘리노어 루스벨트도 있었다.

두 번째 물결 : 개인적이고 정치적인 페미니즘

참정권 운동은 미국 여성 운동의 첫 번째 물결이었고 투표권을 쟁취하고 나자 페미니즘이 수그러들었다. 두 번째 물결은 제2차 세계 대전에 의해 촉발되었다. 그때는 남자들이 전쟁터로 나가고 여자들은 가정이라는 전선에서 남자 역할을 했다. 여자들은 일시적인 대용물이었으며 '전쟁 동안'만 독립적이고 유능하면 되었다. 전후 1940년대와 1950년대 미국의 성 역할은 전형적인 것으로 다시 돌아갔다. 남자들은 직장으로 돌아가고, 여자들은 집에 머물게 된 것이다. 여자들은 '아무개 씨 부인'이 되려는 자격증을 얻거나 '남편감을 찾기' 위해 대학에 갔다. 또 그때 여자들은 집단적으로 아기를 낳았으며 — 베이비 붐(1946년에서 1964년까지) — 교외 근사한 곳에서 가족이 함께 있는 모습이 이상형이었다. 1940년대 여자들은 남편이 없는 동안 온갖 자리에서 일했지만 1950년대가 되자 '가정 주부'만이 유일한 일자리였다. 거의 모든 사람들이 적합하고 정상적인 모습을 보이려고 애썼다. 튀고 싶어 하는 사람은 없었다.

가정 주부 역할에 만족하지 못하고 자립을 즐기던 여성들도 침묵을 지키기는 마찬가지였다. 일하는 여성은 이혼했거나 아이가 없는 사람이나 미혼뿐이었으며 이들 역시 1950년대를 거치면서 침묵했다(그리고 수치스러워했다). 그러나 페미니즘의 물결이 일고 있었다. 여성 운동은 1960년대 중반에 의식화 집단에서 시작하여 1970년대에 최고조에 도달했으니 1970년대는 명실상부한 여성 운동의 시대였다.

참정권 운동이 성명서를 고안하고 집회를 계획하기 위해 함께 모인 작은 집단의 여성들에서 시작했던 반면, 이 '새로운' 여성 운동의 힘은 셀 수도 없을 만큼 많은 의식화 집단에서 왔다. 의식화 집단에서 여자들은 페미니즘에 대해 토론했고 자기 이야기를 털어놓았으며 순종하는 전후 세대 여성들의 침묵 아래 묵혀 두었던 분노와 고통을 풀어냈다. 운동은 시위와 출판으로 시작했다. 또한 운동은 정치적으로 자유주의 입장에 선 뉴욕과 시카고의 지식인 여성들에 의해 추진되기도 하였는데 이들은 생각을 명료하게 다듬고 주장을 체계화하고 출판 작업을 벌이는 능력이 있었다. 1968년에서 1973년 사이에 출간된 500권 이상의 책들이 성 차별과 가부장제에 대한 각성을 촉구하면서 전국 여성들에게 확산되어 갔다. 혁명적인 변화가 일어난 것이다. 『갈라진 세상』에서 루스 로젠은, 미국에 심상치 않은 변화를 불러오면서 전 세계 여성 운동으로 확대된 사건들에 대하여 이야기하고 있다. 반발과 퇴보가 잇따랐다. 동등권 수정안을 통과시키려는 초기 시도가 있었지만 막상 인준 마감일이 가까워졌을 때는 조직적으로 거부하는 세력에 부딪혀 결국 1982년, 찬성표를 던진 주의 수가 인준에 필요한 정족수를 넘지 못하여 부결되었다.

세 번째 물결 : 영성 페미니즘

첫 번째와 두 번째 페미니즘은 여성이 함께 만나서 자신의 삶과 꿈, 이슈들에 대해 이야기하고 난 다음 실천하는 것으로 시작했다. 세 번째 페미니즘 물결은 여성의 정신 세계 안에서 모이고 있다. 이것의 첫 번째 가시적인 징후는 신령스런 차원을 가진 일반 대중 여성의 서클이 점점 더 많아지고 있다는 점이다. 세 번째 물결 안에는 첫 번째와 두 번째 물결의 본질이 담겨 있다. 그것이 매우 크고 힘 있게 일어나는 것을 우리는 곧 목격할 것이다. 나는 세 번째 물결이 여성의 지혜와 영성을 세상 안으로 이끌어내는 것과 관련 있어야 한다고 믿는다.

영적인 중심을 가진 서클은 여성들로 하여금 그들 자신과 세상을 바꾸게 하는 그릇이 될 것인가? 나는 그렇게 전망했기에 책 『백만 번째 서클』을 쓸 수 있었다. 나는 서클의 원형과 또 서클을 만드는 여성들의 소질에 대해 생각하다가 '백 번째 원숭이'가 떠올랐고 거기에 영감을 받아 제목을 그렇게 짓게 되었다. 백 번째 원숭이는 우화적인 이야기다. 이것은, 초강대국들에 의해 불가피하게 파멸의 길로 치닫는 일련의 과정을 평범한 시민들의 힘으로는 바꿀 수 없다는 말들을 한쪽에서 체념하듯 하고 있을 때 다른 한편에서 핵무기 경쟁을 종식시키려고 사투를 벌이는 반핵 활동가들의 노력을 지지하는 이야기이기도 하다. 백 번째 원숭이는 과학자들이 외딴 섬 해변에 고구마를 쏟아 부어 원숭이들을 나무에서 내려오게 해서 그 원숭이를 연구한 이야기다. 과학자들은 젊은 암컷 원숭이 한 마리가 고구마를 먹기 전에 물로 씻는 것을 발견했는데 이것은 새로운 행동이었다. 시간이 흘렀다. 처음에는 그 암컷 원숭이의 친구들이, 그 다음에는 그들의 어머니들이, 마지막으로는 수컷 원숭이들까지 이 새로운 습관을 받아들였다. 그러나 무엇보다 놀라운 것은, 이 새로운 행동이 다른 섬에서도 관찰되었다는 점이다. 물론 그들간에는 직접적인 의사 소통이 전혀 없었다. 이것은 새로운 규범이 되었다. 이제 원숭이라면 해야 되는 것이었다. '백 번째 원숭이'는, 새로운 생각을 수용함으로써 섬의 상황을 일변시킨 원숭이가 아니라 새 행동을 전체 종의 의식 안으로 끌어들인 원숭이를 일컫는다. 생물학자 루펠트 쉘드레이크는 이러한 영향이 새와 동물들에게도 미친다고 설명하는 '형태 공명 이론'을 주장했다. 인간 사회에 이것을 적용해 보자. 일정한 수의 사람들이 사고 방식이나 행동 방식을 바꾸면 문화 역시 그렇게 바뀐다는 말이다. 백 번째 원숭이 효과가 있기 위해서는 그것을 가능하게 만드는 아흔아홉 마리의 원숭이가 있어야 한다. 핵무기 비확산 조약과 강대국의 핵무기 해체 의지는 이제 현실이 될 수 있다. 이런 생각을 규합해 가는 과정에서 나는 직관의 도약을 경험했다. 만약 '백만 번째 서클'이 인류를 후기 가부장제 시대로 이끄는 새로운 여성 서클이라면 어떻게 될까?라는.

서클의 구조는 태생적으로 위계 질서 쪽보다는 평등주의 성향이다. 그래야 동등한 인간들 간에 정직하면서도 서로 배려하는 의사 소통이 실천될 수 있기 때문이다. 이러한 지식은 서클 외부의 관계에 지극히 긍정적인 효과를 발휘할 수 있다. 그러니까 서클에서 학습된 것이 다른 관계나 집단에 일종의 모델로 채택될 것이다. 위계 질서에 입각한 관계에서는 힘이 우열의 원칙이다. 위계 사회에서는 자기가 무난하게 지내겠다거나 앞서겠다는 개별적 목적에 따라 자신이 어디에 있어야 하고 어떻게 행동해야 하는지가 결정된다. 그러니까 그 안에서 행해지는 권력의 메커니즘을 잘 알아야만 한다는 말이다. 이런 질서를 눈치 채지 못하는 사람은 눈에 보이거나 보이지 않게 처단될 수도 있다. 위계 질서는 두 사람 사이에도 개입할 수도 있다. 이럴 경우 한 사람은 습관적으로 다른 사람을 따르게 된다(이것은 공의존이기도 하다). 위계 질서에 입각한 남녀 관계를 동등한 두 사람의 서클로 바꾸기 위해서는 먼저 의식적인 노력이 필요하다. 서클 체계라는 것이 지난 4천 년 세월 동안 남성이 우월하다고 입력해온 무의식에 도전하는 것이기 때문이다. 남성 우월에 대해서는 서구 문명 안에서 이제야 점검되고 의문시되기 시작했다.

여성 삶의 초기 두 단계에 요구되는 인습적인 과업은 개인적인 것들이어서 이때 부상하는 문제는 여성의 권리나 관계에 관한 것이다. 이것은 첫 번째와 두 번째 페미니즘 물결의 초점이기도 하였다. 그때의 의제는 투표권, 정치적 발언권을 갖는 것, 동등한 기회와 평등한 관계를 맺는 것이었다. 각 페미니즘 물결마다 의식화가 필요하다. 그것은 여성이 여태까지 들어온 것과 여성이 실제로 아는 것이 서로 대조를 이룬다는 사실을 의식하려는 것이다. 그러니까 이제는 여성들 스스로 그들이 원하는 것, 그들이 할 수 있는 것을 규정한다는 이야기다.

영적인 중심을 가진 서클은 침묵 기도나 명상을 통해 여성과 서클을 중심으로 모으는 동시에 신성한 여성성을 들어오게 한다. 서클은 그리스 말로 '성소'를 의미하는 테메노스다. 영적인 의식화는 첫 번째와 두 번째 페미니즘의 물결을 관통하는 요소이기도 하다. 그러나 이때 초점은 전 세계 여성들이 처한 환경과 관계를 변화하는 것에 맞추어졌다. 이러한 외부로 향한 관심은 여성 개개인 삶의 첫 번째와 두 번째 단계의 초점이기도 하다. 여성 집단이 영성적인 중심을 가진 서클로 거듭날 때 그곳은 여성의 영성이 의식 안으로 들어와 성장할 수 있도록 받쳐 주는 그릇이 된다.

신성한 여성성과 삼위일체 여신의 원형이 가부장제 그늘에 가려 집단 무의식 안으로 사라짐과 동시에 정치와 통치 체제에도 여성의 지혜가 스쳐간 흔적이 전혀 남아 있지 않다. 이와 대조적으로 이로쿼이족의 여성 위원회와 남성 위원회는 관계를 맺을 때 전체 구성원을 배려하는 여성적 원칙과, 문제를 풀어내고 목표를 달성하는 남성적 원칙 둘 다를 적용해야 한다고 인식하였으므로 견제와 균형의 통치 모델이 되었다.

총체적인 인간이라면 이러한 정신 세계의 양 측면을 개발하는 것이 당연하겠지만 그것도 여건이 성숙되어야 가능하다. 가령 고정 관념이 강화될 때는 총체적 인간성의 개발은 위축된다. 여성 운동의 두 물결은 개별 여성이 자기 내부에 존재하는 양 측면을 개발할 수 있도록 했으며 남녀 관계 역시 남성 지배적이었다가 평등한 관계로 변화하도록 큰 영향을 미쳤다. 그러나 가부장적 문화는 아직도 답습되며 불균형은 여전히 남아 있다. 특히 오로지 성공에 모든 것을 거는 여성은 지금도 이러한 문화의 답습에 공헌하고 있다. 성취하려는 목표의 수위가, 손해만 보지 않겠다는 것이건 아니면 전쟁에서 이기려는 것이건, 남성적 원칙이 여성적 관계 맺음의 원칙과 조화를 이루지 않는다면 개인과 환경이 소모품으로 전락할 수 있다. 그렇게 되면 이 싸움에 개입하지 않은 일반인들까지 큰 피해를 입게 될 것이므로 고통은 불가피해지고 그 영향은 여러 세대에 걸쳐 세습될 것이다.

진실한 관계 맺음은 신성한 차원을 가지고 있다. 개인과 개인 사이에는 나-너, 영혼 대 영혼의 깨달음이 있을 뿐 위계 질서는 없다. 심층 생태학이 만물에 확장된다. 영성 페미니즘의 물결이 관계 맺음의 이런 원칙을 전 지구적인 의식으로 만들 수 있을까? 전 세계 아이들을 향해 '할머니와 씨족 어머니'가 품는 배려가 제3의 페미니즘 물결의 영적 토대가 될 수 있을까? 2000년 어머니 날, 나는 수천 명의 어머니들이 행진하는 것을 텔레비전으로 보면서 내가 사상 최초의 시위를 보고 있는 것 같은 착각에 빠졌다.

나와 같은 세대의 페미니스트들은 아마 같은 심정일 것인데 나는 젊은 여성들에게 이렇게 묻고 싶었다. 과연 그들은, 우리가 그들 나이였을 때에는 우리 여성들에게 열리지 않았던 혹은 존재하지도 않았던 기회를 누릴 자격이 있는가? 특히 '나는 페미니스트가 아니다'라는 말을 함부로 내뱉으면서도 그런 기회를 누릴 자격이 있다고 느끼는가? 이런 생각을 하면서 나는 언짢은 기분이 들었다. 나는 불평하듯 속으로 (종종 말로도)

"누가 당신에게 그 문을 열어 주었다고 생각하는가?" 하고 묻곤 했다. 그런 다음 나는 참정권, 투표권을 행사할 자격이 과연 있는지 되짚어 보았다. 이것은 일종의 형질 변화 같은 것이다. 한때는 상상할 수도 없었다가 그 다음에는 그것을 쟁취하려고 온갖 노력을 기울이다가 이제는 당연히 누리는 것으로 되는 과정 말이다.

지혜로운 여성들의 서클

탄탄한 영적 중심을 가진 서클 멤버들이 할머니 나이가 된다. 그들은 나이든 여성들의 지혜를 알아보지 못하는 야만 문화에서 지혜로운 여성들의 서클을 만들어 낸다. 그런데 우리가 보아왔듯 이들을 지지하는 힘은 원형적 패턴에서 온다. 우리는 이로쿼이 동맹의 씨족 어머니들, 혹은 다른 아메리카 원주민 전통에서 나온 할머니 움막 등을 통해 지혜로운 여성들의 서클이 원형을 말하고 있음을 떠올린다.

『버팔로 여인이 노래를 부르며 온다』5)에서 브룩 메디신 이글은, '할머니'는 손자가 있든 없든 나이든 여성을 예우하여 부르는 존칭이라 했다. 브룩은, 예전의 입문 전통을 더 확대하여 현대의 지혜로운 여성들을 위한 입문 의례를 만들었다. 입문 의례는 여성이 개별적으로 입문 준비를 결심하는 것으로 시작해야 한다고 그녀는 말한다. 폐경(자궁 절제나 화학 요법을 받은 결과로 폐경을 맞은 경우도 포함)이 되었다는 조건 외에도 그녀는 자신의 목표나 일차적 관계 혹은 직계 가족이라는 울타리 너머 더 많은 것에 관심이 있고 그 관심에 부응하는 에너지를 가지고 있는가? 이 입문식에서 여성들은 제각각 우리가 맺는 모든 관계를 위해, 생명을 돌보고 다시 일으켜 세우는 데 자신의 에너지를 사용하겠다고 증인 서클 앞에서 서약해야 한다. 이것이 의미하는 것, 이것이 만들어낼 형태는 전적으로 개별 여성에게 달려 있다. 즉 이것은, 그녀가 연마한 능력과 그녀가 확보한 지식, 그녀가 가진 경제력이나 개인적인 역량을 여태까지와는 다른 결과가 나올 만한 일을 하기 위하여 사용하겠다고 결의하는 것이다.

자기 지역 사회 —지역 단위에서 전 지구 차원까지— 를 위해 자기만의 방식으로 자기 자신과 자기가 가진 자원을 사용하겠다고 약속한 구성원들에게 지혜로운 여성들 서클은 '할머니 움집' 같은 곳이 되기도 한다. 프로젝트나 극복해야 할 장애물이 나타날 때마다 지원과 아이디어들이 쏟아진다. 서클은 활동가들이 영성 수련을 통해 영혼을 다시 충전하는 장소가 되기도 한다. 그녀는 그곳에서 그녀가 성취하려는 것과 그 성취의 의미가 무엇인지를 아는 여성들과 함께 있게 된다. 그곳은 구성원들이 의식화나 기도를 통해 서로 지켜줄 수 있는 본부다.

지혜로운 여성의 서클은 어느 프로젝트의 영적인, 정서적인 토대가 될 수도 있다. 「신성한 숲 속 여성들의 성소」 *Sacred Grove Women's Forest Sanctuary* 라는 단체의 경우가 그렇다. 이 비영리 조직의 사명은 나무가 영원히 베어지지 않도록 땅을 구입하여 오래된 삼나무 숲을 지키는 것이다. 그들은 5년간 여러 지혜의 서클들로부터 지도를 받고 서클에서 사용할 원칙을 정하여 한 달에 한 번 일요일 오후에 서클로 만난다. 그들은 서클로 먼저 만나서 — 참석 확인하고 서로의 생활을 그대로 유지하면서도 이 특별한 시간을 준수하고 함께 침묵하면서 아름다운 의례를 만든다 — 여성들의 서클로서 영혼을 풍부하게 하는 일에 참여하다가 나무에게 필요한 일로 관심을 돌린다. 그런 일은, 기금 마련이 될 수도 있고 우편물 정리, 기금 마련 담당자를 붙들거나 기부자에게 감사 행사를 하는 것, 숲을 방문하거나 다른 사람을 숲으로 데려가는 행사 마련하기 등이다. 「지혜의 여성들」 *Women of Wisdom* 이라는 비영리 조직도 있다. 이 조직은 매년 시애틀에서 열리는 여성들의 영성 대회를 지원하는 단체다. 애리조나에서는 친구들이 「할머니 서클」 *Grandmother Circle* 로 함께 모이기 시작했다. 그들은 관심 있는 여성들을 위하여 더 큰 모임을 조직하기로 했고 이후 연례 집회, 영성 수련으로 커졌다. 그들의 서클은 할머니 세대의 수많은 서클들로 불어났다. 할머니 서클은 다른 서클에게 정보를 제공하고 다른 할머니 서클을 만드는 일을 도와주었다.

지혜로운 여성들의 운동 : 영성과 활동

나이가 들면서 더 현명해지는 여성들은 '모성 감각'이 있어서, 국가 단위는 물론 지역 공동체에서 아이들이 사랑과 보살핌을 받는지, 건강한지, 폭력으로부터 안전한지, 충동 억제와 자애로움을 배우는지, 능력에 상응하는 기회가 주어지는지를 파악하되 수많은 병폐의 근원지까지 추적해서 보는 눈이 있다. 우리 눈에는 어린이의 행복이 그들 어머니의 행복과 관련 있는 것이 명백하게 보인다. 즉, 그것은 여성이 어떻게 대우받는지에 달려 있다는 뜻이다. 20세기 후반부와 21세기 초반 이 연관성이 마침내 사람들의 입에 오르기 시작했지만 아직 충분한 주목을 받지는 못한다.

지금은 할머니가 된 미국 여성들이 예전에 여성 운동을 시작하였고 그들의 딸들이 운동의 수혜자다. 약 4천 5백만 명의 여성들이 폐경의 입구를 지나 할머니 단계에 접어들었으며 여전히 활동적으로 살고 있다. 이런 수적인 자료로 보건대 지혜로운 여성들의 서클은 지혜로운 여성들의 운동을 잉태할 것인가? 씨족 어머니들의 세대가 인류라는 토착민의 행복을 위해 막강한 책임을 짊어진다면 '지혜로운 여성들의 운동'이 21세기 첫 십 년 내에 도래할 것인가?

인생의 세 번째 단계에 들어선 여성들은 세계 여성 세 명 중 한 명이 구타당하거나 강간당하거나 부당한 대우를 받고 있다는 20개국의 조사를 듣자마자 속이 뒤집힌다. 그리고 여성에 대한 폭력이 전 세계적인 건강 문제로 처리되어야 한다는 결론에 이른다.[6] 학대와 폭력적 관계는 즉각 드러나는 신체 부상 외에도 문제성 임신, 약물 중독, 위장 장애, 만성 통증 증후군, 유산, 유아 사망, 5세 미만의 유아 사망 등으로 연결되기 때문이다.

2000년 현재 미국은, 선진국 중에서 「여성에 대한 모든 형태의 차별 철폐를 위한 국제 연합 조약」의 인준을 거부한 유일한 국가다. 20년 전 지미 카터 대통령이 이 조약에 서명했지만 매년 의회는 (북한, 아프가니스탄, 이란과 함께) 인준을 거부했다. 165개국이 서명한 이 조약은 여성과 소녀의 인권을 보호하고 정치, 경제, 사회 문화, 민법과 각종 법적 영역에서 기본적인 자유를 보호하기 위해 '차별'의 개념을 확대하고 있다. 조약에 의하면 각국 정부는 여성에게 사회 생활에 참여하면서 가족에 대한 책임을 감당할 수 있도록 사회 보장 제도를 제공하며 여성이 출산 선택권을 가질 수 있도록 노력한다. 이러한 조약을 인준하지 않는 것은 동등권 수정안을 통과시키지 않은 부끄러운 처사와 일맥상통한다.

나이든 여성들은 여성 문제나 여성의 욕구가 권좌에 앉은 남성들에게는 중요한 일이 아니라는 점을 익히 알고 있는 세대이자, 여성 운동이 얼마나 중요한 변화를 야기했는지 경험한 세대다. 우리는 여성들이 함께 일어설 때 변화의 원동력이 될 수 있으며 또한 운동은 여성의 서클 안에서 시작될 수 있음을 알았다.

독창적인 문화의 핵심에 있는 지혜로운 여성들

간단하게 추론해 보건대『우리 속에 있는 지혜의 여신들』의 독자들 ─
모든 여성과 이런 제목의 책을 읽는 소수의 남성 ─ 은 '문화적으로
독창적인 사람들'이다. 이 말은 폴 H. 레이와 셰리 루스 앤더슨의 책
『문화적으로 독창적인 사람들 : 오천만 명의 사람들이 세상을 어떻게
바꾸고 있는가』에 처음 등장한 용어인데, 스탠포드 연구소의 인구 연구에
서 공식적으로 사용하기 시작한 명칭이기도 하다.

  이 거대한 인구는 미국 성인의 약26%에 해당되는데 이들이 가진 가치
와 관심이 지혜로운 여성의 서클이 지향하는 가치와 관심에 가까울 수
있다. 레이와 앤더슨은 이렇게 썼다. "정치가들이 '여성 문제'라고 언급하
는 것은 문화적으로 독창적인 사람들을 이해하는 열쇠다. 그들은 여성적
인 인식 방식이 유용하다고 생각하는 사람들이다. 다른 사람에게 공감하
고 연민을 느끼는 것, 말하는 자의 관심에 귀 기울이는 것, 개인적 경험과
일인칭 이야기를 학습의 중요한 방식으로 보는 것, 돌봄의 윤리를 포용하
는 것 등이 여기에 해당된다. 그들은 폭력, 여성과 어린이에 대한 학대
등의 문제에 고심한다. 또 그들은 양질의 양육 시설이 더 많아지기를,
또 어린이의 욕구와 교육에 더 많은 관심이 기울어지기를 원한다. 그들은
가족의 행복에 대해 강렬한 관심을 가지고 있으며 삶의 모든 영역, 사적으
로나 공적으로 돌봄의 관계를 돈독하게 맺고 싶어 한다."7)

  문화적으로 독창적인 사람들은 다른 미국인보다 더 이상주의적이고

이타적이며 덜 냉소적이다. 그들은 진정한 자아 찾기, 지구의 생태, 인류 전체의 행복에 관심이 있다. 오천만 명 중 여성이 60%다. 게다가 레이와 앤더슨은 문화적으로 독창적인 사람들 중 가치와 신념의 강도에 따라, 또 가치를 실천으로 옮기는 정도에 따라 '핵심' 집단을 선별했다. 약 2천 4백만 사람들 — 이들 중 여자가 남자의 2배다 — 이 문화적으로 독창적인 사람들 중에서도 더욱 적극적인 집단에 속한다. 핵심 집단은 사회 정의와 자신의 내면적 삶 둘 다에 관심이 많은 특징이 있다. 그들은 "놀랍게도 이타주의, 자기 실현, 영성에 더 강한 가치와 신념을 가질수록 사회적인 실천과 사회 변혁에 관심이 더 많다."8)

여성들의 서클과 의식화는, 여성들이 그들 내면을 변화시키고 가부장제를 변화시킬 때 활용할 밑거름이다. 서클은 유기적으로 확산된다. 서클은 식물과 같다. 어떤 서클은 정보와 영감의 씨를 뿌리고 그 씨에서 새로운 서클이 자라난다. 다른 서클은 가까운 곳에 뿌리를 내리도록 주자를 내보낸다. 한 여성이 다른 여성에게 자신이 속한 집단에 대해 이야기를 하면서 그녀 스스로 서클을 만들기로 결심할 수도 있다. 그들이 어떻게 시작하건 본질적인 형태는 같다. 문화를 변화시키는 서클의 힘은 그 서클의 구성원인 여성들 내부에서 활성화된 원형 안에, 그리고 구성원의 다양성에 있다.

그녀는 서클

지혜로운 여성의 서클 만들기

당신이 지금 속해 있는 집단을 지혜로운 여성의 서클로 바꾸거나
혹은 새로운 서클을 만들기 위해서
먼저 고려할 것은 구성원들이다.
누구랑 이 서클을 함께 만들 것인가?
발랄한 할머니들인가?
지혜와 자비, 유머 감각, 호쾌한 웃음,
영혼과 마음이 있는 사람인가?
그녀는 부당함과 무관심에 분노할까?
그녀는 사회 변혁을 원하는가?
공동체 의식을 가지고 있는가,
인생에는 의미가 있다는, 우리가 하는 일이 중요하다는
믿음이 있는가?
자신의 행복을 넘어 다른 사람들의 행복을 염려하는가?
지금 유실되고 있는 가치에 대해서나
이웃과 이 행성의 생존에 대해서는?
어려운 시절을 거치면서 성숙한 사람인가?
믿을 수 있는 사람인가?
그녀는 이 서클에 참여할 시간과 기운이 있는가,
활동가로서 혹은 명상가로서 혹은 씨족 어머니로서?
서클은 그녀에게 성소가 될 것인가?
지난 집단에서 겪은 경험과
살면서 얻은 지혜로움이
서클을 유지하고 버티게 하는 데 도움이 될 것이다.
서클에 대해서

이런 자료와 책을 추천하고 싶다.

내 책 『백만 번째 서클』은 시적이고 직관적인 얇은 책이다.
禪, 그리고 서클 유지의 기술.
우뇌로 성스러운 서클에 접근하기.
찰스 가필드, 신시아 스프링, 세도니아 카힐이 쓴
『지혜의 서클들』에는 열 개의 원칙이 실려 있다.
그것은 지혜의 서클을 위한 강건한 기초적 원칙이자,
하나로 규합하기 위한 지침이다.

크리스티나 볼드윈의 『서클을 부르며』에는
세 가지로 된 가장 특별한 '방법'이 담겨 있다.
합의와 절차,
나열된 원칙들,
참고문헌과 서지,
이런 노력을 도와준 정보와 범례들이 있다.

책은 서클을 만들고 유지할 때 도움이 된다.
사고를 살찌우며 명상을 위한 아이디어의 식량이 된다.
이것을 다른 사람과 이야기하라.
눈으로 함께 확인하라.
당신이 할 만한 것을 숙고하며
지도해 달라고 기도하라.

고요하게 기도하는 자는 지혜로운 여성의 서클을 중앙으로 모으고,
각자 자기 방식으로 기도하면서
지혜, 용기, 통찰력, 자비로움을 구한다.
가장 고귀한 선이 서클로 들어와서 그 안에서부터
다시 나가기를.

이번에는 3막이다

폐경이 되었거나 인생의 세 번째 단계의 문간에 서 있다면 이제 당신은 인생의 제3막에 들어온 것이다. 당신 안에서 활발하게 움직이는 원형이 무엇인지를 알면, 당신이 앞으로 나갈 방향을 찾을 때 사용할 도구와 특별한 의식을 갖추어 세 번째 단계로 들어가는 데 도움이 될 것이다. 연극으로 이야기하자면, 연극이 3막으로 치닫는 것이다. 스스로를 인간의 삶을 사는 영적인 존재라고 생각하는 사람들에게 인생의 세 번째 단계는 지혜를 얻고 인생의 목표와 의미를 보게 되리라는 약속과 가능성을 담보하는 시기다. 영적인 과정에 있다는 생각을 당신이 의식하든 않든, 나이에서 오는 지혜는 더 넓은 관점에서 삶을 바라보고 그에 따라 행동하는 것과 상관 있어야만 한다.

일부 여성들에게는 오십대와 육십대가 최고의 성취를 이루는 시기다. 이때는 그들의 지위나 영향력 역시 최고다. 여성 운동이 있기 전까지만 해도 이러한 자리는 여성들이 공략하기에 무척이나 험난한 고지였는데 지금은 그렇지 않다. 역설적이게도 여성의 경쟁력, 탁월함이나 성공, 깨달음에 대한 노력이 열매를 맺을 때 혹은 그런 것들이 보이기 시작할 때 할머니 원형이 움직이기 시작한다. 그렇게 되면 자신의 중요성에 대해 의문을 제기하면서 내가 이것을 왜 하고 있는가?라는 질문을 하게 된다. 한때 목표였던 것이 이제는 자신과 다른 사람을 가르는 장벽처럼 여겨질 수도 있다. 이런 식으로 강조점이 달라지는 과정에서 지혜가 내면 세계의 중심으로 들어온다.

이제 몇 십 년간은 그 동안 벌어 놓은 것, 상속받은 것, 퇴직금, 기타 수익 등으로 풍요로운 시절을 누릴 수 있다. 그러면 또 이런 질문이 떠오른 다. 이것으로 무엇을 할까? 과거에는 높은 지위에 있었던 소수의 여성들은 가족이나 직장에서 행사할 수 있는 결정권이나 재산을 다른 남자에게 넘겨주거나 물려주라는 압력을 받았다. 그러나 이제 할머니 세대가 된 여성들은 그 재산을 관리하면서 그것으로 무엇을 할지 스스로 결정할 수 있다. 미국에서 부의 이동은 한 세대에서 다음 세대로 이어지는 경우가 많다. 상당수의 중산층 부모들은 집과 주식의 가치가 천문학적 수준으로 뛰어오름에 따라 상당한 재산을 자녀들에게 남겨 주고 있다. 필요량을 초월한 예기치 않은 재산을 받게 되니 그것의 의미에 대한 의문이 생긴다. 무엇에 쓸까?

운 좋게도 건강한 신체와 마음을 가진 여성의 경우, 시간이 바로 자산이 다. 시간은 이렇게 빨리 흘러가는데 이 시간으로 무엇을 해야 할까? 이런 질문이 떠오르지 않거나 대답이 궁색하다면, 시간의 귀중함이나 우리가 선택한 것에 대해 성찰할 기회도 없이 세월은 말 그대로 바람처럼 흘러가 버릴 것이다. 할머니 원형들이 의식으로 들어와서 우리 자신과 우리가 떠나보내는 시간을 바라보는 시각에 영향을 미치지 않는다면, 시간은 천지 사방으로 흩어져 버린다.

오륙십대 여성들은 이제 손자들이 태어날 시기를 맞는다. 자기 자식이 태어날 때처럼 손자가 태어날 때도 깊은 모성이 자극 받는다. 이때의 모성은 그때와 비슷하기도 하고 다르기도 하다. 할머니가 되는 것은 어머니의 경험에서 출발하는 새로운 역할이다. 할머니의 지혜와 행동은 삼대의 삶을 풍요롭게 할 수 있다. 손자의 탄생으로 이제 할머니가 된 여성과 이제 부모가 된 그녀의 자녀는 서로에 대하여 새롭게 평가하고 이해하게 된다. 손자와 할머니 사이에 유사점이 있을 경우 새롭고 특별한 유대가 일어나는 경우도 종종 있다. 세상 풍파를 겪어 온 우리는 현재의 삶을 새롭게 평가하는 눈이 생기며 미래 세대에게 어떤 일이 일어날지에 대해서도 새로운 각도로 생각하게 된다.

　모든 활동적인 할머니 세대 여성들은 여태까지의 삶과는 다른 삶을 엮어갈 만한 지위에 있으며 대부분 다른 사람을 변화시킬 수 있는 잠재력도 가지고 있다. 이제 '갚을' 시간이 되었다. 최근까지만 해도 여성들의 접근을 허용하지 않던 영역에 우리가 한발 더 다가서게 된 것은 다른 사람들의 노력 덕분이었다. 지금은 스승의 역할로, 지지자로, 옹호자나 활동가가 되어 고마움을 표현할 때다.

　우리가 지금 어떤 결정을 내리느냐에 따라서 바로 지금 삶의 단계의 질과 의미가 달라질 터이므로 전반적으로 삶을 평가해 보는 일이 무척이나 중요해졌다. 혹여 중독의 영향에 대해서나 중독이 건강에 미치는 영향을 부정해 왔다면 이제는 진실에 직면할 수 있는 마지막 때일 수도 있다. 스스로를 위해서나 혹은 혼자 힘으로 뭔가를 할 여건이 되는데도 그런 시도를 하기는커녕 아직 환상의 항구에 닻을 내리는 할머니 여성은 여전히 부정하는 단계에 있다.

　몸과 마음이 영원히 지속되지는 않을 것임을 알고, 이 세상에 있으면서 온전히 자기 자신이 되는 즐거움을 누릴 수 있는 때가 또한 지금이다. 창조 활동, 놀이, 놀면서 하는 작업, 여행이나 내면을 향한 탐색을 위한 시간이 될 수도 있다. 당신을 부르는 것이면 무엇이든 좋다. 고마움이 인생의 크고 작은 즐거움과 함께 할 때다. 우리를 경험의 감정사,鑑定士 살아 있음의 가치나 특별함을 깨달아서 이 특별한 순간을 음미하는 사람으로 만드는 것은 고마움을 아는 마음이다. 흔히 생명을 위협하는 상황을 겪다가 살아남은 사람들이 생명의 고마움을 절절하게 깨닫는 법이다.

한편 그리 넉넉지도 않은 우리의 시간과 에너지를 요구하는 상황이 전개될 수도 있다. 그런 일은, 우리와 상대의 의식을 제대로 유지하는 방법과 관점을 찾아내지 못하면 인생의 제3단계에 들어선 우리를 통째 삼킬 만하다. 병든 노부모가 그 전보다 더 우리를 필요로 할 수도 있으며 사춘기 자녀나 성인이 다 된 자녀가 우리를 더 요구할 수도 있다. 또는 배우자나 친구가 은퇴한 후 우리와 더 많은 시간을 보내고 싶어 하거나 은퇴로 인해 생긴 여백을 우리가 채워 주기를 바랄 수도 있다. 혹은 건강 문제가 생겨서 실질적이고 정서적인 도움을 더 많이 바랄 수도 있다. 한때는 즐겁게 수행했지만 이제는 의무가 되어 버린 우리가 만든 패턴이 있다. 가령 휴일에 감당했던 책임감이나 호의 같은 것 말이다. 우리가 우리 자신의 것을 얼마나 많이 기꺼이 줄 것인지, 상대가 얼마나 많은 것을 받고자 하는지는 우리가 우리 자신을 얼마나 가치 있게 여기는지, 우리의 우선 순위와 경계선을 어떻게 정의 내릴 것인지에 달려 있다.

일상 생활에 필요한 일 — 글쓰기, 응답, 회신, 지불할 수표, 이메일 — 들이 더 늘어나서 우리의 시간과 공간에 흘러넘치는 것처럼 보인다. 이런 일이 음지의 버섯처럼 자꾸만 번지는 것 같고 몸은 몸대로 전날 밤보다 더 녹초가 된 상태에서 하루를 시작해야 하는 때가 있다. 전통적인 여성의 역할에서건 직장 상황에서건, 돌보아야 할 다른 누군가가 있고 매일 관리해야 할 일이 있다. 친구, 가족 혹은 그들 삶에 우리를 개입시켜 놓은 사람들과 우리 여성들이 공의존적인 관계로 묶이기는 무척 쉽다. 특별히 누군가에게 그런 관계가 필요하지 않을 때에도 말이다.

제3막이 이런 것이 아닌 진정으로 멋진 것이 되려면 자기가 가꾼 결실을 챙기고 힘을 보충할 수 있는 자기만의 여유 시간이 필요하다. 자기 내면에 귀 기울일 시간과 고적함을 가질 수 없다면 도저히 내면의 지혜에 접근할 수 없기 때문이다. 이제 할머니 원형은 관점과 실천의 보고가 될 수 있다.

진정한 유예 기간을 두면서 에너지 재충전을 위한 명상에 돌입하여 자기 자신과 다시 연결되려면 프로젝트를 수행하는 마음이 되어야 한다. 우선 일정표를 짜고 계획을 세워야 한다. 종종 내면의 타성, '내가 없으면 안 될 텐데' 하는 생각, 혹은 다른 사람을 거부하는 마음 등을 극복해야 할 때도 있을 것이다. 명상 수련을 떠나거나 황야로 캠핑을 가거나 온천, 해변, 워크숍에 가거나 순례를 떠날 수도 있다. 매일 아침 명상을 하거나 산책하기, 되풀이되는 모든 것을 끊어내고 내면의 목소리에 귀 기울이기 위하여 반드시 먼저 해야 할 것이 있다면 그런 것들을 할 수 있도록 시간을 낸다. 여자들은 이야기를 하다가 자신의 진심을 발견할 수도 있으므로 잘 들어주는 사람을 찾아가는 것도 도움이 된다. 허심탄회하게 서로의 경험과 감정에 다가서는 능력, 서로 적극적으로 들어주는 능력이 이제는 우리 내면의 지혜에 귀 기울일 수 있는 수단이자 진정한 자기를 찾아 성장하게 하는 방편이 된다.

시간을 같이 보낼 사람이 있건 없건 혼자만의 시간을 갖는 것이 필요하다. 혼자 있기로 했다면 일기를 대화체로 쓸 수도 있겠다. 내면에서 지혜로운 여성이 진화하려면 인생의 제3단계는 내면 지향적이어야 한다. 그러므로 당신은 내면의 원형과 함께 보낼 시간이 필요하다.

심장이 동맥을 따라 피를 보낼 때는 수축기 단계의 리듬에 들어가야하고 다시 피를 가득 채워야 할 때는 이완기 리듬을 타야 한다. 기운이나 비전이 쇠잔해지고 소진되면 이완과 휴식을 통해 이를 만회해야 한다. 그것은 우리가 우리의 중심을 찾고 영성과 비전의 근원으로 돌아가서 우리 자신을 회복해야 가능하다.

많은 지혜로운 여성들이 매일 혹은 일주일에 한 번 정도 규칙적으로 시간을 내어, 영혼을 만족시키는 '이완기' 경험을 한다. 이것은 중심을 모으면서 영양을 공급하는 경험인데 가령 일정한 시간에 명상하기, 여성들의 서클에 참여하기, 요가 강습, 아침 산책, 스튜디오나 정원, 부엌에서 유쾌한 사람들과 같이 있는 것, 혹은 그들과 창의적인 활동을 같이 하는 것 등이다.

언덕 너머서가 아니라

폐경이 자신이나 남편의 은퇴를 생각하는 시기, 때로는 과부가 되거나 이혼하는 시기, 혹은 텅 빈 둥지가 되는 시기와 맞아떨어질 때가 있다. 은퇴가 퇴출된다는 의미도 있지만 고용의 상태를 끝내고 새로운 활동으로 전환한다는 점에서 긍정적이고도 새로운 뜻을 담기도 한다. 요즈음 대부분 폐경 여성들은 난데없이 사라지거나 보이지도 들리지도 않는 식으로 '은퇴'하는 것은 아니다. 그들은 '은퇴'하는 것, 비유적으로 말해서 영면의 상태로 들어가는 것이 아니다. 오히려 정반대다. 나이든 여성들은 스스로를 재발견하고 깨달음은 더 깊어지면서 자신의 내면을 털어놓고 있다.

폐경기 여성들이 전통적인 할머니 역할을 수용할 수도 있지만 할머니 역할만 하는 삶은 충분하지는 않다. 『여성의 신비』에서 베티 프리단은, 여성이 다른 사람을 통해 산다는 것, 권리를 가진 자가 아니라 누군가의 아내, 누군가의 어머니가 되는 것으로는 충분치 않다는 말로 진실의 어느 부분을 건드렸다. 할머니가 된다는 것은 멋질 수도 있다. 그러나 자신의 삶을 사는 여성들에게는 그것으로 충분치 않다. 많은 여성들이 남편이 은퇴하는 시기까지 남편과 함께 하려고 애는 써보지만 그것만으로도 충분치 않다.

영화「언덕 너머」에서 올림피아 두카키스는 알마 해리스로 분했다. 그녀는, 생활 전선에서 물러나서 아들네 지하실을 개조한 방에서 살라는 요구를 받자 이를 거부한 뉴잉글랜드 과부다. 그녀는 자세를 곧추세워 당당한 자세로 호주로 건너가서 엄청나게 빡빡한 일정표에 따라 움직이는, 정치인의 아내가 된 딸에게 이 문제를 이야기한다. 두카키스는 짐을 싸서 돌려보내려는 (딸의) 작전을 허사로 만든 후 고성능 차를 타고 호주를 횡단하면서 자신에 대하여 점점 더 많은 것을 발견한다. 우리는 나이든 여성이 주인공으로 나와서 자신을 찾아 나서는 영화를 본 적이 거의 없다. 두카키스는 오지에서 원주민 여성들이 주도하는 곳으로 초대를 받는데 이 부분은 매우 신비로우면서 현실적이다. 이 영화에서 주인공은 무척 다른 스타일의 두 남자 — 한 명은 그녀에게 노년을 반복하게 하고, 또 한 명은 그녀의 새로운 자아를 비춰 준다 — 를 거부할지 받아들일지 갈등하기는 하지만, 그 남자들이 영화에서 중요한 것이 아니고 그 남자들을 통해 그녀를 정의하려 하는 것도 아니다. 이것은 그녀가 진실한 자아를 발견하고 이를 개발하는 것에 관한 영화다. 그녀는 예전에 그녀를 골칫거리로 보았던 딸에게 역할 모델이 된다.

이 영화는 영화일 뿐이고 당신의 삶을 소재로 삼은 것도 아니다. 그러나 인생의 제3단계는, 다른 사람이 당신 삶을 계획하려고 든다면 이를 완강히 거부할 것을 요구한다. 그러니 사라지거나, 지지자 역할에서 퇴출되거나, 다른 사람의 삶에서 비주류로 살 것이 아니라 생생한 자기 자신이 되라.

한물갔다

'한물갔다'$^{going\ to\ seed}$는 말은 늙는 것을 비하하는 말이기는 하지만 또 하나의 의미심장한 단계를 표현하는 것이기도 하다. '한물갔다'는 것은 삼위일체 여신의 세 번째 측면의 상징이자, 인생의 세 번째 단계에 들어간 여성의 상징이다. 인생의 제3단계는 차올라서 보름이 되었다가 기우는 달 안에, 꽃을 피웠다가 열매를 맺고 씨앗으로 남는 식물의 세계 안에 그대로 반영된다. '한물갔다'는 멸시하는 말로 쓰인다. 그러나 이 상징 뒤에는 인생의 이 시기에 대한 아름다운 전제가 숨어 있다. 씨앗은 정보의 보고이자 종의 생존을 보장하는 영양분과 핵심을 담고 있는 것이다. 우리가 가지고 있으며 또 전수해야 할 것이 바로 지혜의 씨앗이다. '한물갔다'는 말은 개인이 자신의 본질, 영성과 영혼, 우리를 살리는 대자아에 도달했음을 설명하는 말이기도 하다.

내가 쓰는 책은 내가 그 동안 배운 것, 영적이거나 심리적인 순례를 하는 사람들에게 전하고 싶은 정보와 직관을 담고 있다. 각각의 삶은 새로운 영토지만 의식을 갖고 조명해 보면 이 영토는 비슷한 구조를 이루고 있다. 집단 무의식에서, 인간의 유전 형질에서, 꿈과 본능적인 영역에서, 인간 종의 진화와 위대한 창조의 신비와 신성함과의 연결 속에서 우리 각자는 모두 단독의 존재이면서 더 큰 전체의 일부다. 동양의 철학적 정신 세계에서는 우리 사이를 이어 주는 보이지 않는 끈, 우리와 우주의 만물을 이어 주는 끈에 대해 이야기한다. C. G. 융의 자기^{Self} 개념에 상응하는 도道가 그것이다.

깊은 대화를 하다가 혹은 분석을 하는 과정에서, 글쓰기 같은 창의적인 작업을 할 때, 여성들 서클이 함께 의례를 행할 때 — 그리고 내가 그 씨앗을 신뢰하고 계발하고 있을 때 — 내 마음과 가슴에 뭔가가 다가오는 주관적인 경험이야말로 나 자신이 되는 관문이자 더 위대한 근원과 연결되는 순간이다. 아하! 하고 무릎을 치는 경험을 잘 살릴 때마다 내 정신 세계에 통찰이 생기며, 나는 그 통찰에서 아이디어와 이미지를 낚거나 또는 그것을 언어로 빚어낸다. 내가 그런 경험을 이야기하거나 글로 옮겨서 세상 바깥으로 끄집어낼 때 나는 씨앗을 '뿌리는 것'이다. 비유는 이런 식으로 작용한다. 그러나 그러한 생각이 누군가의 성장과 창의력에 용기를 주거나 영감을 불어넣는다고 해서, 그 사람이 내 말의 영향을 받는다고 해서, 씨앗을 받는 수동적인 그릇에 불과한 것은 아니다. 더구나 지혜의 씨앗은 물리학 혹은 경제학 법칙의 지배를 받지도 않는다.

물리나 경제의 세계에서는 내가 당신에게 뭔가를 주었으면 그것은 내 손을 떠났으므로 여기 없다. 그러나 지혜와 사랑은 다르게 반응한다. 내가 당신에게 나의 사랑과 지혜를 주면 우리 둘 다 그것을 가지게 된다. 더욱 놀랍게도 당신은 나에게서 받은 것을 간직할 뿐 아니라 다른 사람에게 전달함으로써 그 사랑과 지혜 역시 다른 모습으로 성장한다. 많이 줄수록 더 많이 가지게 된다. 또 한 가지 놀라운 것은, 내가 당신에게 나의 지혜를 주고 그것이 당신 안에서 진실로 공명할 때 내가 당신에게 준 것은 이미 당신 안에 흡수되었으며 당신이 그것을 당신의 것으로 인식한다는 것이다. 우리의 지혜를 세상에 더 많이 내놓을수록 지혜가 더 많이 생기게 되며 다른 사람들이 그것을 자신 안에서 발견하기도 훨씬 더 수월해질 것이다.

원형은 씨앗과 같다

원형은 씨앗과 같아서 모든 사람 안에 처음부터 있다. 환경과 조건에 따라서 어떤 것은 활발하게 움직이고 다른 것은 휴면 상태에 머물러 있다. 내가 이 책에서 설명한 원형들은 각자의 정신 세계 안에서 가능성으로 존재하므로 인생의 제3단계에 와서 비로소 모습을 드러낸 원형이라 하더라도 실은 오래전부터 그 여성 안에서 활성화될 수도 있었을 그런 것이다. 내가 우리 속에 있는 여신들에 대하여 쓴 것을 보면서 한 여신 또는 몇몇 여신들이 매우 친근하게 느껴질 수도 있지만 원형에 이름을 붙이기 전까지는 원형을 알아차릴 수 없다. 아하! 하고 깨달으면 이제 막 깨닫게 된 원형의 기운으로 뭔가를 할 수 있는 가능성이 의식의 차원에서 생긴다. 내가 하는 일로 말하자면, 다른 사람의 정신 세계 속에서 강렬한 여신을 찾아내어 이름 붙이는 행위는 그 사람의 잠재력이나 재능에 이름을 붙인 후 그것을 개발하도록 초대하는 것이나 다름없다. 나이든 여성 안에 있는 대부분의 여신들은 '위험을 무릅쓰고 개발될 가능성'이 있으면서도 그냥 조용히 있었거나 억눌려 왔다. 그들은 수천 년에 걸쳐 주변 조건이 변화하기를 기다리면서 여성들 내면으로 이어 내려온 씨앗과 같다. 새 천년이 시작하는 벽두에 '기후'가 변하고 있다. 나이든 여자들이 영향력을 가질 수 있게 하는 감수성과 공간이 점점 자라고 있다.

기초 작업

정원을 가꾸어 본 사람이라면 누구나 알고 있듯 계절이 중요하다. 꽃이 피고 열매를 맺고 씨앗으로 여무는 것이 계절에 따라 순차적으로 일어나듯, 여성이 할머니 단계에 접어들면 연령과 호르몬 정도에 따라 그녀의 계절이 결정된다. 정원이 풍성해지기 위해서는 토양이 부드러워져야 한다. 특정 나무나 다년생 식물이 살아나려면 특별한 주의가 필요하다. 심리적인 준비 작업도 이와 마찬가지다.

인생의 제3단계에서 할머니 원형의 기운 안으로 들어가서 이를 꽃피우려면 과거의 회한과 실망을 떨쳐 내고 현재를 만족스럽게 살아야 한다. 그렇게 하려면 강한 의지가 필요하다. 더 이상 과거의 희생자나 볼모가 되지 않으려면 엄청나게 노력해야 한다. 지혜와 의지를 실현하는 것은 심리적으로나 영적으로 해볼 만한 작업이다.

과거의 좋고 나쁜 점이 오늘의 당신을 있게 했다. 이것을 받아들이고 후회나 분노, 질투로 들끓지 않으려면 당신 삶은 당신 것이라는 것, 그리하여 당신의 삶을 살아내겠다고 마음먹는 것 역시 당신에게 달렸다는 점을 수용하는 성숙함이 필요하다. 이렇게 하기가 좀 수월하거나 어렵기는 사람마다 다 다른데 그것이 어려움의 강도와 반드시 연관 있는 것도 아니다. 이것은 유방암에 관련된 행사에서 이야기를 털어놓은 한 여성 덕분에 내가 생생하게 깨달은 바다. 어릴 때 당한 구타, 그녀가 극복한 알코올 중독, 그녀에게 닥친 암에게 감사한다는 그녀의 말에 사람들은 충격을 받았다. 그녀가 이런 것들에 감사한 이유는 "그것이 지금의 나를 있게 했기 때문"이었다. 이것은 지나친 낙천주의자여서 할 수 있는 이야기가 아니었다. 나는 그녀의 목소리와 이야기에서 그녀가 지혜와 힘으로 충만한 여성이며 현재를 살면서 과거에 대한 후회와 고통과는 거리를 두고 있음을 알 수 있었다.

낭패감은 인생의 제3단계로 충분히 들어가지 못하게 막는 일반적인 요인이다. 당신이 그 동안 해내지 못한 것에 사로잡혀서 과거의 그늘에서 벗어나지 못할 수도 있지만 어쨌거나 그렇게 되는 책임은 당신에게 있다. 일어난 일이나 일어나지 않은 일을 슬퍼하기는 하되 이제 그것들을 떠나보내야만 할 때 인생 단계의 전환이 일어난다. 자기 자신과 다른 사람을 용서한다면 당신은 분노와 죄의식의 장애에 걸리지 않고 제3단계로 더욱 자유롭게 이동할 수 있을 것이다. 실패한 느낌이 들 때는 그 감정 뒤에 숨은 전제를 분석해야 한다. 충족되지 못한 기대감과 얼마나 상관 있는가? 행복한 결혼을 하고 완벽한 아이를 길러 내리라는 기대를 했는가, 일에서 성공하려는 기대를 했는가, 아니면 둘 다였던가? 이제 당신은 지금 가진 것과 지금 모습으로 나이 오십을 넘겼다. 당신의 인생은 당신이 기대했던 모습보다 실제 당신에 더 가깝다. 어쩌면 아직은 그것을 깨닫지 못했지만 어떤 운명이나 업이 작용한다는 것을 깨달아야만 할지도 모른다. 정말 당신에게 소중하고 중요한 것은 그 동안 성공이라고 그려 온 당신의 그림과 전혀 닮지 않을 수도 있다.

제3단계에서 풍성해질 수 있는 가능성은 당신이 갈림길에서 무엇을 선택할 것인지에 달려 있다. 지금 모습 그대로를 받아들이면서 앞으로 나갈 수도 있고 그에 앞서 중요한 변화부터 해야겠다고 결정할 수도 있다. 당신이 이 길목에서 용서하고 떨쳐 내면서 현명하게 행동하지 못하면 당신이 가는 길은 불가피하게 짓눌린 상황으로 당신을 몰고 갈 것이다. 이것은 당신의 기분과 마음뿐 아니라 관계와 건강에도 영향을 미칠 것이다. 변화는 당신이 무엇을 해야 하는지를 알고, 그렇게 하겠다는 의지를 다지고, 최선의 방법을 찾는 것에서 출발한다.

할머니 원형이 우리의 의식 차원에서 되살아나도록 우리는 부단하게 깨달음을 구하면서 계발해야 한다. 진실을 찾는 데 도움을 주고 통찰과 직관을 주는 여신은 헤카테다. 당신이 아는 것대로 실천하려면 세크메트/칼리의 '더는 못 참아'라는 기운, 아테나/메티스의 실용적인 지혜와 소피아의 영성적인 관점이 어우러져야 한다. 때로 용서하는 것이 중요한 과제이기도 하다. 용서하기 위해서는 자신과 다른 사람을 포용하는 관음보살의 자비가 필요하다. 중심으로 모으는 원형인 헤스티아는 우리의 내면세계를 따뜻하게 데워 주고 밝게 비춰 준다. 그 원형은, 지혜로운 여성들이 서클로 함께 모여 우즈메/바우보, 나이든 여성들 안에 있는 모든 원형들의 치유하는 웃음이 들어서는 자리이자 눈에 보이지 않는 난로이기도 하다.

나는 T. S. 엘리엇의 「네 개의 사중주」[1]에서 의미 있는 대지의 삶이라는 구절에 매료되었다. 그것은 의미 있는 삶을 시적으로 묘사한 것으로서, 그런 삶에서는 원형의 씨앗이 우리 영혼과 마음을 통해 활성화되고 명료해진다. 원형의 씨앗은 때로 꿈이나 동시성으로 나타나기도 하고 우리의 행동과 창의력, 관계 속에서 외향적으로 표현되기도 한다. 의미 있는 대지의 삶은 우리의 본성 안에, 우리 삶의 특정한 계절 안에 뿌리를 두었기에 그만큼 진실하다. 할머니 원형들은 우리가 경험을 통해 알게 된 것을 성찰하라고 우리를 초대한다. 그들은 우리를 의미의 내면세계로 이끌며 중요한 것을 볼 수 있게 도와주고 자애로우면서도 단호해질 수 있도록 도와준다. 또한 필요하다면 변화가 요구될 때 사나워질 수도 있도록 해준다. 그들은 우리가 의미 있는 대지의 삶을 살 수 있도록 도와준다.

당신에게 사랑을 보내며.

참고문헌·주

들어가는 글 : 여자가 멋지게 늙는 법

참고문헌

Bolen, Jean Shinoda. *The Wisewoman Archetype: Menopause as Initiation* audiotape. Boulder: Sounds True, 1991.

_____. *Crossing to Avalon: A Woman's Midlife Pilgrimage.* San Francisco: HarperSanFrancisco, 1994.

_____. *Goddesses in Everywoman.* San Francisco: Harper & Row, 1984 (『우리 속에 있는 여신들』, 조주현·조명덕 옮김, 도서출판 또 하나의 문화, 2003).

Friedan, Betty. *The Feminine Mystique.* New York: Dell, 1964 (『여성의 신비』, 김행자 옮김, 평민사, 1996).

George, Demetra. *Mysteries of the Dark Moon: The Healing Power of the Dark Goddess.* San Francisco: HarperSanFrancisco, 1992.

Illuminations of Hildegard of Bingen. Text by Hildegard of Bingen with commentary by Matthew Fox. Santa Fe: Bear & Company, 1985.

Joseph, Jenny. "Warning," in *When I Am an Old Woman, I Shall Wear Purple: An Anthology of Short Stories and Poetry.* Sandra Martz, editor. Manhattan Beach, Calif.: Papier-Mache Press, 1987.

Jung, C. G. *The Archetypes and the Collective Unconscious.* 2nd ed. Vol. 9, 1954. In *The Collected Works of C .G. Jung,* edited by Sir Herbert Read, Michael Fordham, and Gerhard Adler; translated by R. F. C. Hull; executive editor, William McGuire,

Princeton, N.J.: Bollingen Series 20, Princeton University Press, 1968.

Sams, Jamie. *The Thirteen Original Clan Mothers.* San Francisco: HarperSanFrancisco, 1993.

Sheehy, Gail. *The Silent Passage: Menopause.* New York: Random House, 1991.

Shuttle, Penelope, and Peter Redgrove. *The Wise Wound: Myths, Realities, and Meanings of Menstruation.* Revised Edition, New York: Bantam Books, 1990. (Originally published in England by Victor Gollancz Ltd., 1978.)

Walker, Barbara G. *The Crone: Woman of Age, Wisdom, and Power.* San Francisco: HarperSanFrancisco, 1985.

주

1) Sams, Jamie, *The Thirteen Original Clan Mothers* (San Francisco: HarperSanFrancisco, 1993), 2.

2) Bolen, Jean Shinoda, *The Wisewoman Archetype: Menopause as Initiation* (audiotape). Boulder: Sounds True, 1991.

3) Bolen, Jean Shinoda, *Goddesses in Everywoman*, San Francisco: Harper SanFrancisco, 1984, chap.13.

4) 이론 생물학자인 루펠트 쉘드레이크 Rupert Sheldrake의 주장에 의하면 형태 morphic는 형상 form과 행동 behavior에 기인하는 것으로서, 이는 자기장 영역에서 철가루가 줄서는 조직이 만들어지는 것과도 같다. 형태 공명이 있기에 이런 영역은 시간과 공간 속으로 확산된다. 즉 이 이론으로 과거가 현재에 영향을 미칠 수 있음을 설명할 수 있다. 쉘드레이크의 저서를 보려면 4부 참고문헌을 참조할 것.

1부 그녀의 이름은 지혜

1) Jung, C. G. "Wotan" in *Civilization in Transition.* Vol.10, *The Collected Works of C. G. Jung,* edited by Sir Herbert Read, Michael Fordham, and Gerhard Adler; translated by R. F. C. Hull; executive editor, William McGuire (Princeton, N.J.: Bollingen Series 20, Princeton University Press, 1964), 189.

실천적이고 지성적인 지혜의 여신

참고문헌

Bateson, Mary Catherine. *Composing a Life*. New York: Dutton/Plume, 1990.

Eisler, Riane. *The Chalice and the Blade*. San Francisco: Harper & Row, 1997.

_____. *Sacred Pleasure: Sex, Myth, and the Politics of the Body*. San Francisco: HarperSanFrancisco, 1995.

Gimbutas, Marija. *The Language of the Goddess*. San Francisco: Harper & Row, 1989.

_____. *The Civilization of the Goddess*. San Francisco: HarperSanFrancisco, 1991.

_____. *The Goddesses and Gods of Old Europe: 6500-3500 B.C., Myths and Cult Images*. Berkeley and Los Angeles: University of California Press, new and updated edition, 1982. (미국에서의 원본은 *Gods and Goddesses of Old Europe: 7000-3500 B.C.*로 출간되었음. University of California Press, 1974).

Graves, Robert. "Zeus and Metis," *The Greek Myths: Volume 1*. New York: Penguin (1955, reprint, 1982).

Hesiod. *Theogony*. In *Hesiod*. Apostolos N. Athanassakis의 번역, 소개, 각주. Baltimore: Johns Hopkins University Press, 1983.

Keuls, Eva C. *The Reign of the Phallus: Sexual Politics in Ancient Athens*. Berkeley, Calif.: University of California Press, 1993.

Olson, Tillie. *Silences*. New York: Delacorte, 1978.

Pert, Candace B. "Breaking the Rules," in *Molecules of Emotion: Why You Feel the Way You Feel*. New York: Scribner, 1997.

Stone, Merlin. *When God Was a Woman*. New York: Harvest/HBJ, by arrangement with Dial Press, 1978). (원래 영국에서 *The Paradise Papers*라는 제목으로 나온 책이다. Virago Limited, in association with Quartet Books Limited, 1976.)

단체

EMILY's List, 805 15th Street NW, Suite 400, Washington, D.C. 20005, www.emilyslist.org.

주

1) Baring, Anne, and Jules Cashford. *The Myth of the Goddess: Evolution of an Image*.

London: Viking, 1991.

2) Pert, Candace B. *Molecules of Emotion* (New York: Scribner, 1997), 107-129.

3) 같은 책, 111.

4) Stone, Merlin, *When God Was a Woman* (New York: Dial Press, 1976), xxiv.

5) Walker, Barbara G. *The Women's Encyclopedia of Myths and Secrets* (Edison, N.J.: Castle Books, 1999), 629. (Originally published in San Francisco by Harper & Row, 1983.)

신비롭고 영적인 지혜의 여신

참고문헌

Anderson, Sherry P. and Patricia Hopkins. *The Feminine Face of God.* New York: Bantam, 1991.

Bancroft, Ann. *Weavers of Wisdom: Women Mystics of the Twentieth Century.* London: Arkana, 1989.

Baring, Anne and Jules Cashford. "The Hidden Goddess in the Old Testament," *The Myth of the Goddess: Evolution of an Image.* London: Viking, 1991.

Bolen, Jean Shinoda. *Close to the Bone.* New York: Scribner, 1996.

Craighead, Meinrad. *The Mother's Songs.* New York: Paulist Press, 1986.

Davies, Steve. "The Canaanite-Hebrew Goddess," in *The Book of the Goddess Past and Present*, edited by Carl Olson. New York: Crossroad, 1985.

Eisler, Riane. *The Chalice and the Blade.* San Francisco: Harper & Row, 1987.

Flinders, Carol Lee. *Enduring Grace: Living Portraits of Seven Women Mystics.* San Francisco: HarperSanFrancisco, 1993.

_____. *At the Root of this Longing.* San Francisco: HarperSanFrancisco, 1998.

Matthews, Caitlin. *Sophia Goddess of Wisdom: The Divine Feminine from Black Goddess to World-Soul.* London: Thorsons, 1992.

Norris, Kathleen. *Amazing Grace: A Vocabulary of Faith.* New York: Riverhead, 1998.

Olson, Carl, editor. *The Book of the Goddess Past and Present: An Introduction to Her Religion.* New York: Crossroad, 1983.

Pagels, Elaine. *The Gnostic Gospels*. New York: Random House, 1979. (초기 그노시스 교회, 소피아에 대한 그노시스 문헌, 초기 교부들의 박해 등에 대한 주요한 정보처.)

Patai, Raphael and Merlin Stone. *The Hebrew Goddess*. Detroit: Wayne State University Press, 1990.

Perkins, Pheme. "Sophia and the Mother-Father. The Gnostic Goddess," in *The Book of the Goddess Past and Present*, edited by Carl Olson. New York: Crossroad, 1985.

Robinson, James M., general editor, *The Nag Hammadi Library in English*, translated by members of the Coptic Gnostic Library Project of the Institute for Antiquity and Christianity. San Francisco: Harper & Row, 1978.

Shlain, Leonard. *The Alphabet Versus the Goddess*. New York: Viking, 1998.

Walker, Barbara G., "Sophia, Saint," in *The Encyclopedia of Women's Myths and Secrets*. (1983. Reprint, Edison, N.J.: Castle Books, 1996.)

주

1) Bancroft, Ann. *Weavers of Wisdom* (London: Arkana, 1989), vii.

2) 같은 책, viii.

3) Anderson, Sherry R. and Patricia Hopkins. *The Feminine Face of God* (New York: Bantam, 1991), 59.

4) Craighead, Meinrad. "Immanent Mother," in *The Feminist Mystic and Other Essays on Women and Spirituality*, ed. Mary E. Giles (New York: Crossroad Press, 1982), 76.

5) Flinders, Carol Lee. *At the Root of This Longing* (San Francisco: HarperSanFrancisco, 1998), 5.

6) 같은 책, 325.

7) Anderson and Hopkins, 131.

8) 같은 책, 186-187.

9) 같은 책, 주, 8장, 주 4, 234.

10) Baring and Cashford, 447.

11) 개정판 성서 잠언집 8:14, 8:22-31, 9:1에서 발췌.

12) Baring and Cashford, 417.

13) Davies, Steve, "The Canaanite-Hebrew Goddess," in *The Book of the Goddess Past*

and Present, edited by Carl Olson (New York: Crossroad, 1985), 72. (아세라가 예루살렘 성전에 있던 시기의 계산은 Rapael Patai가 수고한 것이다.)

14) Walker, Barbara G. "Asherah," 66. *Encyclopedia of The Women's Myths: Secrets* (1983; reprint, Edison; N.J.: Castle Books, 1996).

15) Shlain, Leonard. *The Alphabet Versus the Goddess* (New York: Viking, 1998), 82-83.

16) Tertullian, De Praescr, 41. Reference from Pagels, Elaine. *The Gnostic Gospels* (New York: Random House, 1979), 60.

17) Tertullian, De Virginibus Velandis, 9. Pagels reference, 60.

직관과 영혼의 지혜를 가진 여신

참고문헌

Barstow, Anne Llewellyn. *Witchcraze: A New History of the European Witch Hunts*. San Francisco: Pandora/HarperCollins, 1994.

Geroge, Demetra. *Mysteries of the Dark Moon: The Healing Power of the Dark Goddess*. San Francisco: HarperSanFrancisco, 1992. (헤카테에 관한 대단히 총괄적인 자료임.)

Graves, Robert. *The Greek Myths*. New York: Penguin, 1995, reprint 1982.

Karagulla, Shafica. *Breakthrough to Creativity: Higher Sense Perception*. Santa Monica, Calif.: DeVorss, 1967.

Kübler-Ross, Elisabeth. *On Death and Dying*. New York: Macmillan, 1970.

Walker, Barbara G. *The Crone*. San Francisco: HarperSanFrancisco, 1985. "4. The Terrible Crone," "5. The Crone and the Cauldron," "6. The Crone Turns Witch."

――――― . *The Women's Encyclopedia of Myths and Secrets*. San Francisco: Harper & Row, 1983. Reprint, Edison, N.J.: Castle Books, 1996. "Hecate," "Witch," "Witchcraft."

주

1) "Hymn to Demeter," *The Homeric Hymns*, trans. Charles Boer (University of Dallas, Irving, Tex.: Spring Publications, 1979), 129.

2) Allison, Ralph B. "A New Treatment Approach for Multiple Personalities," *American Journal of Clinical Hypnosis* 17 (1974): 15-32.

3) '위어드'(weird, wyrd)는 할머니 혹은 죽음의 여신을 일컫는 색슨족 이름이었다. 셰익스
   피어의 맥베스에 나오는 세 명의 마녀는 세 명의 운명의 여신의 이름 혹은 논즈(북유럽
   의 운명의 여신 이름)을 따서 위어드 자매라 불렸으며 모두 할머니로 묘사되었다.
   (옮긴이 주: 위어드를 '이상한,' '불가사의한,' '섬뜩한'이라는 형용사로 번역했다.)
4) Walker, Barbara G. *The Women's Encyclopedia of Myths and Secrets*, 1076-1091.

명상의 지혜를 가진 여신

참고문헌

Bolen, Jean Shinoda. "Hestia: Goddess of the Hearth and Temple," in *Goddesses in Everywoman*. San Francisco: Harper & Row, 1984.

Demetrakopoulos, Stephanie. "Hestia, Goddess of the Hearth." *Spring 1979: An Annual of Archetypal Psychology and Jungian Thought.* (헤스티아 의례에 관한 주요 문헌.)

Graves, Robert. "Hestia's Nature and Deeds," in *The Greek Myths,* Vol.1. New York: Penguin, 1955.

Harding, M. Esther. "The Virgin Goddess," in *Women's Mysteries*. New York: Bantam, 1973, published by arrangement with Putnam. (『사랑의 이해: 달 신화와 여성의 신비』, 김정란 옮김, 문학동네, 1996)

주

1) Steinem, Gloria. "Doing Sixty", in *Moving Beyond Words* (New York: Simon & Schuster, 1994), 249.

2부 그녀는 분노, 쾌활, 그리고 자애

변화를 일으키는 분노의 여신

참고문헌

Brown, C. Mackenzie. "Kali, the Mad Mother," in *The Book of the Goddess Past and*

Present, edited by Carl Olson. New York: Crossroad, 1985.

Galland, China. *The Bond Between Women*. New York: Riverhead, 1998.

Harding, Elizabeth U. *Kali: The Black Goddess of Dakshineswar*. York Beach, Me.: Nicolas-Hays, 1993.

Irons, Veronica. *Egyptian Mythology*. New York: Peter Bedrick, 1962.

_____. *Indian Mythology*. Revised ed. Middlesex. England: Newnes, 1983.

Kinsley, David R. *The Sword and the Flute: K ̄alī and Kr̥ṣṇa: Dark Visions of the Terrible and the Sublime in Hindu Mythology*. Berkeley, Calif.: University of California Press, 1975.

Kreilkamp, Ann. "Power & Presence: Meeting Sekhmet," *Crone Chronicles*, Number 31, Summer Solstice, 1997.

Masters, Robert. *The Goddess Sekhmet*. St. Paul, Minn.: Llewellyn, 1988.

Mookerjee, Ajit. *Kali: The Feminine Force*. New York: Destiny Books, 1988.

Secakuku, Alph H. *Following the Sun and Moon*. Flagstaff, Ariz: Northland Publishing in cooperation with the Heard Museum, 1995.

Walker, Barbara G. *The Crone*. San Francisco: HarperSanFrancisco, 1985. "4. The Terrible Crone," "5. The Crone and the Cauldron," "6. The Crone Turns Witch."

_____ . *The Women's Encyclopedia of Myths and Secrets*. Edison, N.J.: Castle Books, 1996. "Hecate."

Wolkstein, Diane, and Samuel Noah Kramer. "The Descent of Inanna," from *Inanna: Queen of Heaven and Earth*. New York: Harper & Row, 1983 (에레슈키겔의 이야기).

주

1) Maters, Robert. *The Goddess Sekhmet* (St. Paul, Minn.: Llewellyn, 1991), 45-46.

2) Harding, Elizabeth U. *Kali: The Black Goddess of Dakshineswar* (York Beach, Me.: Nicolas-Hays, 1993), xix-xxii.

3) Galland, China, *The Bond Between Women: Journey to Fierce Compassion* (New York: Riverhead, 1998), xvii-xx.

4) 이것은 Samuel Noah Kramer과 Diane Wolkstein이 옮기고 엮은 *Inanna: Queen of Heaven and Earth* (New York: Harper & Row, 1983), 52-73의 "위대한 위로부터 위대한

아래까지" 장을 요약한 것이다.

5) 그녀의 호피 이름은 Angwusnasomtaqa이다. Secakuku, Alph H., *Following the Sun and Moon: Hopi Kachina Tradition* (Flagstaff, Ariz.: Northland/Heard Museum, 1995), 17, 20을 보라.

6) Galland, China. *The Bond Between Women*, 208-215.

치유의 웃음을 터뜨리는 여신

참고문헌

Camphausen, Rufus C. The Yoni: Sacred Symbol of Female Creative Power. Rochester, Vt.: Inner Traditions, 1996.

Lubell, Winifred Milius. The Metamorphosis of Baubo: Myths of Woman's Sexual Energy. Nashville, Tenn.: Vanderbilt University Press, 1994 (바우보에 관한 주요한 문헌).

Redmond, Layne. When the Drummers Were Women: A Spiritual History of Rhythm. New York: Three Rivers Press, 1997.

Stone, Merlin. "Amaterasu Omikami," in Ancient Mirrors of Womanhood. Boston: Beacon Press, 1984 (아메노 우즈메의 이야기).

주

1) *The Metamorphosis of Baubo*, Winifred Milius Lubell (Nashville, Tenn: Vanderbilt University Press, 1994), xiii. 마리자 짐부타스가 쓴 서문.

2) Lubell, Winifred Milius. *The Metamorphosis of Baubo: Myths of Woman's Sexual Energy* (Nashville, Tenn.: Vanderbilt University Press, 1994), 34.

3) 같은 책, 36-40.

4) Chales Boer(trans.), *The Homeric Hymn* (Irving Tex: Spring Publications, 1979), 105-107, "The Hymn to Demeter" (re: Iambe/Baubo) 재인용 부분에는 바우보 조각상의 아나-수로마이 ana-suromai 제스처와 알렉산드리아의 클레멘스 기록에 대한 내용도 같이 있다.

5) Lubell, xix.

6) 같은 책, 179-181.

7) Stone, Merlin, *Ancient Mirrors of Womanhood* (New York: Sibylline Books, 1979),

2: 127-129.

8) Redmond, Layne, *When the Drummers Were Women* (New York: Three Rivers Press, 1997), 152-153.

자비의 여신

참고문헌

Austen, Hallie Iglehart. *The Heart of the Goddess: Art, Myth and Mediations of the World's Sacred Feminine.* Berkeley, Calif.: Wingbow Press, 1990.

Baring, Anne and Jules Cashford. "Mary, the Return of the Goddess," in *The Myth of the Goddess: Evolution of an Image.* London: Viking, 1991.

Blofeld, John. *Bodhisattva of Compassion: The Mystical Tradition of Kuan Yin.* Boston: Shambala, 1988.

Cunneen, Sally. *In Search of Mary: The Woman and the Symbol.* New York: Ballantine, 1996.

Leighton, Taigen Daniel. *Bodhisattva Archetypes: Classic Buddhist Guides to Awakening and Their Modern Expression.* New York: Penguin Arkana, 1998.

Matter, E. Ann. "The Virgin Mary: A Goddess?" in *The Book of the Goddess Past and Present,* edited by Carl Olson. New York: Crossroad, 1985.

Paul, Diana. "Kuan-Yin: Savior and Savioress in Chinese Pure Land Buddhism," in *The Book of the Goddess Past and Present,* edited by Carl Olson. New York: Crossroad, 1985.

Woodward, Kenneth L. "Hail, Mary," *Newsweek,* August 25, 1998.

주

1) Blofeld, John. *Bodhisattva of Compassion* (Boston: Shambala, 1988), 24.

2) "Walking a Tightrope: An Interview with Robert Coles," *Parabola* (Spring 1994): 73.

3) 두 개의 글 모두 Bradley, Marion Zimmer, *Mists of Avalon,* 875에서 인용함.

4) Walker, Barbara G. *The Women's Encyclopedia of Myths and Secrets,* 609.

5) Cunneen, Sally. *In Search of Mary: The Woman and the Symbol,* 31.

3부 나이든 우리 속에 있는 여신들

Bolen, Jean Shinoda. "The Virgin Goddesses: Artemis, Athena, and Hestia," "The Vulnerable Goddesses; Hera, Demeter, and Persepone," "The Alchemical Goddess," in Goddesses in Everywoman. San Francisco: Harper & Row, 1984; HarperCollins, 1985.(『우리 속에 있는 여신들』, 조주현·조명덕 옮김, 도서출판 또 하나의 문화, 2003).

아르테미스, 사냥과 달의 여신

Bolen, Jean Shinoda. "Artemis: Goddess of the Hunt and Moon. Competitor and Sister," in Goddesses in Everywoman.

아테나, 지혜와 공예의 여신

Bolen, Jean Shinoda. "Athena: Goddess of Wisdom and Crafts, Strategist and Father's Daughter," in Goddesses in Everywoman.

헤스티아, 화로와 신전의 여신

Bolen, Jean Shinoda. "Hestia: Goddess of the Hearth and Temple, Wise Woman and Maiden Aunt," in Goddesses in Everywoman.

헤라, 결혼의 여신

Bolen, Jean Shinoda. "Hera: Goddess of Marriage, Commitment Maker and Wife," in Goddesses in Everywoman.

데메테르, 곡식의 여신

Bolen, Jean Shinoda. "Demeter: Goddess of Grain, Nurturer and Mother," in Goddesses in Everywoman.

페르세포네, 처녀이자 지하 세계의 여왕

Bolen, Jean Shinoda. "Persephone: The Maiden and Queen of the Underworld, Receptive Woman and Mother's Daughter," in *Goddesses in Everywoman*.

아프로디테, 사랑과 아름다움의 여신

참고문헌

Bolen, Jean Shinoda. "Aphrodite: Goddess of Love and Beauty, Creative Woman and Lover," in *Goddesses in Everywoman*.

Stuart, Gloria. *Gloria! I Just Kept Hoping*. Boston: Little Brown, 1999.

주

1) Levinson, Daniel J. *The Seasons of a Man's Life* (New York: Ballantine, 1979), 109.

4부 그녀는 서클

지혜로운 여성들의 서클

참고문헌

Baldwin, Christina. *Calling the Circle: The First and Future Culture*. New Yok: Bantam, 1998.

Bolen, Jean Shinoda. *The Millionth Circle: How to Change Ourselves and the World, the Essential Guide to Women's Circles*. Berkeley, Calif.: Conari, 1999.

Cahill, Sedonia and Joshua Halpern. *The Ceremonial Circle: Practice, Ritual, and Renewal for Personal and Community Healing*. San Francisco: HarperSanFrancisco, 1992.

Carnes, Robin Dees, and Sally Craig. *Sacred Circles: A Guide to Creating Your Own Women's Spirituality Group*. San Fransicso: HarperSanFrancisco, 1998.

Garfield, Charles, Cynthia Spring, and Sedonia Cahill. *Wisdom Circles: A Guide to*

Self-Discovery and Community-Building in Small Groups. New York: Hyperion, 1998.

Keyes Jr., Ken. *The Hundredth Monkey.* Coos Bay, Oreg.: Vision Books, 1982(o.p.).

Ryan, M. J. (ed.). *The Fabric of the Future: Women Visionaries of Today Illuminate the Path to Tomorrow.* Berkeley, Calif.: Conari Press, 1998.

Rosen, Ruth. *The World Split Open: How the Modern Women's Movement Changed America.* New York: Viking, 2000.

Sams, Jamie. *The Thirteen Original Clan Mothers.* San Francisco: HarperSanFrancisco, 1993.

Schaef, Anne Wilson. *Women's Reality: An Emerging Female System in a White Male Society.* San Francisco: Harper & Row, 1981, 1985.

_____ . *Co-Dependence: Misunderstood-Mistreated.* San Francisco: Harper & Row, 1986.

_____ . *When Society Becomes an Addict.* San Francisco: Harper & Row, 1987.

Sheldrake, Rupert. *A New Science of Life: The Hypothesis of Morphic Resonance.* Rochester, Vt.: Park Street Press, 1995. (원본 출간은 London: Blond & Briggs, 1981.)

_____ . "Park 1. Mind, Memory and Archetype: Morphic Resonance and the Collective Unconscious," in *Psychological Perspectives,* 18: 1 (Spring 1987): 9-25. "Part 2. Society, Spirit and Ritual," 18: 2 (Fall 1987): 329-331. "Part 3. Extended Mind, Power and Prayer," 19: 1 (Spring 1988): 64-78.

단체

Crone Chronicles (Crone Counsel Conferences), P.O. Box 81, Kelly, WY 80311-0081(Ann Kreilkamp).

The Grandmother's Circle. P.O. Box 23, 36th St. Mail, 3728 East Indian School Road, Phoenix, AZ 85016. For information SASE Kit Wilson.

The Sacred Grove Women's Forest Sanctuary. P.O. Box 1692, Ross, CA 94957.

Women of Wisdom Foundation (annual Seattle Women's Spirituality Conferences) P.O. Box 30043, Seattle, WA 98103 (Kris Steinnes), www.womenofwisdom.org

주

1) Epigragh: from The Grandmother's Circle. P.O. Box 23, 36th St. Mail, 3728 East Indian

School Road, Phoenix, AZ 85016.

2) Steinem, Gloria. *Moving Beyond Words* (New York: Simon & Schuster, 1994), 270.

3) Spiegel, David. "A Psychosocial Intervention and Survival Time of Patients with Meta-static Breast Cancer," *Advances: The Journal of Mind-Body Health*, 7: 3 (Summer 1991): 12.

4) Underwood, Paula. "Clan Mothers in the Twenty-first Century," in *The Fabric of the Future*, M. J. Ryan, ed. (Berkeley, Calif: Conari Press, 1998), 158.

5) Medicine Eagle, Brooke. *Buffalo Woman Comes Singing* (New York: Ballantine, 1991), 339-340.

6) Heise, L., Ellsberg, M. and Gottemoeller, M. *Ending Violence Against Women*. Population Reports, Series L, No.11. Baltimore: Johns Hopkins University School of Public Health, Population Information Program, December 1999.

7) Ray, Paul H. and Sherry Ruth Anderson. *The Cultural Creatives* (New York: Harmony Books, 2000), 14.

8) 같은 책, 15.

맺음말 : 이제는 3막이다

참고문헌

Erikson, Erik H. *The Life Cycle Completed: A Review*. New York: W. W. Norton, 1982. *Over the Hill*, with Olympia Dukakis. Screenplay by Rebert Caswell, directed by George Miller. New Line Cinema and Village Roadshow Pictures. New Line Home Video, 1993.

주

1) Eliot, T. S. "The Dry Salvages," *Four Quartets* (New York: Harcourt Brace Jovanovich, 1943, 1971), 45.

늙는다는 것, 그리고 지혜로워진다는 것

죽음을, 짧은 한순간 감당하면 되는 무시무시한 이벤트로 착각하던 어린 시절이 있었다. 번개가 번쩍할 정도의 찰나에 이생의 목숨줄이 딱 끊어지는 그런 것으로. 죽음은 어쨌거나 삶이 종치는 그 자리에 더부살이하는 액세서리 같은 것이었다. 나이가 들어서도 죽음은 삶과는 거리가 멀었다. 산다는 것, 그리고 늙는다는 것. 태어났으면 누구나 젊어지고 가는 그 무거운 일반성을 나는 늦은 나이에 아이를 낳고 난 후 실감하고 있다. 죽음은 한순간의 사건이 아니라 상당히 긴 호흡의 과정이라는 것. 물론 급작스런 죽음도 있지만 대체로 죽음은 늙어 가는 것 다음의 문제다.

늙어 가는 것을 진심으로 환호한다는 메시지, 늙어감이 멋진 일이라고 인정하는 사회적인 분위기가 우리 사회에는 없다. 노쇠해짐은 추해지거나 약자로 추락한다는 것의 다른 이름이었고 특히 여자들에게 노년은 끔찍하게 피하고 싶은 막다른 골목이었다. 그러나 이 책은 늙어감 혹은 죽음에 가까워지는 것을 성찰하게 만든다. 아니, 감탄하면서 준비하도록 부추긴다. 나이를 먹는다는 것은 자기 안에 있는 여러 원형들이 어우러져 만들어 내는 하모니를 즐긴다는 것이다. 지혜로워진다는 것은 어느 원형의 강한 그림자에 잠식 당하는 것과는 달리 그 원형의 열정에 맘껏 몸을 맡기면서도 그렇게 하고 있는 자신을 아는 것이다.

이 책은, 이미 『우리 속에 있는 여신들』과 『우리 속에 있는 남신들』을 쓴 진 시노다 볼린이 나이 들면서 발견한 지혜의 여신들의 사람 냄새 나는 이야기다. 우리의 말라붙은 무의식의 우물로부터 지혜의 여신들을 살려내고 아낌없이 길어 냄으로써 미래를 구원하리라는 강렬한 비전을 제시하는 책이다.

그녀는, 신화를 뒤져서 시야에서 사라져 버린 여신을 찾아내고 그러한 사라짐의 배경을 인간사적 맥락으로 진단하니, 주류에서 의도적으로 배제되었던 여신들의 숨소리를 돌아오게 만든 인도자다. 그것은 그녀가 여러 여자들의 모습에서 여신들의 목소리를 듣고, 여신들의 손길을 느꼈기에 가능한 일이다. 개인으로든 집단으로든 이제 여신들의 부활이 얼마 남지 않았음을 그녀는 전하고 있다. 이번에는 유럽뿐 아니라 이집트와 인도, 일본, 불교 문화권, 북아메리카 원주민 문화 등지에서 전해 내려오는, 지금도 살아 있는 여신들까지 감싸 안았다. 관음, 칼리, 세크메트, 모리건 등이 그들이다. 분노하는 지혜의 여신은 우리 매스컴에서도 무시하지 못할 정도로 활약이 대단하다. 치유의 웃음을 짓는 여신은 생명력과 경쾌함, 삶과 죽음의 역설과 환희로 무장되어 있다. 자비의 여신은 장엄하다.

무엇보다 저자의 메시지는 상생의 철학을 바탕에 깔고 있다. 잘난 하나, 소수 엘리트로는 충분치 않다. 그래서 '서클'이고 여러 과정을 거친 '3막'이다. 행동하면서 명상하고, 명상하면서 실천하는 서클이다. 영성의 성숙이다.

빨리 출간해야 한다는 출판사의 재촉에도 불구하고 거의 일 년을 끈 것은, 나의 게으름과 무엇보다 실력 부족 때문이었음을 실토해야겠다. (이 실토를 하기 싫어서 후기 쓰기도 거부했었다. 나의 헤카테가 잠을 자고 있었나…) 앞서 두 권의 책, 『우리 속에 있는 여신들』과 『우리 속에 있는 남신들』을 번역한 분들에게 다시 감사와 감탄을 보낸다. 도서출판 또 하나의 문화 여러분들, 특히 이현정 님에게는 무어라 할 수 없는 고마움을 전한다. 이 책 덕분에 나는 이미 늙은 수많은 여자들, 할머니와 어머니들, 앞으로 있을 나의 폐경과 늙어감도 사랑하고 자랑스러워할 수 있게 되었다. 내 부모님의 내면에 지혜로운 여신들 원형이 활성화되고 있음을 내가 알아볼 수 있게 된 것도 이 책이 나에게 준 선물이다.

옮긴이

찾아보기

326

264

우리 속에 있는 지혜의 여신들

심리여성학

초판 1쇄 발행 | 2003년 9월 5일

초판 3쇄 발행 | 2014년 10월 6일

지은이 | 진 시노다 볼린

옮긴이 | 이경미

펴낸이 | 유승희

펴낸곳 | 도서출판 또하나의문화

편집 | 이현정   영업 | 고진숙

주소 | 121-899 · 서울 마포구 와우산로 174-5 대재빌라 302호

전화 | (02)324-7486   팩스 | (02)323-2934

홈페이지 | www.tomoon.com   이메일 | tomoon@tomoon.com

출판등록 | 제 9-129호 1987년 12월 29일

ISBN 89-85635-57-3 03330